新时代建筑类院校学生劳动教育

XINSHIDAI JIANZHU LEI YUANXIAO
XUESHENG LAODONG JIAOYU

主 编　李 超　李 想
副主编　刘继强　彭 丽　胡 平

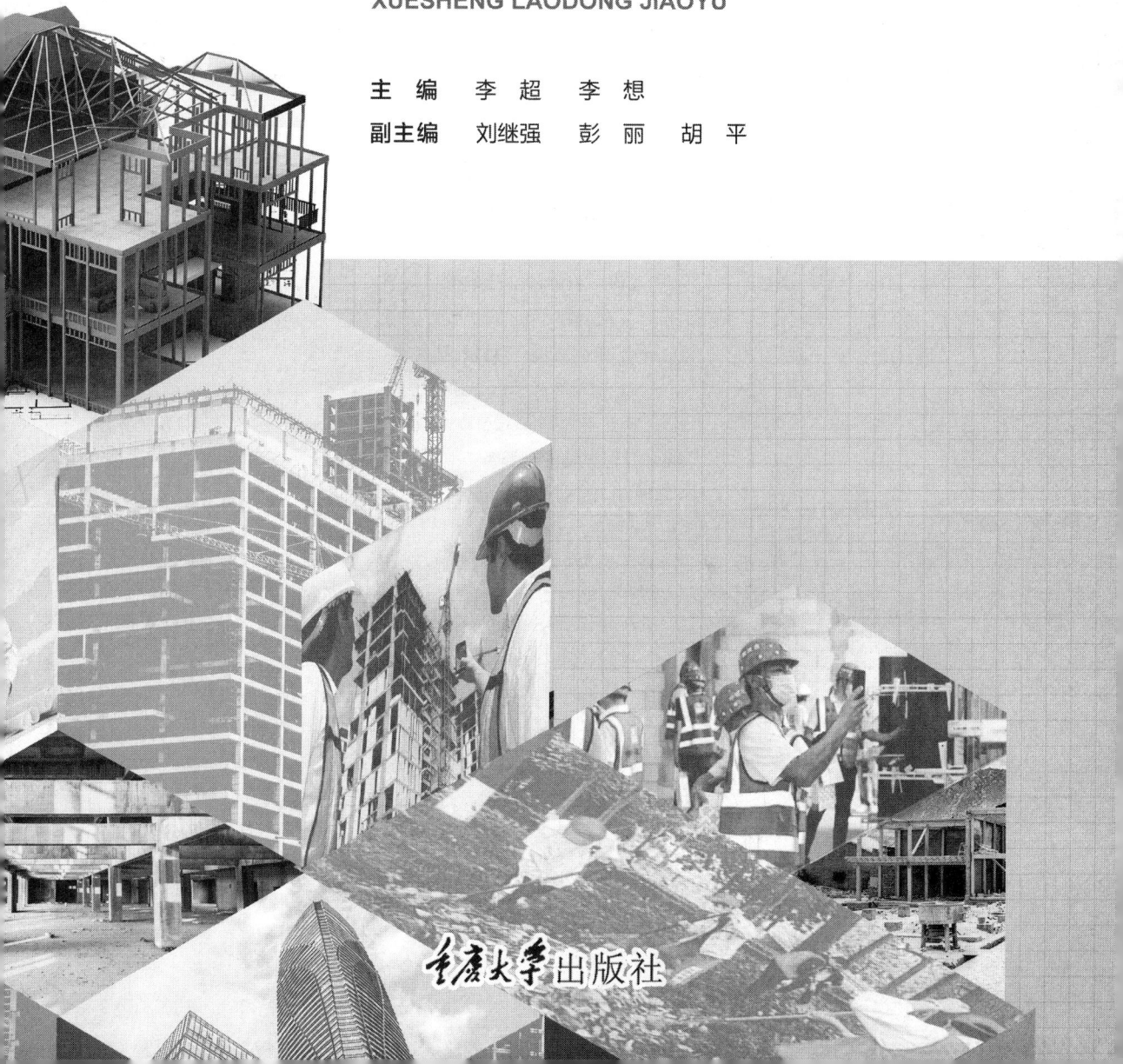

重庆大学出版社

图书在版编目(CIP)数据

新时代建筑类院校学生劳动教育 / 李超,李想主编
.--重庆:重庆大学出版社,2022.8(2023.8重印)
ISBN 978-7-5689-3509-8

Ⅰ.①新… Ⅱ.①李… ②李… Ⅲ.①劳动教育—高
等职业教育—教材 Ⅳ.①G40-015

中国版本图书馆 CIP 数据核字(2022)第 149214 号

新时代建筑类院校学生劳动教育

主 编 李 超 李 想
策划编辑:林青山
责任编辑:鲁 静　版式设计:林青山
责任校对:关德强　责任印制:赵 晟

*

重庆大学出版社出版发行
出版人:陈晓阳
社址:重庆市沙坪坝区大学城西路 21 号
邮编:401331
电话:(023) 88617190　88617185(中小学)
传真:(023) 88617186　88617166
网址:http://www.cqup.com.cn
邮箱:fxk@ cqup.com.cn (营销中心)
全国新华书店经销
重庆升光电力印务有限公司印刷

*

开本:787mm×1092mm　1/16　印张:15.75　字数:365 千
2022 年 8 月第 1 版　2023 年 8 月第 3 次印刷
印数:9 001—12 500
ISBN 978-7-5689-3509-8　定价:45.00 元

前言
QIANYAN

2020 年 3 月,《中共中央 国务院关于全面加强新时代大中小学劳动教育的意见》发布;2020 年 7 月,教育部印发《大中小学劳动教育指导纲要(试行)》。"劳动"和"劳动教育"两个词成为人们的视野焦点。如何在职业院校中开展有实效的劳动教育,让两者可以互相助力成为亟须解决的问题。本书就在这样的背景和现实需求中诞生。

今天我们谈劳动教育,首先要把它和劳动的概念区分开。劳动的本质目的是创造物质财富和精神财富,满足人民群众对美好生活的需要,是和特定的结果联系在一起的。劳动教育的目的并非劳动的目的,劳动教育是社会主义教育思想的重要组成部分,是马克思主义"教育与生产劳动相结合"的原理与中国社会实际情况相结合的成果,是培养社会主义建设者和接班人的有效途径。新中国成立以来,我国劳动教育的价值取向从对物质、技术的追求走向追求人的自由、尊严、美的维度。因此,提倡劳动教育,就是倡导培养学生的劳动观念、劳动习惯、劳动技能、创新精神,让学生成为全面发展,有尊严、有能力的时代新人。

职业教育是现代教育体系的重要组成部分,它承载着满足社会多样化需求的重任,是为社会培养高素质劳动者和专门人才的教育。我国经济持续快速发展,职业教育功不可没,它为各行各业累计培养、输送了 2 亿多名高素质劳动者,现代制造业、战略性新兴产业和现代服务业领域有 70% 以上的新增从业人员来自职业院校。劳动教育与职业教育同根同源。劳动的过程就是生产的过程,职业教育培养的正是面向生产一线从事专业劳动、专业生产的技术技能型人才,因此,两者的有机结合能在劳动教育的职业教育中更好地贯穿专业技能的发展,在职业教育的劳动教育中贯穿生产实践。

建筑业是国家战略发展的重要支柱,是满足人民群众对美好生活向往的基础性产业。"一带一路"建设、实现"碳达峰、碳中和"目标、新型城镇化、乡村振兴等国家战略明确赋予建筑行业重大使命。劳动教育对于土建类专业学生来说,需要"撸起袖子加油干",将"大有可为"的殷切希望转变为"大有作为"的生动实践。

本书在编写过程中着力突出以下几个特点：

一是科学性。坚持以习近平新时代中国特色社会主义思想为指导，运用马克思主义立场、观点、方法分析问题，有机融入党的二十大精神，综合多学科知识，帮助广大青年学生树立科学的劳动观念、掌握丰富的劳动知识。

二是实用性。全书内容有学理、有延伸，针对当前学生在劳动意识、劳动精神、劳动能力上的现状进行有效引导，同时紧扣时代发展的需要，结合学生未来在生活、社会工作中可能遇到的各种劳动相关问题，提供实用的劳动知识。

三是跨界性。本书将劳动教育与建筑类学生的职业教育联系起来，将劳动教育理念"润物细无声"地融入专业学科教育中，让两者共生共长，让学生在劳动中感受专业的力量，在专业中发掘劳动的意义，从而不断树立劳动自信和专业自信。

四是新颖性。本书设计了若干个劳动认知单和劳动活动单，教师可结合教材内容直接指导学生操作或由学生按要求操作，目的是在学生所学内容的基础上及时强化知识，从"小行动"到"大改变"，让学生逐渐树立正确的劳动认识，掌握有效的劳动技能。

本书是集体智慧的结晶，由四川建筑职业技术学院李超、李想构建逻辑框架，刘继强、彭丽拟定写作思路。具体编写分工如下：胡平编写专题一、专题二、专题五；李超编写专题三、专题十一；李想编写专题四、专题九、专题十、专题十四、专题十五；彭丽、刘勇彪编写专题六、专题十二；刘继强、谭强、张光梅编写专题七、专题八；四川华构住宅工业有限公司总经理侯键频、高级工程师廖海军编写专题十三。为积极顺应新形态教材建设的趋势，书中用二维码链接了丰富的数字资源，包括：相关练习、案例和拓展阅读、动画、视频，以及川渝建设职教联盟劳动教育短视频优秀获奖作品。

做好职业教育阶段的劳动教育，是新时代职业教育者的使命。希望本书能帮助建筑类院校学生从传统建筑的劳动智慧中汲取力量，树立作为"建筑人"的劳动自信，在劳动中不断明确马克思主义劳动观的现实意义，在劳动中找到自己在新技术产业变革中的定位，在劳动中把自己塑造成高技能型人才，在劳动中实现个人幸福、托起中国梦。

劳动教育涉及内容广泛，形成有特色、有针对性的知识体系的难度较大。由于编者水平有限，书中不妥之处恳请广大读者指正。

编　者

目 录
MULU

▶第五部分　劳动，时刻准备着

第一部分　这就是劳动

　　教育家苏霍姆林斯基说："劳动不仅仅表现在人们种庄稼和栽树木的地方。最细致、最复杂的劳动还表现在这种时候，即一个人到另一个人那里去，从他的眼神里看到和在他'言外'之意中听到求助的呼吁。"这种劳动是人类精神活动的最高阶段。但是，为了达到高峰，必须经历初步阶段——为家庭的物质福利而劳动，为创造人的吃、穿、住所必需的物质财富而劳动。

　　劳动，这个看似普通的词汇，却是我们每个自然人发展成为社会人的必修课。我们即将进入劳动的世界，认识有形和无形的劳动，体会劳动除了让人们出汗出力、用脑用心，也带领人们看到不一样的自己。

专题一　劳动是什么

　　①理解劳动的概念、特征和形态。

　　②掌握劳动对人类和人类社会发展的重要意义。

　　③树立正确的劳动观，为自觉劳动、善于劳动、创新劳动奠定认识基础。

　　劳动是物质资料生产的前提，是研究人类历史运动规律的最简单、最普通、最常见的东西。经济基础和上层建筑的矛盾运动，根源就是劳动者的劳动产物——这个最活跃、最富创造性的要素推动的结果。

　　马克思认为："一当人开始生产自己的生活资料，即迈出由他们的肉体组织所决定的这一步的时候，人本身就开始把自己和动物区别开来。人们生产自己的生活资料，同时间接地生产着自己的物质生活本身。"

一部人类的历史就是一部劳动的历史。人类的"第一个"历史活动,就是劳动。劳动创造了人类本身,也创造了光辉灿烂的人类文明。在中国历史上,古老而神奇的都江堰水利工程、绵延不断的万里长城、以"四大发明"为代表的科技成就、以"四书"为代表的百家哲学典籍、以汉唐为代表的太平盛世、以秦始皇陵兵马俑为代表的古代遗址……中华人民共和国成立以来,从红旗渠到三峡工程,从"天路"到高铁,从"东方红"到"神舟"飞船,每一项重大成就都凝结着无数劳动者的血汗;今天,我们体验并享受的便利的现代生活设施,如自来水、电、互联网、琳琅满目的商品、方便快捷的网购、四通八达的高速公路,城市里出门就能乘坐的公交车、出租车、地铁、高铁、飞机,哪怕到了边远乡村也不会消失的手机信号……这一切,都是无数劳动者通过劳动创造出来的。

2015年4月28日,习近平总书记在庆祝"五一"国际劳动节暨表彰全国劳动模范和先进工作者大会上的讲话指出,"正是因为劳动创造,我们拥有了历史的辉煌;也正是因为劳动创造,我们拥有了今天的成就"。全面建成小康社会,进而建成富强民主文明和谐的社会主义现代化国家,根本上是靠劳动、靠劳动者创造的。

劳动,既是中华民族久经风霜而永葆青春的秘诀,也是中华民族屹立几千年而依然进取无穷的深层动力。劳动创造了中华民族,造就了中华民族的辉煌历史,也必将创造出中华民族的光明未来。

勤劳的中华民族创造了灿烂的文明

1.1 认识劳动

1.1.1 劳动的概念

要给"劳动"下一个被普遍认同和广泛接受的定义,实属困难。不同领域不同学科,对"劳动"的概念有不同的界定。《辞海》对劳动的定义为"人们改变劳动对象使之适合自己需要的有目的的活动,即劳动力的支出或使用,是人类社会存在和发展的最基本条件,在人类形成过程中起了决定性作用。人类的祖先类人猿经过长期劳动实践,才变成能制造工具的人。劳动在不同的社会制度下具有不同的社会属性。在奴隶制度、封建制度和资本主义制度下,劳动者的劳动表现为奴隶劳动、农奴劳动和雇佣劳动,是不同性质的受剥削的劳动;在社会主义公有制下,劳动者成了国家和企业的主人,不再受剥削;进入共产主义社会后,劳动不仅是谋生的手段,而且将成为人们生活的第一需要。"《中国大百科全书》将劳动定义为"人类特有的基本的社会实践活动。人通过有目的的活动改造自然对象,并在这一活动中改造人自身的过程。劳动体现了人与自然、人与人两方面的关系。"《教育大辞典》将劳动定义为"劳动力的使用和消费。人以自身活动来引起、调整和控制人和自然之间的物质变换过程。制造和使用生产工具,并在一定的社会关系中进行劳动,是人和动物的本质区别。"《50 000 词现代汉语词典》把劳动解释为"人类创造物质或精神财富的活动"。《文史哲百科辞典》指出,劳动是"人们使用工具改造自然物,使之适合自己需要的有目的的活动,即劳动力的使用或消费,包括脑力劳动和体力劳动。"

归纳起来,这些定义所蕴含的思想主要有以下三个方面:从劳动的主体来看,劳动只能是有目的、有计划地从事生产活动的人的活动,其他动物的活动不属于劳动范畴;从劳动的本质来看,劳动是人通过使用自身劳动力改变劳动对象,在人和自然之间进行物质交换的实践活动;从劳动的作用来看,劳动产生了人,创造了人和人类所需要的物质财富和精神财富,因而成为人类社会存在和发展的基本条件。

在深刻总结自然和人类历史发展规律的基础上,马克思将劳动定义为:"劳动首先是人和自然之间的过程,是人以自身的活动来引起、调整和控制人和自然之间的物质交换的过程。"显然,马克思对劳动概念的理解,存在着哲学和经济学两种不同角度的解释。哲学上,强调劳动不仅是人的本质,也是人的自我实现;劳动为劳动者提供生活必需品,劳动者通过劳动实现人的价值和需要,劳动是人类自由之源。经济学上,强调劳动是人类改造自然的物质活动,是满足人的需要、创造物质价值的活动,即在劳动中通过改变物质形态,发生人与自然之间的物质交换。因此,劳动是一切财富的源泉,劳动创造和增加物质财富,满足人和人类社会生存发展的需要。

至此,我们可以将劳动理解为人类有目的、能动地借助于一定的生产工具作用于劳动对象的实践活动,是人类赖以生存和发展的基础,劳动对人类社会发展起推动作用。在从猿到人的转变过程中,劳动起着十分重要的作用,随着生产力的发展,逐渐出现了自然分工、社会分工,形成了一定的生产关系,从而创造了人类社会。人们所需要的一切都是经过劳动创造出来的,劳动是价值和财富的源泉。劳动是人自由全面发展的途径,人实现自由全面发展的前提和基础是劳动生产力的高度发达。这个定义蕴含着以下四层意思:第一,人类通过劳动从自然界获得物质资料、创造物质财富,维系人类生存发展;第二,劳动是人类特有的活动,有目的、有计划的能动性实践是人区别于其他动物的根本标志,并且人通过劳动实现自由全面发展;第三,劳动具有社会性,人类在劳动中结成的劳动关系创造了社会;第四,劳动创造价值和社会财富,推动社会发展。

1.1.2 劳动的构成要素

在了解劳动的概念后,我们来认识劳动的构成要素。劳动及劳动过程要能够形成,它所需要的简单要素有劳动者的劳动、劳动资料和劳动对象,只有三者有机结合,才能形成任何一种现实而具体的劳动过程。

第一,劳动者拥有的劳动力是劳动过程能动的条件,是加之于物质之上的主观因素。劳动力的使用或消费即劳动成为生产劳动,通过对生产资料的加工与改造,最终创造了劳动产品。在特定社会的生产过程中,会形成特定的生产关系。第二,劳动资料是劳动过程受动的客观条件。劳动资料的不同发展时期,标志着社会生产力的不同发展水平。劳动工具是劳动资料的集中体现,而劳动工具的发展又标志和促进了人类改造自然的能力的提高,也必然要求人类劳动借以进行的社会生产关系与之发生相应的变革。第三,劳动对象是劳动者在劳动过程中借助劳动资料对其进行加工,使之发生符合目的、计划的变化,生产出满足自身某种需要的产品。劳动对象可以分为两类:一类是天然存在的劳动对象,如土地的自然生长物,人类通过自己的劳动把它们与土地分离,使之成为自己的劳动成果;另一类是已经被人类劳动改造过的产品,可称之为原料。

劳动过程就是劳动者的劳动、劳动资料和劳动对象三类要素有机结合并发挥作用的过程。在这一过程中,劳动者的劳动是具有能动性的主体要素,劳动对象和劳动资料相对于劳动者的劳动而言是被动的客体要素。劳动者的劳动同物的要素相结合而进行生产的方式,在人类历史发展的不同时期是不同的。如在封建社会,劳动者的劳动甚至整个人身都属于封建地主所有并受之支配;在资本主义社会,劳动力成为商品,从而形成了依赖于资本利润的资产阶级和依赖于自己的劳动力商品的无产阶级相互依存和斗争的新型经济关系;在社会主义社会,劳动者与劳动资料实现了统一,联合劳动成为未来新社会的主要劳动形式,从而推动人类社会由社会主义向共产主义跨越。

1.2 劳动的特征

在古猿向人的转变过程中,劳动起了决定性作用。正因为有了劳动,才发生了人同古猿的彻底告别,才有了人和古猿的本质区别。人类从动物世界独立出来后,便以社会的形式同自然界并存。从此,自然界的变化与人类社会的发展有了相互制约、相互影响的密切联系。人类需要的各种物质资料,都需要从自然界索取。劳动是人类最基本的社会实践活动,人类劳动的本质特征包含以下三点。

第一,劳动是一种客观物质性活动。所谓客观物质性,就是不以人的意志为转移的客观实在。在劳动中,劳动的主体是而且一定是人,人对劳动发挥主导和支配作用,而人又是客观物质世界的一部分,是现实的物质的人;人类进行劳动所依赖的条件和作用的劳动对象,都是客观物质性的;即便我们认为人类的劳动是有目的的计划性活动,但"目的"与"计划"恰恰是基于人类对物质世界的客观性的认识而产生的,也必然受到客观规律的制约。所以,劳动过程本身就是一个客观的物质性过程。

第二,劳动是一种有目的的能动性活动。人类为了满足自己的需要而进行的劳动,同动物求生的本能活动的本质区别在于人类进行劳动是具有目的性和预见性的。人类在开始进行生产劳动之前,就能设定、预见劳动的结果,劳动过程就是人类按照预定的目标,有计划地运用一定的方法来消耗自己脑力和体力的过程。而劳动的能动性主要表现为劳动的创造性。人类能够积极发挥主观能动性,用自身的力量或者借助自然的物质力量改造自然。此外,劳动的能动性还表现为人类在劳动过程中表现出来的自我约束性,随着人类社会的发展,人类的劳动已经发展成为社会化大生产下的劳动,这就需要人们遵循一定的规章制度和秩序,来保证劳动过程有序进行。正是在劳动中体现的人类的自我约束性的基础上,劳动的各种制度、规范以及道德、伦理逐渐产生并发展起来。

第三,劳动是一种社会性的活动。恩格斯认为,人是在劳动中形成的,而正是在劳动中,人们才结成了一定的社会关系。因此,劳动一开始就带有社会性。人类劳动的社会性最初是人类在改造自然的过程中产生的,人类要能动地改造自然,就必须将单个的人联系起来,结成人与人之间的关系,形成一种集体力量。马克思指出,"人的本质不是单个人所固有的抽象物,在其现实性上,它是一切社会关系的总和"。正是在人的劳动关系的基础上,人类的各种社会关系逐步发展起来:政治关系、法律关系,以及在这些关系基础上的宗教和哲学意识形态逐渐发生并发展起来了。真正把人和动物区别开来的,并不是人的特殊的生理结构,而是人类所特有的社会性,只有人才具有的社会性构成了人的特殊本质。人类是通过在一定社会关系下的劳动来实现自身的本质的,人类进行社会实践活动的目的和人类劳动需要的满足都只有在一定的社会关系中才能充分表现出来。并且,人类通过劳动不断创造出新的社会本质,人类的社会关系既是人类区别于其他一切动物的本质特征,同时也体现着人类在不同发展阶段自身的特殊本质。

1.3 劳动的形态

劳动的三个基本构成要素,即劳动者的劳动、劳动资料和劳动对象,是分析劳动形态的理论依据和现实基础。从劳动者的角度出发,按照劳动对劳动者素质的要求以及凝结在劳动产品中的劳动的质与量来划分,我们可以把劳动分为简单劳动和复杂劳动、体力劳动和脑力劳动、具体劳动和抽象劳动、社会必要劳动和社会剩余劳动、个别劳动和社会劳动等。

1.3.1 简单劳动和复杂劳动

生产商品的劳动,根据科学技术水平的差异,可以分为简单劳动和复杂劳动。简单劳动是在一定的社会条件下不需要经过特别的专门训练,每个普通劳动者都能从事的劳动。复杂劳动是相对于简单劳动而言的,是指具有一定技术专长的劳动,而要获得这些技术专长的相关知识,需要对劳动者进行专门的培养和训练。

复杂劳动需要劳动者经过专门学习和训练,从而在需要的技术层级上比简单劳动更为复杂的劳动。复杂劳动等于强化了的简单劳动。一般而言,在商品生产的同等时间里,复杂劳动将会比简单劳动创造更多的价值。究其原因,主要在于从事复杂劳动的劳动力需要花费更多的劳动才能被生产和再生产出来,是一种经过专门学习和训练而成的较高级的劳动力,故少量的复杂劳动可以等于多量的简单劳动。复杂劳动与简单劳动的比例,是在商品交换过程中自发形成的。马克思认为,商品价值量由生产商品的社会必要劳动时间决定,是就同种商品而定的,生产各种商品的劳动的复杂程度是不同的,价值量是通过把一定量的复杂劳动转化为多倍的简单劳动来实现的。少量的复杂劳动等于多量的简单劳动,因而少量的复杂劳动的产品可以和多量的简单劳动的产品交换。

复杂劳动和简单劳动的本质区别,在于所从事的劳动背后的精神内容和精神支配的简单性和复杂性。所谓"不需要经过专门培养和训练"和"经过专门培养和训练"的区别,即精神支配能力和精神创造能力的区别。简单劳动并不必然表现为劳动动作的简单性,而在根本上表现为精神支配的浅显性和简易性。例如,生产汽车零部件或组装汽车的创造性劳动,看起来似乎很复杂,具有多重复杂的工序,然而,其背后的精神运动则是比较简单的,只要具备了基础的生产知识,就能比较容易地按照生产图纸和要求,把零部件制造出来或组装起来,是一种较为简单的创造性劳动。复杂劳动并不必然表现为劳动动作的复杂性,而在根本上表现为精神支配的深刻性和复杂性。例如,绘制复杂设计图纸的创造性劳动,其背后的精神运动是抽象的思维过程,是一种极为复杂的创造性劳动。

其实,简单劳动与复杂劳动二者之间并不存在不可逾越的鸿沟。它们之间的分离或分工,一方面是人类精神本身最高限度地发展社会生产力的内在要求的必然产物,即在物质条件和仍然有限的社会条件下,社会生产力只要不断进步乃至迅猛发展,客观上必然要求由社会中的某一部分人员从事较为复杂的认识活动和信息产品的创造活动,而由社会中的另一部分人员从事较为简单的认识活动和实物产品生产活动;另一方面,又是社会生产力发展不充分的必然产物,即社会生产力还未达到这样的高度,以至于还不能使大多数的社会成员普遍地从烦琐的、约束性的简单劳动中摆脱出来,去从事更加自由、更加具有认识性和创造性的复杂劳动。随着社会生产力的迅猛发展,随着物质资料的极大丰富和自动化机械的普遍使用,简单劳动与复杂劳动之间,在劳动形态上的差距会日益缩小并彻底消亡,从而最终弥合简单劳动者与复杂劳动者的差异。

1.3.2 体力劳动和脑力劳动

根据劳动方式的不同,我们将劳动分为脑力劳动和体力劳动。脑力劳动是劳动者以大脑神经系统为主要运动器官的劳动,其特征在于劳动者在生产中运用的是智力、科学文化知识和生产技能,故也称"智力劳动"。脑力劳动是人脑无形的、不可见的活动,是人的心理力量、精神力量的生成实现过程,脑力劳动的规律主要是人的精神力量发挥作用的规律,如所掌握的知识的水平如何、知识的结构是否合理,具有什么样的信念、情感状态怎样、意志力如何,都直接影响着脑力劳动的过程和结果。

体力劳动是劳动者以运动系统为主要运动器官的劳动。体力劳动主要是人的体力支出,是人体的生理力量、物质力量的生成实现过程,是人体有形的、可见的活动,体力劳动的规律主要是人体的物质力量发挥作用的规律,如身体的强壮与否、身体的灵活程度如何、物质能量对身体的供应状况怎样,都规定了体力劳动的时间限度与效率。

体力劳动与脑力劳动之间的分化,早在原始社会向奴隶社会过渡的时候就已经开始形成,并随着社会生产力的发展而逐渐深化和扩大化,甚至发展到了阶级对抗的地步。在社会主义社会,生产资料的公有制和普遍实行的按劳分配原则,使体力劳动者与脑力劳动者之间的共同利益较好地统一起来,尽管两者仍然存在一定程度的差别,但在本质上并不是对抗和对立的,而是可以随着社会生产力的迅速提高而日益缩小的。"随着阶级和分工的消灭,城乡对立、脑力劳动和体力劳动的对立也将消失。"在理想的共产主义社会中,人类精神及其创造力的高度发展使人们普遍从约束性的体力劳动中解放出来,从而得以普遍地从事认识性劳动和创造性劳动,并因此成为真正意义上的知识劳动者。只有达到了这样的高度,体力劳动者和脑力劳动者的区别和分离才会最终消失。

1.3.3 具体劳动和抽象劳动

从劳动范畴的社会性质角度看,可以把劳动分为具体劳动和抽象劳动,具体劳动和抽象劳动也被称作"劳动的二重性"。具体劳动指生产活动的目的、操作过程、劳动对象、劳动手段和劳动产品的具体形态各不相同的劳动。在任何时候人类要生存,必须进行各种劳动,改造自然界,生产出产品,以其使用价值满足人类不同的需要。它体现着人和自然的关系,是人类社会生存发展的首要条件,不以社会形态差异为转移,也是与人类同时存在的永恒范畴。随着社会生产力、科学技术的进步,具体劳动也将日益复杂化和多样化。千差万别的具体劳动分门别类,形成了社会分工体系。旧的、落后的具体劳动形式被淘汰,新的、先进的具体劳动形式不断涌现,使人类社会获得更多更好的使用价值。

抽象劳动是指抽象掉各种具体形式的、一般的、无差别的人类劳动。抽象劳动是生产商品的劳动的社会属性,它反映着人与人之间一定的经济关系或社会关系,是一个历史范畴,存在于商品经济中,由商品的交换过程决定。其不是独立的劳动形式,而是将各种具体劳动的具体形式抛开,从中抽取出共同的没有质的区别的属性。生产商品所耗费的一般人类劳动凝结在商品中,形成商品的价值。正因为各种商品的价值都是由一般人类劳动凝结而成,各种具体劳动生产出来的不同商品才在社会形态上具有相同的质,才能在商品交换中相互作量的比较。抽象劳动不仅仅是纯生理意义的一般人类劳动耗费,它实质上是商品生产者之间相互交换劳动的经济关系。抽象劳动与具体劳动是同一劳动过程中劳动力消耗的两种形式,不是时间和空间不同的两次劳动。任何具体产品,都是由一定的具体劳动和一定的抽象劳动共同创造的。

1.3.4 社会必要劳动和社会剩余劳动、个别劳动和社会劳动

此外,根据一定社会条件下各阶级之间的关系特别是劳动过程中的经济地位关系,劳动可分为社会必要劳动和社会剩余劳动。社会必要劳动是劳动者用来维系本人及家庭成员生活,延续劳动力再生产所进行的劳动,它是社会再生产的基础。社会剩余劳动是劳动者超出必要劳动范围而进行的劳动,在资本主义条件下社会剩余劳动所创造的价值被资本家独占为私人财富,在社会主义条件下社会剩余劳动所创造的社会纯收入是整个社会的公共财产,用于扩大再生产或提高全体社会成员的物质文化生活水平。

从劳动产品的使用者(或消费者)与产品的生产者之间的关系来看,劳动还可划分为个别劳动和社会劳动。个别劳动就是生产者为了满足自身生活需要而直接生产物质资料的劳动,社会劳动就是产品最终为生产者以外的他人所使用、消费的劳动。

1.3.5 手工劳动、机器劳动和智能劳动

劳动工具是人们在生产过程中用来直接对劳动对象进行加工的物件。它被用于劳动者和劳动对象之间,起着传导劳动的作用。制造和使用生产工具是人区别于其他动物的标志。人类劳动是从制造工具开始的。劳动工具是生产力水平、劳动生产率高低的重要体现,因而马克思说,"手推磨产生的是封建主为首的社会,蒸汽磨产生的是工业资本家为首的社会"。从劳动资料(主要体现为劳动工具)的角度出发,可以将劳动划分为手工劳动、机器劳动、智能劳动。

1)手工劳动

手工劳动是指人运用自身的自然力——臂和腿、头和手的力量,或直接取用自然物作为工具开展劳动,简单改造自然物作为工具而开展劳动,有意识地利用自然物来制造工具而开展劳动,或者对工具加以改造以制成机械而开展劳动。在手工劳动中,人是控制者,劳动的效率主要取决于人的熟练程度、精神状态等因素。

手工劳动是人类劳动的初始形态,人类由于手工劳动而踏上了与其他动物完全不同的发展道路。第一,手工劳动开启了人类的创造历程。它是人类有意识、有目的、有计划地利用和改造自然的活动,人将自己的体力和智力作用于自然物质,把自然物质改变成对人自身生活有用的形式,把自然改造成利于自身生存的状态,进而开启了创造历程。第二,手工劳动使猿转变为"完全的人"。劳动改造了猿的生理结构,使其可以直立行走,使猿转变为人;劳动还推动了语言的产生,锻炼了人的身体机能。人的大脑、感官以及抽象能力、推理能力等也获得发展,反过来又对劳动和语言发生作用。正是制造工具等有意识的活动把人类劳动同动物的本能活动区别开来,同时社会性这一人的本质也是通过劳动而产生、实现并得到证明的。人通过劳动形成社会,劳动是人与人相互联系的媒介,赋予了人存在的价值,促成了"完全的人"的形成。

根据劳动的繁简程度,手工劳动可分为简单手工劳动,半机械的简单手工劳动,复杂、精细且带有一定创造性的手工劳动。简单手工劳动,完全使用手工和辅以简单工具,劳动过程是劳动者自然力的简单支出,劳动者掌握一定的技巧,但主要是付出体力,劳动成果主要取决于肢体动作的效率,劳动过程受人体生理情况的限制,生产率较低。半机械的简单手工劳动需要借助人手操作工具,它既受到工具本身制约,又依赖于劳动者的熟练程度,因此它更需要劳动者与劳动工具的配合。复杂、精细且带有一定创造性的手工劳动,是在一般手工劳动基础上具有一定创造性的智力劳动,其设计思路与创造性通过手工劳动表现在产品上。这类手工劳动的生产率不会很高,但由于产品富含劳动经验和复杂的创造性劳动,产品的价值较高。

2)机器劳动

18世纪60年代、19世纪60年代,人类先后经历了两次工业革命,使人类社会先后进入了蒸汽时代和电气时代。在这两次工业革命中,农耕文明向工业文明过渡,产业结构由以农业为主体转变为以工业为主体,机器得到广泛使用,能源从简单的自然力转向蒸汽、电力等

二次能源,人类生产力由手工生产力上升为机器生产力。在这一阶段,机器劳动逐步取代手工劳动,成为主要的劳动形态。

马克思认为,"所谓简单的机器劳动,我们指的是应由看管工作机的人来完成的辅助作业"。这个定义内含三层意思:一是机器劳动不是指机器的动作,而是指人的活动,因而是活劳动;二是将活劳动在生产中的作用界定为"辅助作业",并且这种辅助是指对直接加工劳动对象的机器的"看管";三是将此种活劳动的工作性质明确为"看管工作机"。狭义的机器劳动指与工作机的作业直接相关的"看管机器作业",表现为"特殊的工人小组看管完成各种特定过程的机器"。这些工人是工人中的骨干,"由从事主要的最后工序的工人组成,而不是由从事准备工作或修整工作的工人组成"。马克思特别强调了这种活动必须和工作机打交道,是真正的机器劳动。广义的机器劳动还包括"照料原动机的活动""维修机器的作业""打扫工厂的垃圾、运走工厂废料"等形式。这些劳动形式与工作机的作业间接相关。

机器劳动极大地提高了生产力,科学技术是机器劳动提高生产率的关键。从 18 世纪 60 年代开始,机器劳动逐渐取代了手工劳动,实现了人类生产技术的一次重大突破,新能源的使用是人类认识和利用自然力的又一大飞跃。机器劳动不仅推广至整个工业部门,甚至影响到人类社会的政治、经济、文化、国际关系,形成了席卷世界的产业革命浪潮。

3)智能劳动

20 世纪 40—50 年代,第三次科技革命兴起,其中最具划时代意义的是电子计算机的迅速发展和广泛运用,它使全球信息和资源交流变得更为迅速,人类社会开始进入信息时代。20 世纪后期,以智能化为主要特征的第四次科技革命兴起。作为新的劳动形态,智能劳动通过人与智能机器的合作共事,扩大、延伸和部分地取代了人类专家在制造过程中的脑力劳动,改变了人类生活的方方面面。它提高了劳动效率,促进了劳动者的解放。

"智能劳动"目前还不是一个专有名词。根据有关智能制造(Intelligent Manufacturing)定义的扩展性解释,智能劳动是指从劳动目标出发,由人类专家和智能机器共同组成人机一体化智能系统,通过模仿人类大脑,完成"从感觉到记忆到思维的过程"与"行为和语言的表达过程",实现拟人的智能化劳动,从而创造智能产品和其他产品的过程。

1.4　劳动的工具

劳动是从制造和使用工具开始的。所谓"工欲善其事,必先利其器",人类在长期的生产活动中通过使用工具来实现自己的目的,也被工具所包含的意义影响,反映出古代的人们对人的劳动同工具关系的朴素认识。劳动工具被马克思主义称为劳动的"中介",是劳动实践中不可缺少的组成部分,是全面认识劳动的重要因素。劳动工具是反映生产力本质的综合性标志,能体现一个社会生产时代的决定性特征。劳动带来的技术和工具的进步实现了人类技术领域的进步。每一次新的劳动工具都会带来劳动形态的重大变化,进而引发生产方式的划时代变革,推动社会生产力的不断发展,推动社会历史形式的进步。

劳动工具的变迁和社会发展

人类社会发展阶段	起始时间	劳动工具的使用	劳动工具推动社会发展
旧石器时代	距今两三百万年前	砍砸器、刮削器、石锤等，以打制石器为主	生产力发展，原始社会晚期出现了剩余劳动产品，生产资料由氏族公有转变为个体私有，私有制引发阶级矛盾，出现了国家，奴隶社会应运而生
新石器时代	距今约 1 万年前	磨制工具、钻孔和生火技术	
青铜器时代	约公元前 3000 年	制作和使用青铜器	借助工具迅速提高了生产力，农业、畜牧业、商业和手工业依托青铜工具发展起来
铁器时代	约公元前 1400 年	用开采、冶炼的铁矿石加工成铁器	铁制工具比青铜工具更结实和锋利，进一步提高了生产力，铁制农具提高了农业生产水平，铁制兵器提高了军队的战斗力，加速了奴隶制社会的瓦解
蒸汽时代	18 世纪 60 年代	蒸汽机、纺纱机	劳动工具由手工转为机器，劳动者与劳动工具的关系发生了变化，人类劳动的主要形式转变为工厂劳动，形成了资产阶级和无产阶级
电气时代	19 世纪 60 年代	发电机、内燃机	
信息时代	20 世纪 40 年代以来	计算机、机器人、人工智能等	生产力极大解放，产业结构优化升级，劳动者的劳动职能不断改变

【劳动认知单】

我身边的劳动工具

仔细思考你身边有哪些劳动工具，把它们填入下表中，能想到的越多越好。

名称	功能	使用频率	可以改进和创新之处	若失去此项工具，你的生活会如何，你会如何来填补

(1)和同学交流你的填表内容，思考有没有哪些在你身边但你没意识到的劳动工具。

_____

(2)填表和交流之后，你的发现是什么？ _____

(3)如果你只能保留三样劳动工具(或者是向同学推荐三样劳动工具),你会选择哪三样? 为什么?_____

_____

专题二　马克思主义劳动观

【专题学习目标】

①了解马克思主义劳动观之前的劳动观。

②掌握马克思主义劳动观的内涵及其意义,自觉树立马克思主义劳动观。

【专题引入】

一个工人读历史的疑问

[德]布莱希特

七个城门的底比斯是谁建造的?

书本上列了一些国王的名字。

石头和砖块是国王搬的吗?

还有巴比伦,一再被摧毁,

是谁又一再将她重建?

金光闪闪的利马的建筑工人,

他们住的房子在什么地方?

砌了一天的城墙,天黑之后,

万里长城的泥水匠在哪里过夜?

雄伟的罗马到处都有凯旋门。

那是谁打造的? 那些罗马皇帝战胜的又是谁?

大名鼎鼎的拜占庭,

它的居民都住在宫殿吗?

传说中的亚特兰提斯,

大海先淹没奴隶,然后

那些主子才漂浮在黑夜的汪洋中哀嚎。

年轻的亚历山大征服了印度。

就凭他一人吗?

西泽打败了高卢人,

他该不会连个煮饭的都没带吧?

无敌舰队沉没的时候,

西班牙的腓力哭了。

没有别的人哭吗?

腓特烈大帝在七年战争中获胜。

除了他还有谁获胜?

页页有胜利。

谁来准备庆功宴?

代代出伟人。

谁来买单?

一大堆史实。

一大堆疑问。

马克思主义认为,人类历史是以人的物质劳动作为载体的历史,劳动在整个人类社会和历史发展中处于关键性地位。人的劳动是为了生存,为了得到生活资料,但又不仅限于此,人在劳动中肯定了自己的个人生命,从而接纳了自己的个性特点。人们通过劳动生产物质和精神产品来满足自己对美好生活的需要,通过需要的不断满足和不断升级来强健身心,提高整体素质。劳动本身就是人们为了满足自身需要的一种积极体现,是人的需要的现实出发点和手段,推动人类社会向前发展;人们在劳动过程中,即在改变客观物质世界的过程中也在改变人自身,通过劳动不断提升自我。因而,人类也许是进化的一种偶然,却最终通过劳动决定了自己的命运。在这样的劳动进程中,一部人类和人类社会的历史揭开了它的篇章。人类进化史以及与之紧密联系的社会发展史,就是一部劳动的发展史。

2.1 马克思主义之前的劳动观

西方社会在发展过程中重视经济因素,早期劳动观念的演变主要受到古希腊哲学、基督教哲学和资本主义精神的影响。

2.1.1 古希腊时期

在古希腊时期,奴隶经济在当时的社会中占主导地位。随着劳动分工和商业的发展,奴隶的普遍化,贵族摆脱了繁重的体力劳动,统治者的德性和理性的培养成为当时关注的焦点。当时的劳动更多是为了谋生,这种生产劳动被认为是平民和奴隶的专属。因此,在当时的哲学家看来,劳动是自由之外的东西,是卑贱的,与人性无关。

但这里所鄙视的"劳动",并不是完全的或真正意义上的劳动,而是特指某些劳动。比如,农业劳动相较于手工业劳动和商业活动来说能够得到更多的尊重,因为农业生产不是以交换为目的,而是以自给自足为主;而手工业和商业活动则是以交换为目的,是实现其他目的的手段。

古希腊哲学家苏格拉底认为,农业塑造了最好的公民和士兵,因为农业劳动的训练使其倾向于战斗,同时又因为拥有土地而自然愿意保卫城邦。对于手工业劳动者,苏格拉底则认为,工匠们的肉体被其终日劳作损害,而身体的羸弱带来灵魂的疾病,他们的灵魂也是不健康的。商业活动更是饱受批判。尽管农业活动在一定程度上获得认可,但是体力劳动总体上依然被轻视。柏拉图在《理想国》中提出"金银铜铁"理论：人们"虽然一土所生,彼此都是兄弟,但是老天铸造他们的时候,在有些人身上加入了黄金,这些人因而是最可贵的,是统治者。在辅助者(军人)的身上加入了白银,在农民以及其他技工身上加入了铁和铜"。柏拉图试图说明劳动分工和阶级划分是以效率和能力来决定的,这很明显地体现出对体力劳动的轻视意味,并且同时轻视从事体力劳动的人。即使是柏拉图的弟子、被誉为古代百科全书式人物的伟大思想家亚里士多德,也认为劳动是人类为了满足生命过程的需要不得不从事的活动,是一种束缚人的自由的最低贱的活动。亚里士多德曾说："任何职业、技术和研究,倘使得自由人的身体或思想不适合于德性的运用和实行,都应被认为是工匠的活动。因此,凡是那些准备来使我们的身体败坏的技艺以及领取酬金的活计,我们都称之为工匠的活动,因为它使我们的思想劳碌而卑劣。"在他看来,只有沉思生活才是符合人性的生活,因为这是以自身为目的的活动,只有以自身为目的的活动才是自由的人的活动。即使在古希腊,占大多数的奴隶造就了人类所需要的物质生活资料,体力劳动的成果虽然某种程度上也是实现人生幸福的必要条件,但是由于所从事的活动不自由,限制了人们参与其他活动的可能性,在当时的哲学家眼里,劳动仍是最低贱活动的体现。

2.1.2　中世纪

在古希腊社会,劳动被轻视的思想直接影响了西方世界的人们对劳动的看法。进入中世纪之后,封建社会逐渐形成,基督教神学占据统治地位,教会享有至高无上的权力。

这个时期,劳动呈现出双重内涵,一方面劳动作为社会下层人员从事的活动,被认为是上帝"惩罚"人类的方式,这点从亚当和夏娃被赶出伊甸园的故事能看出来。亚当和夏娃偷吃了禁果,上帝将他们赶出伊甸园,从此人类要维持自身的再生产就必须付出辛苦的劳动。另一方面,劳动被认为是人类摆脱痛苦、抵御欲望诱惑、与罪责做斗争、实现自我拯救的重要途径和方式。在当时的西方人眼里,劳动开始具有了某种神圣的意味。

2.1.3　资本主义萌芽和发展期

伴随着文艺复兴和启蒙运动的发展以及科学技术的进步,人们的生活富裕之后,其观念慢慢从救赎的宗教中解放出来。从16世纪的宗教改革运动开始,劳动的地位在思想史上迎来了它的上升期。在宗教改革运动中,劳动开始被人们认真审视,从中世纪萌芽的积极意义上获得了一种更稳固的地位,劳动作为上帝赋予人的重要生存方式而得到更多的肯定。

德国社会学家马克斯·韦伯在《新教伦理与资本主义精神》一书中提到,德国宗教改革家马丁·路德在翻译《圣经》的过程中提出"Beruf(德语,职业、天职的意思)"一词,将宗教意义上的救赎与世俗生活中的信徒的劳动统一在一起,使劳动具有了超越其活动内容的内涵,人们的日常劳动不再仅仅是用苦修和禁欲来超越俗世的道德,而是完成个人现世的责任和义务。在这一普遍的肯定性当中,劳动获得了它的平等性。后来,马克斯·韦伯将宗教改革所确立的新教伦理视作资本主义精神的源头。

17世纪后,近代西方思想家们开始深入思考作为整体意义上的人与劳动的关系,劳动之于人的积极意义被越来越关注。法国启蒙思想家伏尔泰在其哲理小说《查第格》中总结道："在自己的花园中劳动是人生意义的最终答案。"

英国启蒙思想家霍布斯首先在资本主义商品生产的历史条件下,将劳动纳入事业之中,以一种经验的、实用的态度来肯定劳动的现实意义。

在霍布斯之后,另一位英国启蒙思想家洛克发现,劳动是一切财产之源,他在《政府论》中解释私有财产时提出了财产始于个人劳动。他指出,劳动是一个人身体和自由的延伸,因此劳动所得的产品也是一个人的身体和自由的延伸,抢夺了一个人的劳动成果,等于剥夺了这个人的自由。在洛克看来,人以劳动的方式对物加以改造,从而确定了人对物所有权的合法性,洛克从论证财产权的角度赋予了劳动决定性的地位。此后的法国启蒙思想家卢梭也反复强调劳动的重要意义,他认为不靠自己劳动吃饭的人都是贼,劳动是社会上人人应尽的义务,不论贫富强弱,一切游手好闲的人都是骗子。在他看来,劳动特别是手工业劳动可以保障人的自由。在卢梭的教育思想著作《爱弥儿》中就表达了对手工艺的尊重,并认为在对小孩子的教育中增加一门手工艺课十分必要。他说,与其让儿童不离书本,不如让他在工厂里活动,他的头脑随着双手的劳动而得到发展。

【识他】让·雅克·卢梭,(1712—1778)年,法国 18 世纪启蒙思想家、哲学家、教育家、文学家,民主政论家和浪漫主义文学流派的开创者,启蒙运动代表人物之一。主要代表著作有《论人类不平等的起源和基础》《社会契约论》《爱弥儿》《忏悔录》等。

英国古典政治经济学创始人威廉·配第认识到,劳动是生产的真正灵魂,提出了那句著名的话:"劳动是财富之父,土地是财富之母。"但是,他没有对此进行详细的理论论证。

而号称古典政治经济学"创立者"的亚当·斯密可以说是系统深入阐释劳动价值理论的第一人,他的价值论是有关价值理论的最早系统论述。在《国富论》中,亚当·斯密就明确指出:"一国国民每年的劳动,本来就是供给他们每年消费的一切生活必需品和便利品的源泉。"在亚当·斯密看来,财富的普遍本质就是劳动,不仅是农业生产,工业生产的劳动都是创造价值的源泉,劳动创造价值是一个普遍的规律。

亚当·斯密还提出了劳动分工理论。一方面,他肯定了分工在促进生产效率提高方面的作用,但同时也认识到分工造成了劳动者的狭隘化问题。更重要的是,他通过对劳动分工的解释,澄清了人与职业之间的依附关系:人的能力并不是因为职业不同而不同,而是劳动分工导致了人们之间的能力的不同。

【识他】亚当·斯密,(1723—1790)年,英国经济学家、哲学家、作家,经济学的主要创立者。亚当·斯密强调自由市场、自由贸易以及劳动分工,被誉为"古典经济学之父""现代经济学之父",主要著作有《道德情操论》《国富论》。

大卫·李嘉图坚持发展了劳动时间决定商品价值的原理,他认识到使用价值是交换价值的物质承担者。他指出,"我的价值尺度是劳动量",也就是说,绝大多数商品的价值是由生产它们所消耗的劳动量决定的,不是由个别实际劳动的量决定,而是由社会劳动量决定,即商品的价值是由社会必要劳动时间决定的。按照这个逻辑,对商品的购买也是对付出的劳动量的购买,所以说,劳动是财富积累的唯一本质。

英国古典政治经济学是启蒙思想影响下的重要结果之一,它所提出的劳动价值论更进一步为劳动确立了一种基础性的地位。古典政治经济学从根本上区别于之前的经济学说,就在于它开始看到了劳动的过程,而非交换的过程,这才是价值的源泉。

德国古典哲学的集大成者黑格尔把劳动的概念带到了哲学讨论的话题里,他从哲学的高度阐释了劳动与人的关系。黑格尔在古典政治经济学的知识背景下,从人类社会发展和个体的劳动的关系论述了劳动的辩证法思想,肯定了劳动是人主观能动性的巨大发挥。

黑格尔将劳动视为人塑造自我生命和世界的基本方式。一方面,人们通过劳动改造着世界,满足自身生存发展。不同于动物单纯对自然的消耗,人类劳动对世界的改造是一种具有创造性的改变力量,从而建立起某种独立自主的东西。另一方面,黑格尔肯定自我意识对劳动的作用。劳动作为人自我外化的表现形式,人也在劳动中体察到自身存在,从而使人从自然对象当中分离出来,即人不再是纯粹的自然存在物,而是一种有自我意识的、自为的存在物。正如黑格尔所说,"劳动是受到限制或节制的欲望,亦即延迟了的满足的消逝,换句话说,劳动陶冶事物。对于对象的否定关系成为对象的形式并且成为一种有持久性的东西,这正是因为对象对于那劳动者来说是有独立性的。这个否定的中介过程或陶冶的行动同时就是意识的个别性或意识的纯粹自为存在。这种意识现在在劳动中外在化自己,进入到持久的状态"。

简单地说,黑格尔认为在劳动的过程中,劳动陶冶和塑造劳动者,使劳动者获得了自我确证和独立性。马克思也认为黑格尔"抓住了劳动的本质,把对象性的人、现实的因而是真正的人理解为自己的劳动的结果"。黑格尔继承了斯密的劳动观,并从哲学高度提出"劳动创造人"的全新命题,但他唯一承认的劳动是抽象的精神劳动。

【识他】格奥尔格·威廉·弗里德里希·黑格尔(1770—1831年),德国古典哲学的代表、政治哲学家,是德国19世纪唯心论哲学的代表人物之一。黑格尔的思想,对后世哲学流派,如存在主义和马克思的历史唯物主义都产生了深远的影响,代表作品有《精神现象学》《逻辑学》《哲学科学全书纲要》《法哲学原理》。

人们从古代对劳动的轻视转向并逐渐将劳动提升到一定的高度,是在近代启蒙思想出现之后发生的,无论是古典政治经济学还是哲学,都把劳动带到了前所未有的高度。其从根本上源于社会生产力的进步。一方面,资本主义生产方式萌芽并迅速发展,人们改造世界的能力逐渐强大,因此过去宗教那些蒙昧的观念体系对人的束缚逐渐变弱,人们主动意识到自身改造世界的能力;另一方面,资产阶级开始逐渐壮大,开始走向历史舞台,在挑战旧制度和封建贵族时,找到了他们在理论上最强大的武器,那就是封建贵族是不劳而获的阶层。资产阶级理论家用劳动来证明了私有财产的合法性,进而为政治权利而斗争。

但是,古典政治经济学没有将劳动放置在社会关系中加以讨论,即没有提到劳动者与劳动产品、劳动等是一种什么样的关系,没有看到劳动与人的本质的关系。在黑格尔的哲学中,尽管从辩证法的角度论证了劳动的本质作用,但这样的劳动仅仅是在自我意识当中进行的,缺少历史的辩证的观点,对于劳动的理解往往较为抽象,看不到历史过程中劳动形式的变化。

为突破这些观点的局限性,在批判、继承、吸收古典政治经济学家和哲学家理论的基础上,马克思、恩格斯把劳动与人的本质、自由和解放联系起来,揭示了异化劳动的轨迹及其实质,并指出对异化劳动的积极扬弃是通向人的自由的必然环节。在劳动发展史中可以找到理解全部社会史的钥匙,从此,无产阶级新的历史使命诞生了。

2.2 马克思主义劳动观

马克思主义劳动观揭示了社会历史变迁和资本统治关系的实质,反映了劳动人民的主体地位及智慧,提出了从"异化劳动"向"自由劳动"的跃升路径。马克思主义劳动观建立在历史唯物主义基础之上,以人的解放和发展为主要内容,价值指向是人的自由和完善。

2.2.1 劳动创造人

人的起源问题一直是自然科学领域、哲学领域乃至宗教领域争论不休的话题。达尔文的进化论尽管有力地打击了"上帝造人说",但其仅仅是从生物学意义上探索了人的生物进化问题,并没有从根本上回答和解决人的起源问题。其实,解决这个问题的前提是要清楚人和动物的本质区别,科学揭示人的本质。马克思、恩格斯早年曾经批判过宗教异化,对人的本质有所涉及。《1844年经济学哲学手稿》批判地吸取了黑格尔关于"劳动是人的本质"的合理观点,指出:"整个所谓世界历史不外是人通过人的劳动而诞生的过程。"在《德意志意识形态》中,马克思、恩格斯依据历史唯物主义的观点更进一步明确地指出:"一旦人开始生产自己的生活资料,即迈出由他们的肉体组织所决定的这一步的时候,人本身就开始把自己和动物区别开来。"这一历史唯物主义的见解为科学解决人类起源问题提供了哲学依据。

在《自然辩证法》中,恩格斯根据自然科学提供的资料,深入分析了劳动在从猿到人转变过程中的作用。他指出,动物物种不是一成不变的,而是不断从低级向高级进化。人类的产生和发展同样遵循这个规律。从猿到人的演变过程中,存在着量变和质变,而劳动则是促进这种转变的最重要、最关键的因素。恩格斯把从猿到人的转变过程划分为三个阶段:直立行走、人手的形成和人脑的形成。直立行走使得手和脚的分工更加明确、更加专门化,从而扩大了类人猿的活动能力和活动范围，解放了手。而随着手的解放，手的使用越来越多，其功能也就越来越强、作用越来越大，人开始制造和使用最简单的工具，从而摆脱了动物式本能使用天然工具的活动。这样，人手开始形成。因而，劳动和人手的形成是人产生这一过程的两个方面，人手不仅是劳动所需的身体器官，还是劳动过程的产物。人手形成以后，劳动发展了，社会成员之间的联系更加紧密，互相协作成为必要，人们到了非说不可的地步，语言器官发展了，语言随之产生。而语言的产生，又促进了人的意识的发展和思维能力的提高，人的感觉器官相应更加完善。在这期间，劳动同样起了重要的作用。因此，恩格斯指出，"首先是劳动，然后是语言和劳动一起，成了两个最主要的推动力，在它们的影响下，猿脑就逐渐地过渡到人脑；后者和前者虽然十分相似，但是要大得多和完善得多。随着脑的进一步发育，脑的最密切的工具，即感觉器官，也进一步发育起来。正如语言的逐渐发展必然伴随着听觉器官的相应的完善化一样，脑的发育也总是伴随着感觉器官的完善化""脑和为它服务的器官、越来越清楚的意识以及抽象能力和推理能力的发展，又反作用于劳动和语言，为这两者的进一步不断发展提供新的推动力"。劳动促进了直立行走、人手的形成和人脑的诞生，类人猿进化为人，猿群进化为人类社会。

劳动贯穿人类进化的全过程

2.2.2 劳动推动社会进步

人类因为要生存，需要有意识、主动地认识世界、改造世界，所以有了劳动；因为工具的使用和劳动分工，男性负责狩猎、女性负责采集，所以有了男女在力量、速度和身材等体质上的适应性进化；因为农业起源，生产剩余和交换又成为可能，继而出现了稳定的权利分化。劳动，在满足人类自身更高层次的需要的同时，也造就了人类社会的起源和发展。

劳动是社会存在和发展的基础。马克思、恩格斯在《德意志意识形态》一书中指出，"我们首先应当确定一切人类生存的第一个前提，也就是一切历史的第一个前提，这个前提就是：人们为了能够'创造历史'，必须能够生活。但是为了生活，首先就需要衣、食、住以及其他一些东西。因此，第一个历史活动就是生产满足这些需要的资料，即生产物质生活本身，而且，这是人们从几千年前直到今天单是为了维持生活就必须每日每时从事的历史活动，是一切历史的基本条件"。在马克思看来，劳动是一切历史的基本条件，有了人类的劳动，有了满足人类生存的必需的前提，才产生了生活和历史。马克思从唯物主义立场出发，充分肯定了劳动对于整个人类和人类历史的重要意义。他进一步强调这一简单事实："任何一个民族，如果停止劳动，不用说一年，就是几个星期，也要灭亡，这是每一个小孩都知道的。"

17

劳动是推动人类历史发展的根本力量。发展的实质是事物的前进和上升,无论是自然界、人类社会还是人的思维都在不断地运动、变化和发展,人类社会的发展是前进性和曲折性的统一。马克思主义劳动观确认,以劳动工具的变革发展为标志的劳动生产力的变革发展,推动了劳动形态的变革发展以及人类社会的历史运动。因为劳动生产力的变革发展引发了整个劳动关系和社会关系的变革发展,推动了劳动的阶级性变革以及人类社会形态的历史性改变。人作为劳动主体,通过实践不但能够认识客观规律,而且能够利用客观规律,使客观规律为人所用。正是人有意识、有目的的劳动,培养和发展了人的自主性和创造性,推动了人类社会物质和精神生产能力的提高,推动了人类历史和社会文明的延续与发展。

劳动推动人类历史文化的创新与持续发展。人通过劳动不断展开的对整个文化世界的创造,使得人的生活世界不断焕发新的生机与活力,历史性地展现人的存在的普遍意义。人的劳动创造过程即人在劳动中不断创造属于人的文化世界过程,人类社会的历史运动过程也就是人类在劳动发展中不断发展自我与不断创造新文化的过程。

【劳动认知单】

劳动是个"魔法棒"

活动内容:从远古至今,通过劳动,我们的生活不断发生着变化。请搜集或拍摄4组共8张照片,分别是"衣、食、住、行"四个角度,每组用前后两张照片对比表现出人们生活的变化,制作成PPT或小视频,在班内分享,并谈谈每组照片所发生变化的原因。

2.2.3 劳动促进人的全面发展

早在古希腊时期,就有思想家提出人的全面发展就是人的精神和身体的有机统一发展。比如,古希腊哲学家柏拉图主张"以体操训练身体,以音乐陶冶心灵",这种观点在近代得到进一步发展。英国思想家洛克首次提出体育、德育、智育三育并立的"绅士教育"体系。瑞士教育家裴斯泰洛齐、德国教育家福禄贝尔主张把手工操作纳入学校教育的课程体系,以培养人的实际才能,这些主张在当时具有进步意义,但也有其历史局限性。在马克思、恩格斯之前,并没有人意识到人的全面发展主要是人的劳动能力的全面发展,而是站在脱离生产劳动甚至鄙视生产劳动的立场上空谈全面发展。在奴隶社会、封建社会、资本主义社会,由于社会等级制度的限制,统治阶级虽然也追求全面发展,但是他们持有的全面发展观是以剥削他人的劳动成果为前提的。

马克思在关于人的全面发展学说中提到,现代机械工业生产的高度发展必将对人的全面发展提出新的要求,为实现人的全面发展提供条件。教育与生产劳动相结合既是提高社会生产水平的途径,也是造就全面发展的人的必由之路。马克思主义关于人的全面发展理论高度肯定了劳动对人的全面发展的重要性,把教育与生产劳动相结合作为实现人的全面发展的根本途径。劳动发展、社会发展把劳动主体从必然性劳动束缚中不断解放出来,人的交往关系不断得到拓展,这为人的解放与全面发展创造了新的、更充分的社会交往基础。劳动解放意味着追求更加丰富的价值生活,意味着更加充分地实现自我发展的教育价值。

而劳动通过其独特的、能同时指向"身""心"的紧密结合的实践操作,把劳动的一元论通过人的身体物质基础指向了德育、智育、体育、美育这"四育",从而开启了劳动在人类认识世界、改造世界之中的潜在意蕴,即对于个体成长和发展的不可忽视的价值。

马克思主义劳动观从历史唯物主义的视角为我们揭示了人类劳动的价值就在于人不断通过自身去改造、创造世界,并最终推动人实现自身发展,其实质是人的自由性的不断展开和全面实现。因此,人类劳动的发展与人的发展是内在统一的。人以劳动的实践方式改造自然、创造社会生活和实现对自身生命本质性占有的历史运动过程,正是其自由性不断觉醒并走向全面发展的过程。

2.2.4　劳动是创造价值的唯一源泉

自然界只是提供了劳动的材料,只有劳动才能把材料变为财富。

生产商品的劳动可区分为具体劳动和抽象劳动,这就是劳动的二重性。具体劳动指生产一定使用价值的具体形式的劳动,抽象劳动是指撇开一切具体形式的无差别的一般人类劳动,即人的体力和脑力的消耗。前者形成商品的使用价值,后者形成商品的价值。马克思在其劳动价值论中特别强调了在价值创造和价值形成过程中劳动起的决定性作用。

马克思在《资本论》中指出,一切的劳动包括两个方面,"一方面是人类劳动力在生理学意义上的耗费",它是商品价值形成的源泉;"另一方面是人类劳动力在特殊的有一定目的的形式上的耗费",它产生商品的使用价值。在这里,马克思把商品看成使用价值和价值的统一体。具体劳动的性质不同,表现不同,它决定的是怎样劳动;抽象劳动的性质相同,都是凝结在商品中的无差别的劳动,它决定了劳动的多少和劳动的时间。马克思强调,要生产出一个商品,就必须投入或耗费一定的劳动,因此抽象劳动是形成商品价值的唯一源泉。

马克思的劳动价值论,不仅是一个经济学命题,还具有明显的哲学意义,即劳动体现了人的本质。劳动是创造价值的唯一源泉这一判断,深刻揭示了广大工人、劳动群体在价值创造中的积极作用。这在新的历史条件下极具现实意义,劳动创造价值是永恒不变的真理。

【想一想】实现社会正义的重要原则是按劳分配,你同意吗? 党和国家高度重视的扶贫工作是社会主义分配正义性的体现吗?

参考答案

专题三　劳动的品质

【专题学习目标】

①认识勤俭、奋斗、创新、奉献的劳动品质。

②树立劳动最光荣、劳动最崇高、劳动最伟大、劳动最美丽的价值观念,培养勤俭、奋斗、创新、奉献的劳动品质。

【专题引入】

初心不改的禾下乘凉梦

2019年6月3日,在塔克拉玛干沙漠边的盐碱地,袁隆平科研团队在这里试种下"海水稻"。伴随着大型机械的轰鸣,稻苗在这片曾经寸草不生的荒地上扎下了根。未来,黄沙戈壁将"变身"成碧绿良田。

一切好似梦境,而这个造梦者,就是被称为"杂交水稻之父"的袁隆平。

一直以来,袁隆平心中有两个梦:"禾下乘凉梦"和"杂交水稻覆盖全球梦"。他不仅让中国人将饭碗牢牢端在自己手中,还为世界粮食供给作出杰出贡献。

发展杂交水稻,造福世界人民,是袁隆平毕生的追求。他积极推动杂交水稻走出国门,致力于将杂交水稻技术传授并应用到世界几十个国家,帮助提高水稻单产,缓解粮食短缺问题,为人类战胜饥饿作出了中国贡献,获得了世界粮食奖。

致力于杂交水稻技术的发展,是袁隆平为国家担负的责任。他对杂交水稻和它背后维系的国家粮食安全怀有的赤诚初心,始终未变。他荣获国家最高科学技术奖、国家科学技术进步奖特等奖和"改革先锋"等称号。在新中国成立70周年前夕,党和人民授予他"共和国勋章"。

(来源:新华网,2019年9月28日;记者:姜潇、黄玥、吴光于;有删改)

【他说】

如果你能成功地选择劳动,并把自己的全部精神灌注到它里面去,那么幸福本身就会找到你。

——乌申斯基

"勤俭、奋斗、创新、奉献"是具有鲜明的中华传统文化特征和社会主义特征的劳动品质,应深刻理解和把握其内涵和意义,使其成为每个人内心深处的优秀劳动品质。

3.1　勤俭

勤俭是中华民族的传统美德,是个体美德和社会规范的共同要求。《尚书》中记载"功崇惟志,业广惟勤",要完成伟大的事业,必须勤奋工作;清代《解人颐·勤懒歌》里记载"一勤天下无难事",是对古代士农工商四民通过辛勤劳动改变生活的生动描述。"士而勤,万里青云可致身;农而勤,盈盈仓廪成红陈;工而勤,巧手超群能动人;商而勤,腰中常缠千万金""勤能补拙""业精于勤,荒于嬉""黑发不知勤学早,白发方悔读书迟"说的都是勤劳的重要性。

党在不同时期提出了"勤俭建国"方针、"勤俭自强"的公民道德规范以及"厉行节约、反对浪费"的文明新风,这些都是对勤俭美德的赓续与弘扬。中国从1949年的"一穷二白"发展到如今的世界第二大经济体,完成了脱贫攻坚目标任务,就是通过全体人民艰苦奋斗、勤俭节约实现的,我们要时刻牢记勤俭的重要意义。

勤俭是历经千年历史形成的对物欲的节制和对自然的敬重。勤俭,既包含着进取和智慧,又包含着品行和修为。

1)俭以修身

崇俭一直是中华民族的传统美德。俭朴,不仅是一种行为方式,更是一个人自律、自省的外在体现,俭朴的生活方式中包含着独具特色的道德规范和思想观念。"俭则约"表达了比物质节俭更深沉更为重要的意义——通过奉行节俭达到对自我品德修养上的约束和节制。《周易》《周礼》中要求人们"节饮食",目的是让人们约束自己;诸葛亮的《诫子书》中提到"静以修身,俭以养德";《左传》中写道,"俭,德之共也;侈,恶之大也";儒家推崇的道德境界是颜渊之境,"一箪食,一瓢饮,在陋巷,人不堪其忧,回也不改其乐"(《论语·雍也》);朱柏庐在其《治家格言》中指出,"一粥一饭,当思来之不易;半丝半缕,恒念物力维艰",对劳动付出高度肯定。古人用这种朴素的自然观教导人们避免被过度的欲望裹挟。

【他说】

我强烈地向往着俭朴的生活,并且时常为发觉自己占用了同胞的过多劳动而难以忍受。我也相信,简单淳朴的生活,无论在身体上还是在精神上,对每个人都是有益的。

——爱因斯坦

2)俭以返璞

今天我们提倡节约,看似是个人行为,却体现出一个社会的文明发展程度。真正的文明,是敬畏自然、天地和谐的大境界,是重视社会公共利益的大尺度、大格局。倡导健康适度的生活方式,才能拥抱更美好的生活。

马克思、恩格斯曾指出,"劳动首先是人和自然之间的过程,是人以自身的活动来引起、调整和控制人和自然之间的物质变换的过程"。人不能脱离自然的滋养。俭以养德正是在处理自然与人的精神之间的关系,一方面,人在自我发展成长中不为物役,挣脱自然束缚,自主自为地规定自己行为,更好地实现人的精神自由;另一方面,人类的生存和发展离不开大自然,人类通过社会实践活动有目的地改造自然,不断改进人类的生存和发展方式,在创造人类自身文明的过程中更应懂得敬畏自然、珍惜资源、爱护环境。我们的祖先历来就懂得如何与自然环境和谐相处,如何物尽其用、节约资源,这是数千年历史沉淀下的集体智慧。正如唐代诗人白居易所说:"天育物有时,地生财有限。"就如人们用看似无用的鸡毛做成重要清洁工具鸡毛掸子,后来又依据鸡毛掸子的原理,用多种材料演变出多种耐磨的扫帚。鸡毛掸子和扫帚陪伴中国人走过漫长岁月,中国人的勤俭朴实也在这扫扫掸掸间贯穿历史长河。

【劳动认知单】

制器尚用

我们身边有不少类似鸡毛掸子物尽其用的例子,想一想身边有什么可以变废为宝的物件,发挥你的创造能力,把变废为宝的物件填入下表中,再和同学分享心得。

利用了什么"废弃物"	做成了什么新物件	新物件的功能	我的感受和发现	原创
示例:鸡毛	鸡毛掸子	清洁卫生	中华民族既有创造的智慧,还深谙如何与自然环境相处	否

3.2 奋斗

2017年10月,党的十九大报告指出,中国特色社会主义进入新时代,我国社会的主要矛盾已经转化为"人民日益增长的美好生活需要和不平衡不充分的发展之间的矛盾"。满足人民对美好生活的向往既是马克思主义的崇高追求,也是中国共产党人一直以来的奋斗目标,而进一步满足人民日益增长的美好生活需要,始终离不开全体劳动人民的砥砺奋斗。

在中华民族漫长的历史长河中,中国人民开垦良田、治理江河、建设城乡,创造了美好的生活。奋斗的青春是最美丽的青春。中国今天取得的伟大历史成就,是一代又一代青年人艰苦奋斗的结果。新时代,需要年轻人更加努力,不虚度青春,孜孜不倦地工作,创造美好的未来。青年学生应在工作中培养能力、实践技能,用学习、研究服务人民,用创新、创造报效祖国。

奋斗既是中国劳动人民的历史写照,又是新时代的最强音,更是实现民族复兴的巨大推动力量。奋斗是一种在劳动中表现出来的进取态度,也体现着对科学规律的遵循和认知,更是一种在更高层次上对幸福的准确诠释。

随着经济社会的发展,劳动的方式在发生变化,但"功崇惟志,业广惟勤"是始终不变的人生哲理。

习近平:我人生第一步所学到的都是在梁家河

【案例链接】 　　　　　　　　　　**"铁人"王进喜**

王进喜,1923 年出生于一个贫困农家,33 岁时加入中国共产党,同年他担任队长的钻井队被石油工业部授予"钢铁钻井队"的称号。当时,中国绝大部分石油需要进口,国内的石油工业是"一五"期间唯一没有完成任务的工业部门。在设备不齐、吃住困难的情况下,王进喜秉持着"有条件要上,没有条件创造条件也要上"的精神,1960 年率队打出了大庆第一口油井,1963 年年底,中国石油基本实现自给。王进喜用他的奋斗精神实现了突破,描绘了劳动的新景象。

【辨一辨】奋斗以后就可以一劳永逸吗? 我们奋斗的终极目标是不劳动吗?

参考答案

【劳动活动单】

奋斗本身就是一种幸福

活动内容:以"奋斗本身就是一种幸福"为主题,进行文字作品、绘画、摄影、短视频等作品的制作,记录、展现劳动者的美好劳动时刻。在班内分享作品,由教师组织学生投票选出优秀作品。

3.3　创新

创新是"天行健,君子以自强不息"的当代发展,也是新时代引领发展的第一动力。创新升华了劳动的样态,节约了劳动的时间,节省了劳动的成本,是劳动过程中要始终遵循的理念。

中华民族历来就是一个有伟大创造精神的民族,历史赋予新时代劳动精神承载伟大而艰巨的光荣使命。青年学生要敢于创新、善于创新,培养自己的问题意识,树立敢为人先的精神,努力使自己成为具有创新意识和创新能力的高素质人才。

创新实践与劳动的关系主要表现为以下三个方面:首先,创新实践导致劳动产品丰富,可以为人的发展提供强大的物质基础,解决人类发展中由于物资短缺而带来的困境。其次,创新实践提高了劳动生产率,缩短了必要劳动时间,为生产者赢得了更多的自由时间。最后,创新需要更多的知识背景,劳动者的能力水平也因此发生变化,更能应对未来挑战,自由而全面地发展。

从社会发展和人的全面发展层面,尤其要提倡大力发展创造性劳动。创造性劳动不仅能提高工作效率、节约资源成本、增创社会财富,而且能直面机遇挑战、成就精彩人生、提升生命价值。换言之,创造性劳动使劳动更加体面、更有尊严。创造性劳动大大突破了简单重复劳动的桎梏,让机械变得灵动,使枯燥成为享受,天堑瞬间化为通途,所有的"墙"都成了"门"。这时,劳动已不单单是生存的需要,更是生活的需要。教育家赞可夫说过:"美不仅存在于自然界,而且存在于人们的创造性劳动中。"马克思也曾经说过:"美感就是人在创造性劳动中感到各种本质力量能够发挥作用的乐趣。"创造性劳动带给人们的愉悦和美感,正是幸福的源泉和真谛。

【案例链接】　　　大国工匠之罗昭强:"复兴号"高铁的"全科医生"

2017年6月25日,中国标准动车组"复兴号"在京沪线正式首发,一夜之间成为高铁"网红"。作为中车长春轨道客车股份有限公司高速制造中心调试工人的罗昭强,看到自己亲手调试的"复兴号"完美运行,感到无比激动和自豪。

今年47岁的罗昭强,1990年从职业技术学校毕业后来到中车长客股份公司成为一名维修电工。27年来,他孜孜以求,不断学习创新,用高超的专业技术,为中国铁路装备制造业发展做出了突出贡献。

作为"复兴号"动车组调试阶段的中坚骨干,罗昭强的团队巧妙应用软件,通过软件去查找硬件的故障,让车辆在不同状态下留下相应的信号,通过分析数据,找到毛病所在。

罗昭强先后完成4项发明专利、7项实用新型专利,申报15项国家专利,200余项"五小"成果和立项攻关,累计为公司节约资金千万元。仅最近的4年间,从罗昭强和他的团队手中调试出的高速动车组就超过400列,安全运营里程超过5亿千米,相当于绕地球一万余圈。

如今,罗昭强已是公司首席操作师、国家级技能大师工作室负责人。他用20余年的经验编写了24万字的《轨道车辆制修工基本技能系列丛书》,被赋予"复兴号"高铁的"全科医生"称号。

(来源:《吉林日报》,2021年9月17日;记者:刘佳;有删改)

3.4　奉献

"奉献"体现了劳动的最高境界和对劳动价值的判断。劳动不仅是为了满足个人的温饱和为了个人利益的实现,劳动的最高境界是无私奉献,是为他人和社会而奉献。

奉献精神是一种中华传统美德,是将个人利益融合在集体利益之中,为实现更多人的更大利益而努力的一种行为。古语云:得其大者兼其小。奉献精神既是对国家和人民深爱的表现,也是一种在实践中的智慧体现,因为一个人只有把自己的事业与国家融合在一起才能发挥出最大的力量。奉献精神是社会责任感的集中表现,依赖于每个人的无私奉献,社会的物质财富和精神财富才能不断地增加。当我们每个人在劳动中对自己所从事的工作锲而不舍时,我们对工作的专业探索精神就会潜移默化地转化为奉献精神。一位医术高超的医生,更加清楚如何满足病人的需要;一位经验丰富的教师,更加清楚如何更好地引导学生。主动作为、爱岗敬业、奉献人民就是今天的时代青年的高尚人生追求。

抗疫一线,这些劳动者的汗水闪闪发光

【辨一辨】今天,倡导奉献精神过时了吗?

参考答案

专题四　劳动的延伸

【专题学习目标】

①了解我国灿烂多姿的劳动文化的内容。

②了解技术对劳动的促进作用。

③理解劳动与教育的关系,了解新中国劳动教育发展沿革。

【专题引入】

劳动就像一个魔法师,先是创造了人类,继而由伟大勤劳的劳动人民将劳动不断延伸,劳动每到一处,遍地播种,劳动的美,不断绽放出新的花朵。劳动遇上时间,就有了人类几百万年的历史;劳动和人类思想碰撞,就有了丰厚的人类文化;劳动把自然和人类智慧的手牵起来,就有了古代卓越的造物技术发明;劳动仍不停息,凝聚在教育中,只为人类更好地生活和发展。

4.1　劳动与文化创造

文化源于劳动,人们在劳动中逐渐形成对节奏、韵律、对称、重叠、反复、互补等自然节律和秩序性的掌握和运用,发生了人的感性、理性等心理机制与外在事物的同构,于是乎有了审美,有了艺术,有了文化。

文化是指我们使用的工具、技术和行为中表现出来的通过学习得来的信息。文化既是我们存在于世的基础,也是我们存在于世的意义。文化是滋养我们的精神母体,从原始社会到农业社会再到工商业社会,我们的文化随着劳动的进程不断革新,让我们的精神有所支撑。

劳动,作为一种独特的中华民族文化符号或文化现象或文化实践,深深蕴藏在悠久深厚的中华优秀传统文化之中。我们不仅能在历经千年的古今辞书之中找到丰富的历史依据,也能够从诸多文化典籍传说和先人的具体劳动实践中得到深刻的现实启示。

4.1.1　神话中的劳动

神话是一个民族关于宇宙、自然、人类及其文化起源的故事,中国的神话故事里不仅蕴含着我们祖先对劳动的尊崇、对自然的敬畏、对农耕的记忆,还有我们中华儿女的勤劳、勇敢和友爱。

1)创世造人的造物神

造物神的出现是原始人类对世界的起源、人类的由来所作的一种想象。他们把自己对征服自然、改造世界的意愿寄托在这些神话人物的身上,并从中汲取生存、发展的力量。在这里,我们随处可以看到劳动带给人类的智慧和勇气。

（1）盘古开天辟地

远古时期，由于生产力水平极其低下，原始人对客观世界的认识十分幼稚。在他们眼中，自然界的一切都是异常神秘的、不可抗拒的。为了解释自然同时表达征服自然的含义，远古时期，中国人通过自己的幻想虚构出了开天辟地的创造大神——盘古。

盘古的传说最早出现于三国时期文人徐整的《三五历记》中，"天日高一丈，地日厚一丈，盘古日长一丈，如此万八千岁。天数极高，地数极深，盘古极长。后乃有三皇"，这里仅仅描述盘古是一个与天地共生共长并且高达九万里的巨人，并未提到他如何开天辟地。后在徐道的《历代神仙通鉴》中记载，"盘古将身一伸，天即渐高，地便坠下。而天地更有相连者，左手执凿，右手持斧，或用斧劈，或以凿开。自是神力，久而天地乃分"。自此，一个手拿斧凿，上砍下凿、用神力分开天地的形象就在中国人的头脑中深刻印下，虽然斧、凿等石器时代才出现的工具是后人整理盘古神话时添加进去的。这样一个使用劳动工具劳作的现实人物的图画，体现了"劳动创造世界"这一朴素而又伟大的真理。盘古的高大形象，表达了中国人民征服自然的坚定信心，鼓舞着大家用自己的双手去开创美好世界。至此，盘古理所当然地成了中华民族的创世始祖和中国神话中的第一位造物大神，受到人民的敬仰。

盘古开天辟地

（2）女娲捏土造人

女娲是中国神话中一位女性造物大神，她是人首蛇身的形象，继盘古开天辟地创造了人类。在后汉应劭的《风俗通义》中记载，"俗说天地开辟，未有人民。女娲抟黄土作人，剧务，力不暇供，乃引绳于泥中，举以为人。故富贵者，黄土人；贫贱凡庸者，引絙人也"，即女娲用黄土捏成人，捏了一段时间后她觉得这样太累，于是用绳子蘸泥水甩出泥点，泥点变成了人。女娲造人的神话，也是原始社会制陶业的反映。

古籍中还有关于女娲炼石补天故事的记载。在人类生存受到威胁的时候，女娲大神挺身而出,"炼五色石以补苍天,断鳌足以立四极,杀黑龙以济冀州,积芦灰以止淫水"。做完所有的事情后,女娲便安安静静地休息,把这一切都归功于大自然,这从侧面体现了中国古代劳动人民淳朴谦逊的优良品德。

2)投身劳动的三皇五帝

"三皇"一般指燧人、伏羲和神农,"五帝"即黄帝、颛顼、帝喾、尧、舜。传说炎帝就是"神农",他带领人们开创了农业生产,黄帝则在炎帝之后把农业发展到了更高的水平。古代圣贤不仅崇尚劳动,而且亲身参与生产劳动,中华文化就是在先祖们带领人民发掘自然资源,抵御危险、求得生存,制造劳动工具进行生产的过程中,不断推进和积累的。

(1)燧人氏钻木取火

传说燧人氏看到小鸟啄木发出火花,大受启发,因而发明了钻木取火。火的发明标志着人类从动物界最终分化出来,也标志着我们的生活将发生极大的变革。有了火,人类就可以化腥臊、抗严寒、驱猛兽、照黑夜;同时可以改善生产工具,提高生产力,为烧陶和冶炼打下基础。总之,火的发明,是人类历史上一件划时代的事件。随着时间的推移,烹调食物也成为一种专门的技艺和劳动,后来出现了庖夫、庖人,也就是我们现代的厨师。《韩非子·五蠹篇》这样评价燧人氏:"有圣人作,钻燧取火,以化腥臊,而民悦之,使王天下,号之曰:燧人氏。"

(2)伏羲氏结绳为网

传说燧人氏的儿子伏羲氏不仅重视农业——每年农历二月初二"御驾亲耕",还是一位渔猎发明神。他观察蜘蛛结网捕捉昆虫,模仿蜘蛛把绳子打成结并织成网的形状,教人们用它来捕鱼,"作结绳而为网罟,以佃以渔"。还传说他驯野兽,经过驯化的野兽,不再对人进行攻击,而是听命于人。从此,人们开始进入打鱼捕猎的生活。

【想一想】我国古代的劳动节是何时?

(3)神农氏制耒耜

传说,伏羲之后,神农氏教人们制造耒耜,从此开启了农耕文明。神农氏人身牛首的形象,与农业息息相关,是上古初民在掌握牛耕技术以后对农业之神形象的构想。

过去人们以野草野果为食,常常分辨不出它们是否有毒。传说炎帝召来一只遍体通红的大鸟,鸟的嘴里衔着一株九穗的禾苗。大鸟飞过天空,穗上的谷粒竟像雨珠一样落到地上。炎帝迅速捡起谷粒,他把稻种装进白色袋子里,把黍种装进黄色袋子里,把稷种装进绿色袋子里,把麦种装进红色袋子里,把豆种装进黑色袋子里。之后,炎帝教会人们播种五谷,他亲尝百草让人们知道哪些草无毒可以食用。人们感念炎帝的功德,便尊他为"神农"。

随着人口的增长,狩猎已经不能维持人类生存,神农氏为了便利百姓开荒掘地,发明了耒耜。耒是一根尖头木棍加上一段短横梁。使用时把尖头插入土壤,然后用脚踩横梁使木棍深入土中,然后翻出,达到耕种前翻松土地的作用,耜类似耒,但尖头成了扁头,类似锹、铲。耒耜的发明提高了耕作效率。耒耜也是后来犁的前身。《周易·系辞下》对神农氏做了

一个评价,"包牺氏没,神农氏作,斫木为耜,揉木为耒,耒耨之利,以教天下"。

神农氏带领人们制耒耜,种五谷,奠定了农业的基础,我国因而以农业立国。耒耜的使用和五谷的耕种,解决了民以食为天的大事,促进了农业生产的发展,为人类由原始游牧生活向农耕文明转化创造了条件。

后来神农氏还制作陶器,帮助人类继续改善生活。在陶器发明前,人们对于打猎得到的食物,无法进行储存。有了陶器,人们不仅可以对食物进行蒸煮加工,还可以贮存物品。陶器的使用,改善了人类的生活条件,对人类的饮食卫生和医药发展产生了深远的影响。

神农氏的创造发明,让古人由原始社会的渔猎时期进入农耕时期。

河姆渡文化时期的骨耜

(4)黄帝和尧舜

《水经注》里提到,"牺、农之时,虽有琴瑟、罔罟、耒耜、兵戈诸物,其生活之单简可想。黄帝时,诸圣勃兴,而宫室、衣裳、舟车、弓矢、文书、图画、律历、算数始并作焉。故洪水以前,实以黄帝时为最盛之时"。就是说在大禹治水以前,以黄帝所处时期最为兴盛。黄帝联合炎帝(神农氏)打败蚩尤,统一华夏各部落,之后大力发展生产,黄帝发明了水井、舟车、弓矢、房屋等生产和制作技术,"制作舟楫,以济不通",建舟车让人们的交通便利;"上古穴居而野处,后世圣人易之以宫室,上栋下宇,以待风雨",发明房舍使人民的生活变得健康舒适。人类从群居的野外生活发展到有了房舍的聚族而居。

尧舜禹的时代出现了管理劳动的专门官员。据《史记·五帝本纪》记载,舜曰:"谁能驯予工?"皆曰垂可。于是以垂为共工。舜曰:"谁能驯予上下草木鸟兽?"皆曰益可。于是以益为朕虞。益拜稽首,让于诸臣朱虎、熊罴。舜曰:"往矣,汝谐。"遂以朱虎、熊罴为佐。

"上古结绳而治,后世圣人易之以书契,百官以治,万民以察""垂衣裳而天下治",从此华夏政治最终形成,中华文明和礼制开始萌芽。

3)心灵手巧的古代发明家

除了三皇五帝亲近劳动,在中华民族的神话中还有许多心灵手巧的发明家。这些鲜活的发明家的故事有些是历史,有些是神话,但是从中我们都能看到先祖们热爱劳动、投身劳动,通过发明创造推动人类进步、社会发展的样子。

有巢氏是人类原始巢居的发明者。有巢氏观察树上的鸟儿修筑巢穴,模仿鸟儿在树上筑巢的行为,带领人类也在树上修筑巢穴,所以他被叫作有巢氏。

有巢氏开创巢居文明的伟大功绩,对中华文明乃至人类文明的发展都具有积极和深远的影响。2008 年北京奥运会主场馆鸟巢和 2019 年中国北京世界园艺博览会中国馆的建造理念都是来自这种巢居的智慧。

国家体育场(鸟巢)

传说中,教会妇女把蚕吐的丝进行抽丝纺织的人,是黄帝的妻子嫘祖。嫘祖偶然发现受热之后的蚕茧能够抽出大量的丝来,而且蚕丝又细又韧,经过长期的观察和实践,嫘祖发明了一套养蚕和抽丝的方法。将抽出的丝进行纺织和染色,就得到了之前从未有过的一种织物——丝绸。而在之前,人们都是穿的葛麻布这类粗布。人们穿上丝绸衣服后,生活水平提高了。养蚕纺丝成了中国人了不起的发明。嫘祖在人工植桑养蚕上功不可没,但更重要的是她将技术加以推广应用,造福于社会民众。后来人们供奉嫘祖,尊称她为"先蚕神"。

除了前面说到的神农氏发明陶器,据说在黄帝时期,有一个叫宁封的人也发明了陶器。过去除了现成的葫芦或者石坑之类,人们没有什么容器来储存水和粮食。吃饭要么烧烤着吃(这要感谢燧人氏带来的烧烤技术),要么用树叶包着粮食在火下焖熟。宁封尝试用泥巴捏出了各种形状的食器,可仅仅在太阳下晒干定型的土器时间久了容易碎裂,而一旦沾水又会塌软。后来有一次,宁封无意中把一个土碗和食物一块儿埋到柴火里烧。宁封清理灰烬的时候,发现土碗经过烧制变得坚硬,没有裂缝,也不怕水。宁封便将这种经过烧制的土器叫作陶器。黄帝便任命他为"陶正",就是主管陶器制作的官员。陶器的发明,给人们的生活带来极大的便利,人们后来尊称宁封为"宁封子"。

尧时有个最著名的巧匠,叫作倕,人们又称他"巧倕"。据说,巧倕发明了做木器活儿用的工具规、矩和准绳,巧倕在当时人们心目中的地位就像后世的鲁班一样,是天下第一巧匠。帝俊的另一个后代奚仲,用木头造出了美观耐用的车。这种车是用规矩、钩绳等工具按照设计准确制造出来的,各种机关咬合严密,十分牢固,大大便利了人们运输和迁徙。《墨子·韩非子》也有"奚仲作车""巧倕作舟"的记载。

刑天是炎帝的一个手下,他长相凶猛,非常擅长战斗,同时还擅长音乐,所以炎帝命他制作了《扶犁》《丰年》这样的乐歌,来歌颂农耕劳作,歌颂丰收。

我们不难发现,神话故事里的人物形象,不论是三皇五帝还是远古时期普通的劳动能手,他们或具有非凡的智慧或具有大公无私的献身精神,而且都亲自参加生产劳动——或体力或脑力。人类进化历史中的各项发明创造都是在其生产实践中产生的,每一项发明创造既用劳动证明了"实践出真知"的伟大真理,又表达了人们希望用劳动创造美好世界的真切愿望。

【劳动活动单】

陶艺制作

陶艺是陶瓷艺术的简称,是一门既古老又现代的艺术。它记录了人类文明的进程,蕴含着中华民族的聪明智慧,集中体现了中华民族的劳动精神和工匠精神。

活动内容:以小组为单位,认识陶艺,共同学习陶艺的制作步骤,制订劳动计划,完成陶艺制作。

陶艺制作单

作品名称:

	评价(1~5分)	实践心得和建议
制作过程掌握度		
材料工具掌握度		
创意新颖度		
作品完成度		

4.1.2 典籍诗文中的劳动

在中华民族数千年的悠久历史文化长河中,我们不仅拥有丰富的劳动文化典籍、劳动实践、典型劳动形象和实例,还有在耕读传家中对技艺传承教育的探索。在中华优秀传统文化中我们可以体悟到:劳动融于中华民族的精神血脉,是中华民族的重要文化基因,中华民族的历史就是劳动人民用勤劳、勇敢、智慧书写的一部通过劳动创造物质财富和精神财富的灿烂历史,中国人民也必将在勤奋劳动、尽责担当中谱写出更加美好的新生活和更加辉煌的中华民族复兴新篇章。

1)典籍中的劳动

(1)儒家的劳动思想

在中国古代的主流思想中,似乎对体力劳动大体上采取了一种贬低的态度,而更为推崇脑力劳动的价值和意义。这种态度一方面反映了生产力相对低下的分工社会中,人们对摆脱自然社会奴役的向往,另一方面也受到儒家"形而上者谓之道"的影响。

孔子对待劳动的态度在"樊迟请学稼"的典故中饱受争议。当孔子的学生樊迟向孔子求教农耕生产的学问时,孔子严肃地批评了他,认为樊迟没有出息。在孔子看来,居上位的喜好礼仪,民众就没有敢不尊敬他的;居上位的喜好道义,民众就没有敢不服从他的;居上位的喜好信用,民众就没有敢隐瞒实情的。假如能做到这些,则四面八方的民众都会背着他们的孩子投奔过来,何必自己去种庄稼呢?

但在这个典故中,孔子始终关注的是一种"礼制",是他那个时代心之所系的"礼",讨论的"稼"不是使用价值层面的劳动致富,也不是精神价值层面的劳动快乐,是一种早期的由社会分工所产生的伦理意识,可引导更多人学习诗礼,以令社会更加美好。在孔子的观念中,若将农耕劳作单独讨论,其似乎是被鄙视的;但当劳动是为劳动所要拥护的道德服务时,比如劳动为民,那么劳动就是被推崇的。此外,孔子非常认可工匠的作用,在其治国思想中提到的九项工作也印证了这一点:"凡为天下国家有九经,曰:修身也,尊贤也,亲亲也,敬大臣也,体群臣也,子庶民也,来百工也,柔远人也,怀诸侯也。"孔子认为"来百工则财用足",这里工匠的劳动是为治国安邦服务,在儒学的德治范围内,因此受到孔子的认同。

后世儒家分离了"脑力"和"体力"两个概念,正如孟子所言:"劳心者治人,劳力者治于人。"孟子的这句话,描述的是阶级社会中脑力劳动与体力劳动分工的一种意识形态的反映,孟子对体力劳动和脑力劳动的这种矛盾关系的叙述正是人类文明的一个辩证阶段,反映了劳动所具有的两面性:脑力劳动和体力劳动的对立统一。所以,我们看到儒家思想并不是反对人们从事劳动,对劳动的描述是基于社会分工的自然伦理之下,甚至常常将劳动作为个人修行的重要途径之一。

(2)道家的劳动思想

老子认为,对于社会礼制的过多关注、对繁缛纹饰的偏好、过多的欲求皆是对人的本真状态的一种异化。这种异化类似于劳动对人的本质自由的异化,结果就是自我的苦难和劳动力的浪费,也不能让人们在劳动中感受到享乐和自由,因此老子尝言:"五色令人目盲;五音令人耳聋;五味令人口爽;驰骋畋猎,令人心发狂。""大道甚夷,而人好径。朝甚除,田甚芜,仓甚虚,服文采,带利剑,厌饮食,财货有余,是谓盗竽。非道也哉!"老子极力劝诫人们不要在物欲横流、繁华奢侈的世俗生活中迷失自我,而要返璞归真,避免贪欲对劳动力的浪费,并依此减轻劳动对主体的压迫。

庄子常常以劳动者的特殊技能为例来说明技近乎于道的道理,如我们非常熟悉的庖丁解牛。庖丁是专门从事屠宰事务的屠夫。《庄子·养生主》中庖丁解牛的故事告诉人们,如果按照自然之道去做事,就可以把事情做得像弹奏美妙的音乐一样让人赏心悦目。在庖丁看来,牛的结构(隐喻为事物的结构)在于人心,而解构就是"游于艺"的劳动享乐过程。

(3)墨家的劳动思想

在百家争鸣的春秋战国时期,墨家是劳动者的学派,墨子以劳动者的代表身份登上了历史舞台,是尊重劳动和劳动者的思想家代表。墨子把劳动视为人与动物的根本区别,人类正是依赖自己劳动所创造的物质财富才得以生存下来,劳动的主体性成了规定人的第一属性。"今人固与禽兽、麋鹿、蜚鸟、贞虫异者也……今人与此异者也:赖其力者生,不赖其力者不生。"墨子指出,人与动物的主要区别在于动物依赖先天条件便能生存。这是墨子思想对传统劳动观念的一种颠覆性改造。这个论断率先指明劳动是人类维系自我生存的必要条件,劳动的主体性价值得到了充分展现。生产劳动不仅是人类最终从动物界分化出来的决定因素,也是社会财富的真正来源。墨子同时说,"下强从事,则财用足矣""强必富,不强必贫,强必饱,不强必饥",认为财富是由人们的劳动创造的,劳动越努力,创造的财富就越多。《墨子·非乐上》说,"民有三患:饥者不得食,寒者不得衣,劳者不得息,三者民之巨患也"。《墨子·非命下》说,"必使饥者得食,寒者得衣,劳者得息"。现在看来,这是社会福利、劳动保障思想的萌芽。墨家思想兼容并蓄,形成了中国先进文化的必要成分,是民族振兴、国家进步的精神力量之一。

(4)《诗经》中的劳动思想

《诗经》是我国第一部诗歌总集,收录了很多先秦时期的歌谣,其中不乏描写当时农耕生活的诗歌,是劳动人民真实生活的一面镜子。

《诗经》中《芣苢》写道:"采采芣苢,薄言采之。采采芣苢,薄言有之。采采芣苢,薄言掇之。采采芣苢,薄言捋之。采采芣苢,薄言袺之。采采芣苢,薄言襭之。"这首诗就是对劳动生活场面的生动描写。紧张欢快的劳动场面,一片欢欣的情态跃然纸上,劳动产品由少至多的积累过程给人们带来喜悦,我们仿佛听到了他们快乐的劳动歌声。这样的诗歌开启了后人在诗歌创作时对田园生活的关注。这种对劳动赞颂的描写在《诗经》中还有许多,《十亩之间》记载,"十亩之间兮,桑者闲闲兮,行与子还兮",描述了魏国先民热爱劳动的生活态度。

《周颂·丰年》通过描写人们丰收的喜悦、对上天的感激,暗指身处难以驾驭大自然和自己命运的时代,人们祈求神灵保佑的愿望尤其强烈。由此可以看到,在古人的身上早已深深烙下了对劳动果实真切的珍惜和对劳动的尊重,"丰年多黍多稌,亦有高廪,万亿及秭。为酒为醴,烝畀祖妣。以洽百礼,降福孔皆"。

我们较为熟悉的《硕鼠》,把不劳而获的统治者比作硕鼠,既批判了其不劳而获,又揭露了统治者对劳动阶级的层层剥削,"硕鼠硕鼠,无食我黍!三岁贯女,莫我肯顾。逝将去女,适彼乐土。乐土乐土,爰得我所。硕鼠硕鼠,无食我麦!三岁贯女,莫我肯德。逝将去女,适彼乐国。乐国乐国,爰得我直?硕鼠硕鼠,无食我苗!三岁贯女,莫我肯劳。逝将去女,适彼乐郊。乐郊乐郊,谁之永号?"

2)古代其他文学作品中的劳动

自古以来,对劳动的肯定和赞美都是中国传统文化的重要内容。《尚书·周官》中写道,"功崇惟志,业广惟勤";《古今药石·续自警篇》中写道,"民生在勤,勤则不匮,是勤可以免饥寒也",意思是人们的生计在于勤劳,勤劳就不会缺乏衣服与食物,勤劳能够让人避免饥饿与寒冷。西周时期,古代劳动文化实现了礼乐的制度化转向,社会上下在浓郁的劳动氛围中洋溢着和谐的秩序。两汉时期的统治者重农抑商,采取"与民休息、无为而治"的政策,减轻劳动者负担,关注劳动者权益,为国家稳固奠定了基础。

东汉之后,社会更加尊重劳动和劳动者,不少古诗生动描写了劳动场面,有描写古代人们愉快劳动的情景,有粮食丰收的喜悦,也有珍惜劳动成果,推崇辛勤劳动的理想。许多古代的思想家和诗人常常亲身从事农业劳动,辛勤劳动创造了生活本身和精神意境,无数景物入诗入画,闲来种花种草亦属于耕,一大批山水田园诗人留下了千古佳句。

诗人陶渊明所作《归园田居·其三》就是这样的典型,"种豆南山下,草盛豆苗稀……衣沾不足惜,但使愿无违"。陶渊明辞官回家,过了20多年的耕读生活,与东篱和南山为伴,自己耕种,在生活上保持"采菊东篱下,悠然见南山"的宁静。宋代词人辛弃疾将自己的字定为"稼轩",在退休的20年内,他以耕读体验写出了不少反映田园生活的诗词;同在宋代的范成大,晚年退居石湖,自号石湖居士,写出的60首《四时田园杂兴》富有乡土气息。

历代文人墨客笔下这一首首诗篇,记载和歌颂了劳动之美、劳动之乐的美好情怀,崇尚劳动、热爱劳动、尊重劳动,永远是中华民族的传统美德。

3)中国耕读文化中的劳动

几千年来,中华民族一直把重农固本视为安民之基、治国之要。一代代人致力于提高农业技术,正是为了"农为邦本,本固邦宁"。"士农工商"的这种简单社会分工就体现了这种农耕文明。

古诗词中的劳动

中国自古以来就有边耕边读、半耕半读、耕读结合的传统。从事农业生产劳动和读圣贤书,在中国传统文化中常常统一在一起。中国自产生了农耕生产方式之后,就逐渐形成了极具中国特色的耕读文化。这样的耕读制度和农耕文化,反映出中国文化与耕种劳作的共生关系。我国自西周起就有比较正式的学校,《国语·周语上》中记载有"三时务农,而一时讲武,故征则有威,守则有财",三时(即春、夏、秋三季)从事农业劳动,只有冬季一个季节演习武艺。可见这种教育制度既是顺应天时,也是为了培养不脱离农业生产的"士",表达农耕在过去的重要性,即"王事唯农是务,无有求利于其官以干农功",天子的事务只注重于农耕,从不要求自己的官员做别的事而妨碍农务。这种耕读结合的学习方式,实际上是今天教育与生产劳动相结合的前身,从此中国形成了"耕读传家"的传统,即从事农业劳动的同时读书或教学,也就是一边耕田谋生一边读书修身的一种"耕读文化"。

中国传世的古代农书数量之多、水平之高,均领先于世界其他国家,究其原因是中国"耕读传家"的传统,中国耕读文化孕育了众多的农学家。这些知识分子一方面具有学问和文采,熟悉古代典籍,具备写作农书的条件;另一方面兼具农学家的实践经验,他们以田园生活和务农经济为本,农耕既是一种职业,同时也是对美好德行的修炼。张履祥在隐居生活期间教书种田,他修剪桑树的本领甚至比有经验的农民还要娴熟。他在《补农书》中写道:"若专勤农桑,以供赋役,给衣食,而绝妄为;以其余闲读书修身,尽优游也。"他认为如果专心勤于农桑劳作,那么不仅能够供给国家的赋税徭役,满足自己家庭日常衣食之需,还能杜绝肆意妄为的不法行为。如果农闲时间读书,就可以明白事理,修身立世。耕读结合,好处多多。像张履祥、徐光启等农业学家都是耕读结合的典范,他们把长期农业生产的经验总结上升为科学理论,用于指导农业的发展,推动了社会进步。

中国古代许多士大夫的门户上往往贴着这样一副对联:"耕读传家久,诗书继世长。"可见,耕作、书卷、田地,曾是古人的奋斗目标。耕读文化正是士大夫养浩然之气、保持人生气节的一种生活方式,体现了穷则独善其身、达则兼济天下的人生抱负。诸葛亮躬耕于南阳、陶渊明种豆于南山、王夫之隐于湘乡山中等,都是这种思想的体现。在这种"农为国之本"思想的影响下,古代的很多哲学思想往往就出自农耕实践中,农理变为理之本,懂农理则通国事。

《管子》曰,"仓廪实,知礼节;衣食足,知荣辱",意思是粮食充足了,才能懂得礼仪和荣辱,强调经济发展水平决定着文化发展水平,这就如经济基础决定上层建筑,也如社会主义核心价值观将"富强"置于"文明"之前。

《淮南子》曰,"夫地势水东流,人必事焉,然后水潦得谷行;禾稼春生,人必加功焉,故五谷得遂长。听其自流,待其自生,则鲧禹之功不立,而后稷之智不用",意思是一方面要顺应天时与地理条件,同时也要体现人的主观能动性。假若听任水自流,待苗自长,那么鲧和禹的功绩也就无从建立,后稷的智慧又能对我们有什么启发呢?

贾思勰在《齐民要术》的序文中广征博引贤哲的言论,反复强调农业生产对于强国富民的重要意义,重视天时、地利和人力三者对农业生产的决定性作用,正如"顺天时量地力,用力少而成功多;任情返道,劳而无获"。

周代思想家特别强调劳动致富光荣的意义,提出"慎之劳,劳则富",并提出"敬德配天"命题,"天亦惟用勤毖我民"成为后世"天道酬勤"思想的雏形。周公认为"先知稼穑之艰难,乃逸,则知小人之依",在周公的带领下周成王经常亲自耕作,与百姓一起参加劳动生产。亲耕作风的劳动伦理对中国传统政治伦理产生了深远影响。

《淮南子》曰,"圣人不耻身之贱也,愧道之不行也;不忧命之长短,而忧百姓之穷。是故禹为治水,以身解于阳盱之河;汤由苦旱,以身祷于桑林之祭。神农憔悴,尧瘦癯,舜黎黑,禹胼胝。由此观之,则圣人之忧劳百姓亦甚矣。故自天子以下,至于庶人,四肢不动,思虑不用,而事治求赡者,未之闻也",指出农业生产不仅要尊重天时地利,要人勤劳、发挥主动性,同时也引申出统治者治理国家也要像从事农业生产一样兢兢业业,殚精竭虑为国为民,颇有今日"我将无我,不负人民"的精神。

张岱年先生在《中国农业文化》序言中说:"中国古代的哲学理论、价值观念、科学思维及艺术传统,大都受到农业文化的影响。例如,中国古代哲学有一个重要的理论观点'天人合一',肯定人与自然的统一关系,事实上这是农活的反映。"

"耕读传家远,诗书继世长"是中国传统文化中的理想家庭模式,"耕"以维持基本生存,"读"是格物致知、修身养性的有效路径,这一教育模式针对的是"不辨菽麦"与"目不识丁"的现象。耕读结合体现了农耕文明以劳动养身、文化养心的和谐理念。

耕织图

4)家训中的劳动

中国古人把"习劳"作为必备品德和第一要义。无论是贵族子弟还是平民百姓,童蒙初学就要学习洒扫的劳动第一课。有不少家训中记载了重视劳动观念的培养和训诫。

诸葛亮的《诫子书》深刻论述了修身立德的重要性:"夫君子之行,静以修身,俭以养德,非淡泊无以明志,非宁静无以致远。"诸葛亮告诫孩子要勤俭以养德,认为通过勤俭的劳动教育可以达到修身养德的目的。

南北朝时期文学家、教育家颜之推的《颜氏家训》影响深远,是家训著作中的杰作。颜之推虽然出身于官宦人家,但是非常重视农业生产。在《颜氏家训》治家篇中,他教育子孙"生民之本,要当稼穑而食,桑麻以衣",告诫子孙生存之根本在于自食其力,以种植庄稼的方式来吃饭,以栽种桑麻的方式来穿衣,鼓励子弟参与劳动,培养他们热爱劳动、自强自立的品德,关注社会现实与求知问学相统一,反对知识分子轻视劳动、不学无术、好逸恶劳的陋习。

宋代司马光在《训俭示康》中告诫其子,"顾人之常情,由俭入奢易,由奢入俭难。吾今日之俸,岂能常存?"司马光对勤俭重要性的揭示,对今天的劳动教育、道德教育和廉政教育都很有启发意义。

清代朱柏庐也多次论及要勤做家务,积极参加生产生活劳动,其《朱子家训》开篇即言,"黎明即起,洒扫庭除,要内外整洁。既昏便息,关锁门户,必亲自检点"。这些训言与《礼记·内则》中要求家庭成员早起的规范是一致的,也是中华民族勤劳优良传统的体现。今天我们所熟知的《朱子家训》中的一句话就是"一粥一饭,当思来处不易;半丝半缕,恒念物力维艰"。朱柏庐谆谆教诲下一代要理解父母劳动的辛苦和谋衣谋食的艰难,告诫人们要理解劳动人民的艰辛,要珍惜劳动成果,养成勤俭节约的良好习惯。

清代学者汪辉祖在其所著的家训《双节堂庸训》中批判"幼小不宜劳力"的观点时指出:"欲望子弟大成,当先令其习劳。"他认为,要想子孙有所成就必须先令他们学习劳动。

4.2　劳动与技术发明

古代物质资源匮乏、自然条件恶劣,勤劳的中华儿女自强不息,积极探索,从古至今积累了浩如烟海的科技发明。先秦时期的《考工记》、宋代科学家沈括的《梦溪笔谈》、明代科学家宋应星的《天工开物》等科技著作,都是我国古代劳动人民智慧的结晶和记载。栩栩如生的兵马俑、巍峨的长城、巧夺天工的都江堰、贯通南北的大运河、素纱禅衣、榫卯结构等,无一不凝聚着劳动者勤劳智慧的伟大成果。更为特别的是,我们在这些创造发明中得以窥见我们的祖先曾经在经年累月的劳动中为提高生产力,一步一步展现出来的如何与外在和谐相处的智慧。

4.2.1　古代中国的劳动智慧

古代人民通过自身的劳动与大自然发生联系,在大自然的循环往复中认识自然、认识自我,对大自然产生深厚情感的同时,也在日复一日的劳动中探索和总结了古代中国的劳动智慧。

1)顺应自然

在我国漫长的农耕文化中,人们的劳动活动既要受生产力水平的制约,又要受到大自然四时变化的影响,因此,尊重自然、顺应自然的文化传统深深扎根于人们的思想意识中。即使随着社会生产力的发展,文化发生了变迁,但古代尊重自然的哲学观始终贯穿于人们的生产活动之中。

《礼记·中庸》提出"万物并育而不相害,道并行而不相悖"和"致中和,天地位焉,万物育焉"的思想,表达了孔子关于人与自然和谐平衡的观点。

《礼记·祭义》记载,"断一树,杀一兽,不以其时,非孝也"。这种"不时不食""取物以时"的思想,顺应了农牧业生产规律,将违反时令乱砍滥伐视作不孝之举。同样的,《论语·述而》提倡"钓而不纲,弋不射宿",反映出孔子重视按照农牧业规律进行生产,反对竭泽而渔、覆巢毁卵的违反科学的生产方式。

《吕氏春秋·审时》曰,"得时之稼兴,失时之稼约",强调时令对农作物的收成的影响。《天工开物》一书中,"乃粒"篇记载水稻的湿种之期"最早者春分以前,名为社种,最迟者后于清明",夏稻收割的时节为"六月又初禾";"乃服"篇记载蚕浴"逢腊月十二即浸浴,至二十四日,计十二日,周即漉起,用微火烘干",农耕、养蚕等活动均按照自然节气有序开展,不仅是人们认识大自然规律的一种应用,更是古代劳动人民尊重自然的朴素自然观的反映。

2)追求实用

手工业的产生,最初就是为了满足人类最基本的物质需求,在为了生存而辛苦劳动的时期,物的实用性便是主要目的也是全部目的。因此古代造物以及工匠活动的一个突出特点就是以实用为主。《周易·系辞上》写道:"备物致用,立成器以为天下利,莫大乎圣人。"神农氏、黄帝、尧舜等圣人制器的目的便是为民所用。墨子也非常推崇器物之利以利于天下之民,认为凡是能够有效地实现其实际功能的器物就是好的,值得提倡。反之,不能发挥其实用性的器物则应该予以摒弃。

明代宋应星在其《天工开物》中继承并发扬了这一思想,宋应星总结了民间各项劳作的实用技术,因此《天工开物》中没有记录为宫廷阶层服务的造物技艺,也没有造物等级制度的阐释,而是详细记述百姓日常生活所需的造物技艺,揭示造物功用性的本质。在《天工开物》中,珠玉被放在最后一篇,这是宋应星有意的安排。因为珠玉宝物这些东西对于一般民生无关紧要,远不如谷物种植重要,所以被放在最后。

工匠的工艺技术也同样遵循了实用的标准。《墨子·鲁问》记载:"公输子削竹木以为鹊,成而飞之,三日不下,公输子自以为至巧。子墨子谓公输子曰:'子之为鹊也,不如匠之为车辖。须臾刘三寸之木,而任五十石之重。故所为功,利于人谓之巧,不利于人谓之拙'。"墨子认为工匠的价值在于"利于人",要通过自己的技艺来实现他人的便利,这样才能被称为能工巧匠,有利人之用,即使无术巧之用,实为大巧,此乃"大巧若拙"。相反,只有巧术而无用,即使看上去精美,也只能被称为"拙"。

3)器以载道

无论是尊重顺应自然中的和谐理念,还是讲究备物致用的实用理念,劳动人民的创造在自然生活、世俗生活中都体现了对"道"的探求。正如天子要手捧着圆形的玉璧去礼天,因为"圆"在中国人的思想里是圆满、是周而复始、是团圆。这里,圆不仅仅是设计的造型,而是人们心中的期待和祈愿。朱熹解释《中庸》时说道,"道者,日用事物当行之理",进一步指出劳动人民追求的"道",就在每日的生产生活需要之中,诚如《天工开物》所言,"效于日用"。

老子在《道德经》中讲"大器晚成",用耐心、持久地制造打磨器物来比喻成就大事业的人;《礼记·学记》中讲"玉不琢,不成器;人不学,不知道",用玉来比喻人,玉不精心雕琢,就不能成为有用的器物,人更是如此,琢石才能成器;《论语·卫灵公》中子贡问为仁,子曰:"工欲善其事,必先利其器。居是邦也,事其大夫之贤者,友其士之仁者。"器在这里不仅仅是工具,还是做事前的筹划、准备。如何修养仁德呢? 孔子以工匠的器为喻,提到了方法的重要性。

墨子提出"兼相爱,交相利"的社会主张和"非攻"的思想观念,反对恃强凌弱的不义战争。当墨子听说强大的楚国要攻打宋国时,他主动前往楚国,劝谏楚王。当公输班说自己已经为楚王制造好了攻城兵器(云梯)时,墨子又"见公输盘,子墨子解带为城,以牒为械,公输盘九设攻城之机变,子墨子九距之,公输盘之攻械尽,子墨子之守圉有余"。两人演练攻守多次,公输班攻城的方法用尽了,墨子先生的抵御器械还绰绰有余。高科技的器物和爱民的仁义相比,孰高孰低? 墨子用这样的道理说服公输盘,迫使楚王不得不放弃对宋国的侵略,这是墨子"兼爱""非攻"主张的生动而又具体的体现。

"中庸"也是中国人几千年来处理人与人、人与器、人与自然关系的智慧结晶。《论语·雍也》讲"文质彬彬,然后君子","文"和"质"分别对应器物的形式和内容,强调这两者应是协调配合的,不应只追求形式而忽略内容。中国文化中的"器"和"道"相伴相生,"器以载道"的思想奠定了我们深厚的文化基础。

【劳动活动单】

制作榫卯结构

榫卯是中国古建筑的精髓,尽显木结构建筑的精妙。利用榫卯加固物件是古代劳动人民的智慧结晶。请你通过亲自制作一个榫卯结构的物件,体会劳动精神和古人的智慧。

活动内容:4 人一组,按照表中流程填写并制作榫卯。

步骤	要求	填写内容	备注
步骤 1	明确制作物件		榫卯结构在斗拱、孔明锁等物件中都有应用,请搜集资料,确定制作目标
步骤 2	绘制图纸参数		将图纸参数附在表格后
步骤 3	准备材料工具		
步骤 4	确定制作流程	① ② ③ ④ ⑤	填写具体流程
步骤 5	调试组装检查		填写调试组装的情况

续表

步骤	要求	填写内容	备注
步骤6	展示成品照片		将成品照片附在表格后
步骤7	小组制作的感悟		

4.2.2　古代中国的科学著作和发明

1)《天工开物》

明末清初,在经世致用的实学思潮推动下,明代著名科学家宋应星撰写的《天工开物》,初刊于1637年(明崇祯十年),分上中下三卷共18篇,配123张手绘图,插图描述准确,几乎可以和文字一一对应。全书约10万字,涉及30多个行业,记录分析了机械、砖瓦、陶瓷、硫磺、烛、纸、兵器、火药、纺织、染色、制盐、采煤、榨油等130余项生产技术,其内容包括材料的使用、制作工序、工具的名称和形状等。

《天工开物》是世界上第一部关于农业和手工业生产的综合性著作,是中国古代一部综合性的科学技术著作。它不仅反映了明代社会生产力的发展,也总结了中国几千年来封建社会中农业和手工业各个方面的成就,反映我国劳动人民的聪明智慧和勤劳刻苦的优良传统。有人称它是一部百科全书式的著作,英国科学史家李约瑟称它为"中国17世纪的工艺百科全书"。在李约瑟的《中国科学技术史》中,他系统论述了中国古代科学技术的辉煌成就和对世界的贡献,在总结中国传到西方的机械和其他技术所提到的26个项目中,《天工开物》就介绍过其中的18项,如磁罗盘、纸、瓷器、龙骨车、石碾、风箱、水排、提花机、缫丝机等。

《天工开物》记载的许多技术,如养蚕、造纸、耕田灌溉、活塞风箱、锌及锌合金冶炼、灌钢技术、深井钻探、提花机等,领先于当时世界先进水平。农业方面记录了精耕细作、砒霜拌种、磷肥施放、水稻变旱稻、杂交培育蚕良种、防治蚕病等,袁隆平院士的杂交水稻选育思路便借鉴了其关于养蚕业的杂种优势。在"乃服"中图文并茂地描述了处于当时先进水平的提花机的构造。在煤的开采方面,记述了用竹筒排空瓦斯并进行巷道支护以后才能挖煤的先进技术,并第一次对煤做了初步的科学分类。在钢铁生产方面,记述了我国独创的由铁矿开始,依次炼成生铁和熟铁,再合炼成钢的类似于半连续化的生产系统。

【识他】宋应星(1587年—?),明代著名科学家,江西人。宋应星六次科考不第,在六次赶考过程中看到世间百态,调查并整理了民间农业和手工业的实用知识,最终编撰成《天工开物》。

炼锡炉（出自《天工开物》）　　治丝（出自《天工开物》）

　　我国古代受到"形而上者为之道,形而下者为之器"的影响,得道为贵,制器为贱,因此士大夫不屑总结制器之术,这使得我国在晚明以前工艺论著寥寥无几。明代中叶,长江下游出现了一系列工商业城镇,具备了资本主义萌芽的基本特征。我国古代最有价值的工艺论著集中诞生于中晚明,如我国古代唯一的漆艺专著《髹饰录》、我国古代唯一的园林艺术专著《园冶》、我国古代唯一的木工专著《鲁班经》等。我国古代造物,从此进入分门别类、脚踏实地的技法总结和理论探索阶段。《天工开物》正是成书于明代晚期,当时的物质生产与商业活动已经非常发达,民间手工业发展规模已经超越了官营手工业,两千多年以来中国传统造物思想与工艺精神的积淀在《天工开物》中得以彰显。《天工开物》不仅仅停留在对传统手工艺的记录和描述,而是以此为媒介,展现了中国传统造物的文化意蕴。

　　在我国过去的著作中,经史诗文类的较多,能像《天工开物》这样贴近人民群众的衣、食、住、行,描述全国有关农业、工业和手工业技艺的书籍很少,本着"有益于民生日用",编排《天工开物》时,宋应星将与人民密切相关的"乃粒"和"乃服"列在最前面两章,作者表达出了"贵五谷而贱金玉"的思路。这是作者亲近农业之本、关怀劳动人民生产和生活的体现,他所要表达的正是中国传统思想中"道"与"理"的合一。正如《庄子》所言"道行之而成",又如朱熹所言"道者,日用事物当行之理",再如明代泰州学派王艮所言"百姓日用即道"。宋应星以见闻实践为根本出发点,不臆度侈谈,就是要回归百姓生活,在自然的理中寻出一条道来。

　　"天工""开物"两词分别来自《尚书》《易经》,"天工,人其代之""开物成务",表达自然形成万物,而人类可以通过发挥主观能动性来开发和利用自然,使其转化成人类有用之物,一个"开"字是人的主观性的反映。人通过"开",将外在物体的本性、规律、技法等揭露出来,因此《天工开物》就是记录人类在尊重自然、顺应自然的基础上,通过人的主观能动性和"巧夺天工",人力与自然力相互作用,从而创造了万物。作者在书中强调人类要和自然相协调、人力要与自然力相配合。这既是囿于人类过去认识不够,在认为必须"靠天吃饭"的生活基础上对劳动人民的主观能动性的赞扬,也表达了古人对"天人关系"的进一步深刻认识。

"生人不能久生而五谷生之,五谷不能自生而生人生之",这是《天工开物》首篇"乃粒"中的一句话,强调了人与自然的重要性。尊重和顺应自然是古人在生产活动实践中形成的经验总结,造物技巧不能违背自然之理,在巧施工艺适度开发自然资源的同时又给予大自然休养生息的机会,道与技相结合,逐渐成为中国的文化传统,与人们的日常生活融为一体,深深扎根于人们的思想意识之中。《天工开物》中多有此记载:"珠玉"篇中"凡珠止有此数,采取太频,则其生不继","杀青"篇中"树已老者,就根伐去,以土盖之。来年再长新条,其皮更美",揭示造物要尊重自然规律。

今天,在科技高速发展的当下,即使科技带动生产力的发展突破了物本身的特性,生产方式也突破了固有的束缚,《天工开物》带来的不仅是对那个时代的思想反映和科学启蒙、手工技艺的博大精深的一瞥,也是中国人传承的尊重自然,顺应自然的观念、行为之源,更为我们在今天生态环境上人与自然和谐共生提供了行动的思路。

《天工开物》18篇内容简介

卷别	篇目	内容
卷上(农业为主)	乃粒	农业粮食和一部分植物油原料的生产
	乃服	衣服原料的生产和材料的加工
	彰施	染料制造
	粹精	粮食原料加工
	作咸	食盐的生产
	甘嗜	糖的制造
卷中(手工业为主)	陶埏	砖、瓦、陶、瓷器的制造
	冶铸	金属器物的铸造
	舟车	各种车辆、船只的类型、结构及功用
	锤锻	金属器物的锻造工艺
	燔石	炼炭、石灰及各种矿石的烧炼
	膏液	油类榨取方法
	杀青	造纸的工序和设备
卷下(手工业、工业为主)	五金	各种金属开采、冶炼和分离技术
	佳兵	弓弩、火药制造及使用
	丹青	颜料制造
	曲蘖	酒曲工艺
	珠玉	珠宝玉料的开采和加工

2)水稻栽培

民以食为天,食以稻为主。水稻是中国的第一大口粮作物,世界上有一半以上的人口以稻米为主食。中国是世界上最大的稻米生产国,占全世界总产量的30%左右。我国是一个有半数以上人口以稻谷为主食的农业大国。公元1000年前后,稻米已养活了半数以上的中国人口。明末时,据宋应星估计,"今天下育民人者,稻居什七"。

研究表明,中国、印度和东南亚地区都有可能是水稻最早的驯化中心,但中国作为亚洲栽培稻起源地的观点已获得越来越多的考古学证据的支持。中国史前栽培稻遗存的出土地点时间在万年以上的就有湖南道县玉蟾岩遗址、江西万年仙人洞、吊桶环遗址和浙江浦江上山遗址。

对于原始人类来说,选择驯化和栽培稻作并非轻而易举、自然而然的事,比起同时期的渔猎和采集经济,它需要更大的耐心和更高级、更复杂的技术手段,不是随便什么人都能够并愿意去做的。

人类从使用第一块石器开始,经历了长达200多万年的旧石器时代,经受了几次大冰期严寒的考验,体质、智力、社会组织等都发生了很大变化,人类社会生产力的发展和文化也随之进步,但同时人口增长与人均食物资源短缺的矛盾日益突出,终于促使旧石器时代末新石器时代初的人们,开始尝试驯化周围那些熟悉的动植物,以此弥补单纯渔猎和采集的不足,改善自身的生存条件。栽培稻谷的出现是人类社会了不起的发明之一,它是在特殊自然环境下人类通过劳动提升了智力和体质后的必然结果。从刀耕火种再到现如今的机械化生产,水稻生产方式与工具的变迁,就是一部农业生产的进步史,是一部人类文明的进化史。中国重要农业文化遗产发掘与保护工作的118个项目中,有29项涉及稻作文化。

中国稻作农业历经数千年演变,逐步形成了特有的稻作农业体系,包括水田耕种技术、节气和历法、谷物加工方式和蒸煮粒食习惯,以及与之相应的社会结构、思想观念和文化传统。从中国古代稻作农业起源的过程可以看出,农业起源与文明起源是一脉相承的。

3)养蚕缫丝

养蚕是古代中国劳动人民创造的重要技艺,中国是世界上最早发明养蚕的国家,可以说是桑蚕业的开辟之国。古史中关于嫘祖教民养蚕的传说,在考古资料中得到了反映。山西夏县西阴村仰韶文化遗址(距今5 600～6 000年)就发现了半个蚕茧,经过鉴定确为家蚕。

在距今5 000年左右的中原地区,已经具备了人工栽培桑树和养殖蚕的技术条件。当时的中原地区已经较其他地区更早地进入农耕文明,积累了更丰富的农耕知识和技能。人们在农耕活动中,有更多的机会、精力和热情来观察各种动植物的生长过程,并从中学习了相当多的栽培和养殖技能,积累了丰富的经验,这正是人工植桑养蚕必备的技术条件。这也是在先秦时期桑蚕业在黄河流域广泛传播并成为全国桑蚕业重心的重要原因。

中国养蚕技术长期处于世界领先地位,为世界蚕业发展做出了巨大贡献。公元前11世纪,养蚕技术传入朝鲜,随后传入日本。秦汉以后,中国的养蚕技术沿丝绸之路传入中亚、南亚及西亚地区。公元6世纪中叶,拜占庭帝国通过印度僧侣从中国私运蚕种至该国,是为西方蚕业之始。

缫丝是指从蚕茧里抽出蚕丝的工艺。中国是最早利用蚕茧抽丝的国家,原始的缫丝是将蚕茧浸在热盆汤中,用手抽丝,卷绕于丝筐上。干态的蚕茧,撕开丝胶之间的黏连来抽丝,很轻易断头,甚至很不容易抽出干态的长丝。但人们发现当丝胶溶解在水里,就可以"释放"出蚕丝,但是丝胶在凉水里的溶解性很低。在没有出现能装水和烧水的陶器之前,蚕茧抽丝是一道技术瓶颈。陶器煮茧锅的出现,解决了蚕茧抽丝的技术瓶颈问题,走出了煮茧缫丝这个源头工序的第一步。陶器煮茧锅,使得由蚕茧缫丝工序开头的丝纺织,成为了实在的专门的手工业生产。

缫丝是丝绸生产过程中的一个重要的工艺环节,它的出现是丝绸技术起源的关键。公元4世纪左右,中国的缫丝技术传到日本,6世纪中叶传到欧洲。中国传统的丝绸纺织品从古至今一直是中国传统的对外贸易强势商品。我国是名副其实的丝绸之国。丝绸的出现,甚至比四大发明都早。由于经验丰富,技术领先,我国的丝绸产品早就享誉世界。西汉时期制造的素纱蝉衣薄如蝉翼,质量不足50克,堪称一绝。距今5 000～7 000年前的仰韶文化遗址中已经出土纺轮,它用来纺丝和麻。汉代发明纺车,初为缫丝卷线,后来用于纺棉,13世纪传入欧洲。

[南宋]《蚕织图》(局部)

我国在战国时期就有了农桑为本的观念,在浩若烟海的中国古典诗词里,不少诗篇是以蚕桑丝绸为题材的。如《诗经》中反映了妇女从事农桑事业的情景:"春日载阳,有鸣仓庚。女执懿筐,遵彼微行,爰求柔桑……"从这些描写中可以窥见丝绸对中国文化的巨大影响。宋代丝绸制作出现了高潮,宋代诗人张俞的一首五言绝句《蚕妇》描写的正是以养蚕为生的人进城后的所思所感,"昨日入城去,归来泪满巾。遍身罗绮者,不是养蚕人",表现出剥削者不劳而获,劳动者却无衣无食的现状。

4)陶瓷

在历史上,陶器的出现似乎与早期日益增强的定居性的证据(如墓葬)、对谷物的依赖(石磨盘、磨棒)以及动物驯养有关联。陶器时代因而成为人类社会生产力发展史上的伟大时代之一。正是在陶器时代,人类摆脱了旧石器时代那种只能利用天然材料的被动生活状态,从漂泊不定的流浪、迁徙变为主动的定居生活,从攫取性经济转变为生产性经济,因此陶器既是一种工具,也是一种技术的代表。它是对人类知识和经验两个领域的一次复杂的融合:原料、技术进步及需求的融合,或者更具体地说,是黏土、火及容器的融合。石器时代末期、陶器时代初期,发生了"农业革命",被认为是人类进化史上继"火的利用"以后第二次伟大的革命。

陶器使得原始人类开始了定居生活,在农业革命中,陶器和磨制石器、木器、骨器等都起了重要作用。制陶业是当时最重要的分工部门,特别是陶器作为既能盛水又能用火加热来进行生产的一种崭新工具,解决了煮茧抽丝的技术瓶颈问题,也为粮食蒸煮之后发酵酿酒提供了技术前提,促进了纺织业、丝绸业、染整业、酿酒业、制药业的诞生。以陶器为主的这些高度专门技艺的手工业,最终实现了史前社会大分工。因此,陶器时代就是农业的时代,也是人类开始定居的时代。

瓷器的制作代表了我国陶器制作技术的发展和成熟,最早的记录出现在商代早期。古代先民在烧制白陶和印纹硬陶器的实践中,不断地改进原料选择和处理工艺,提高温度,并在器表施釉,创造了原始瓷。我国在东汉时期已经烧制出成熟的瓷器,元代的青花瓷是在宋元青白釉瓷器的基础上结合釉下钴蓝技术制成的。青花瓷不仅在我国陶瓷史中有重要地位,对世界陶瓷的发展也具有重大影响。

元代青花萧何月下追韩信图梅瓶
(代表着元代青花瓷器的最高制作水平,为中国瓷器三绝之一)

陶瓷作为中国人的一项伟大发明,穿越大海和丝绸之路,走进欧亚各国皇室宫廷。陶瓷以土为坯,以水相补,以金属矿物调和绘制,再以木为柴,以火烧之,五行俱全,开物成器。瓷器是中国对世界陶瓷发展最重要的贡献,以至于在英语和阿拉伯语中"瓷器"和"中国"是同一词。

【他说】

一切文物,都是历来的无名氏所逐渐的造成。建筑、烹饪、渔猎、耕种,无不如此。

——鲁迅

4.2.3　中国的传统工艺

中国是世界公认的手工艺大国。传统工艺是在生产劳动和社会交换中积淀而成的文化遗产,在其世代相承的技艺、经验和智慧中蕴含着人与自然、人与社会的丰富联系。中国传统工艺以其悠久的历史、高超精湛的技艺和丰富多样的形态、深刻隽永的思想、独具一格的风范,成为整个人类文明史充满智慧和灵性的一章。它是中国文化的重要的组成部分,同时也是中华古代劳动智慧的载体和具体表现形式,其生产、设计的理念包含着丰富的劳动智慧,而其各种器物则是劳动智慧的物化形式,是劳动智慧的具体表现。

传统工艺虽然以造物为目的,但它在设计和创造的过程中涉及各种形态的文化内容,以一定的观念为导向,以一定的生产和生活方式为依据,也受到经济制度和社会组织管理的制约。中国传统工艺在创造的过程中,是物质文化与精神文化的相互吸引、融合、调和与创新,所以也是一种中国文化的再创造。党的十八届五中全会提出的"构建中华优秀传统文化传承体系,加强文化遗产保护,振兴传统工艺"以及《中国传统工艺振兴计划》的公布,就说明传统工艺具有国家战略的意义,而意义的核心在于其劳动智慧的文化价值。

2018年,在非物质文化遗产保护工作的基础上,确定将中国的传统工艺分为15个大类,即工具器械制作、农畜矿产品加工、营造、雕塑、织染绣和服饰制作、陶瓷烧造、金属采冶和加工、编织扎制、髹饰、家具制作、造纸、印刷、剪刻印绘、中药炮制、特种工艺。我们以浙江富阳手工竹纸工艺为例,介绍传统工艺中的劳动智慧。

造纸术是我国古代四大发明之一,纸张作为信息的承载和印刷术一起推动了人类文明的发展。《天工开物》将纸称为"物象精华、乾坤微妙,古传今而华达夷,使后起含生目授而心识之,承载者何物哉……负载之间之借楮先生也,圣顽咸嘉赖之矣"。造纸术是中国传统工艺的代表,在2008年奥运会的开幕式上,首先出现的就是泾县宣纸的制作工艺。在一千多年的发展过程中,造纸术无论在原料选择还是制作工艺上都在不断进步与提高,形成了完整的技艺系统。从早期使用麻、楮为原料到后期主要使用竹、稻草等作为原料,制造方法也从简单到复杂不断完善。全国各地因地制宜,产生了丰富多样的造纸工艺。中国传统手工纸根据所用的原料不同大致可以分为皮纸、麻纸、藤纸、竹纸等。在中国,纸张是日常文化生活所必需的消费品,因而产生了丰富的纸张文化。

浙江省杭州市的富阳素有"土纸之乡"的美誉,是我国著名的竹纸产地。其造纸的历史可远溯到魏晋时期,到宋代,富阳竹纸显著发展。宋代的"元书纸"因供皇帝祭祖而成名,还是朝廷的"锦夹奏章"和科举考试用纸,到了20世纪60年代,元书纸还被国务院使用。2008年在富阳泗洲村发现的宋代造纸遗址,是目前我国发现的年代最早、规模最大、工艺流程保存最完整的古代造纸遗址,被评为当年十大考古发现之一。它的发现充分证明了富阳悠久的造纸历史。

富阳山区毛竹资源丰富,竹料是传统手工造纸的主要原料,主要是当年生的嫩毛竹、苦竹、石竹等。富阳竹纸的制作工艺考究,其选料严格、水质好、抄造工艺先进,制作出了众多优质的手工纸,因"制作精良、品质精粹、光滑不蠹、洁白莹润"而被誉为"纸中上品"。其中白纸类以"元书"质量最为上乘,这也是富阳竹纸制作技艺的代表。据清代光绪年间的《富阳县志》记载:"总浙江各郡邑出纸,以富阳为最良,而富阳各纸,以大源元书为上上佳,其中优劣,半系人工,亦半赖水色,他处不能争也。"富阳作为我国竹纸的主要产地,曾有"富阳一张纸,行销十八省""京都状元富阳纸,十件元书考进士"之说,可见很久以前人们就对富阳竹纸有着颇高的赞誉。

20 世纪,富阳土纸产量占到全国产量的四分之一。采伐和加工的质量是确保全年生产原料的关键工序,会直接影响产品的质量、生产的成本和新货上市的时间。其中富阳生产的高档纸如元书纸、京放纸,主要是选用嫩毛竹削去青皮的竹料(白坯)为原料,而青竹或者削下来的青皮则主要生产质量不高的黄纸。

富阳手工造纸的辅料主要包括柴、石灰以及滑水。柴是蒸煮竹麻时的燃料,石灰是用于浆竹料,将石灰稀释后浇在即将蒸煮的竹料上,使竹料发酵,加快纤维软化。

富阳竹纸的制作过程中有很多独特工艺,从砍竹到成纸,整个工艺流程环环相扣,要求纸匠认真细致地做好每一个环节,才能够保证做出真正上乘的竹纸。正是有着这样的工匠精神和劳动智慧,富阳手工竹纸的制作工艺在全国各类比赛中屡获嘉奖。

一纸酿造富春味

富阳竹纸制作工艺

4.3 劳动与教育结合

教育与生产劳动相结合是马克思主义关于人的全面发展教育思想的一个重要命题,也是我国社会主义教育方针的根本要求。劳动作为人类最根本的生存方式,其本身具有巨大的教育价值,教育在形式上承载了劳动,但其在本质上是服务于劳动的。

4.3.1 我国现代劳动教育的发展历程

中华人民共和国成立之前的 30 年,劳动教育是从"教育救国走向革命救国",更多带有尝试性和革命性,如组织赴法勤工俭学运动、工农补习学校等。中国共产党成立之后,出于革命战争的需要,劳动教育成为从事体力劳动、培养革命意志的单一性活动。虽然这仍然弱化了劳动教育本身的含义,不过,相较于传统耕读文化中的劳动教育,这个时期的劳动教育已开始进入现代化教育体系的探索之中。中华人民共和国成立后,劳动教育被纳入教育教学计划,逐步走上了重视对人的劳动精神和能力培养的道路。

(1)1949—1956 年,初探期

中华人民共和国成立初期,国家建设百废待兴,劳动教育也在重建教育系统的过程中得以进一步发展。1949 年 12 月,第一次全国教育工作会议召开,会议提出了坚持教育为工农服务、为生产建设服务的方针。此时,劳动教育强调的是教育和生产劳动相结合,无论是中小学生还是大学毕业生,都必须积极参与工农生产劳动,成为有政治觉悟、有文化修养,为工农服务,为生产建设服务的社会主义的劳动者。

这一时期,我国的劳动教育处于初创期,系统借鉴了苏联劳动教育的内容和体系,重视对系统化的科学知识的学习,但苏联并未探索出教劳结合的有效模式,过于重视系统知识和学科难度,因此当时学生中出现了轻视体力劳动和劳动人民,毕业后不愿意从事体力劳动的倾向。1955 年 4 月,教育部要求除着重培养学生的劳动意识之外,还应注重进行综合技术教育,这一明确指示是中华人民共和国成立以来劳动教育探索理论与实践并行的开端。1955 年 5 月 19 日,全国文化教育工作会议在北京举行。会议提出,要重视学生的智育、德育、体育、美育,在中小学逐步开展基础生产技术教育。国家对劳动教育进行了崭新的探索,完成了劳动教育基本体系的初塑,劳动教育被列入课程计划,成为中小学生的必修课程,并与课外和校外劳动相衔接,与其他学科教学相配合。

(2)1957—1976 年,探索与曲折期

1956 年末,随着社会主义改造基本完成,我国初步建立起社会主义基本制度,实现了生产资料公有制和按劳分配原则,劳动成为一切有劳动能力的公民的光荣职责。

1957 年,毛泽东发表讲话,明确新的教育方针的首要目标是要摒弃旧社会脱离生产劳动的思想,培养有社会主义觉悟的有文化的劳动者。这一时期劳动教育的核心是彻底消灭剥削阶级的一切残余,尤其是要与"劳心劳力相分离"的资产阶级思想彻底斗争。1957 年,中共中央宣传部颁布了《关于加强中小学校毕业生劳动生产教育的通知》,6 月,教育部先后颁布《关于 1957—1958 学年度中学教学计划的通知》和《关于在农村小学五、六年级增设农业常识和农业常识教学要点的通知》,正式提出在一切学校中均把生产劳动列为正式课程,以教学计划确保其实施效果。1958 年,陆定一在《教育必须与生产劳动相结合》中将"教育与生产劳动相结合"与否看作区分教育领域资本主义和社会主义的表现。

1966—1976 年,劳动教育带有浓重的政治色彩。劳动教育在这一时期被作为阶级改造,消除脑力、体力分工的工具,偏离了马克思主义"教育与生产劳动相结合"的教育初心。

(3)1977—1992 年,重整期

党的十一届三中全会后,中国进入改革开放的新时代,教育事业也在该时期成为社会主义现代化建设的工作重点。然而在这一时期,我国毕业生普遍存在专业知识与技能缺失等问题。1978 年 4 月 22 日,邓小平在全国教育工作会议上提出,教育工作要在新的条件下更好地贯彻教育与生产劳动相结合的方针,再一次从国家层面肯定坚持教劳结合教育方针的正确性与必要性,"学生学的和将来要从事的职业不相适应,学非所用,用非所学,岂不是从根本上破坏了教育与生产劳动相结合的方针?"1981 年,《关于建国以来党的若干历史问题的决议》提出"坚持德智体全面发展、又红又专、知识分子与工人农民相结合、脑力劳动与体力劳动相结合的教育方针",脑力劳动开始得到重视,劳动教育有了更广泛的内涵;中小学开始设置劳动课,1981 年《关于颁发全日制五年制小学教学计划(修订草案)的通知》《全日制五年制中学教学计划(试行草案)的修订意见》规定在学校设置劳动课,1987 年《全日制中学

劳动技术课教学大纲(试行稿)》规定了开展劳动技术课的具体要求。

这一时期,劳动教育从关注体力劳动转向兼顾脑体力劳动,劳动思想道德教育和技术教育构成劳动教育的主要内容。

(4)1993—2000年,转型期

1993年11月,中国共产党十四届三中全会举行,社会现代化建设步伐加快。为适应"四个现代化"建设要求,1993年《中国教育改革与发展纲要》将教劳结合再次确定为教育方针内容,"加强劳动观点和劳动技能的教育,是实现学校培养目标的重要途径和内容",并要求"各级各类学校都要把劳动教育列入教学计划",拉开了劳动教育现代化转型的序幕,推动劳动教育逐渐走向制度化和规范化。1995年3月,"教育必须与生产劳动相结合"方针写入《中华人民共和国教育法》。对教劳结合如何理解,一直以来关系到教育方针的制定和执行。1998年,《面向21世纪教育振兴行动计划》指出要加强和改进学校的德育工作,明确要通过实施劳动技能教育来加强和改进学校德育工作。1999年,《中共中央 国务院关于深化教育改革全面推进素质教育的决定》提出全面推进素质教育,明确提出教育与生产劳动相结合是培养全面发展人才的重要途径,强调各级各类学校要加强和改进对学生的生产劳动与实践教育,劳动教育从此走向综合素质的培养方向。

(5)2001—2012年,整合发展期

21世纪,我国进入全面建设小康社会时期,劳动创造价值观念不断加强。2001年,教育部颁布了《基础教育课程改革纲要(试行)》等一系列政策文件。自此,我国正式启动了新一轮基础教育课程改革。《基础教育课程改革纲要(试行)》要求全国中小学普遍设置综合实践活动必修课程,内容包括信息技术教育、研究性学习、社区服务与社会实践以及劳动与技术教育等。综合实践活动课程能够充分发挥学科性和实践性相结合的优势,实现了劳动教育发展的新跨越。但实际上,劳动教育课程的地位在综合实践活动课程中被降低,将劳动教育的课程实施作为综合实践活动内容的一部分列入,显然是忽略了劳动教育的上位概念和独立课程概念。

2010年,《国家中长期教育改革和发展规划纲要(2010—2020年)》提出,要全面加强和改进德育、智育、体育、美育,加强劳动教育,培养学生热爱劳动、热爱劳动人民的情感。劳动教育不再只是对技能和习惯的培养,更有对思想品德和精神世界的塑造,劳动教育的内涵越来越全面。

这一时期,劳动育德的范围进一步扩展,对学生劳动态度、观念等的培养更为重视。由于经济及科技快速发展,社会对劳动技术教育的关注也有所加强。但学校出现"重智轻劳"现象,劳动教育由独立地位变为综合实践活动的一部分,劳动教育仍然很难保证完整性。

(6)2013年至今,新时代发展期

党的十八大以来,我国进入了社会主义现代化发展的新时代,劳动教育也在新时代迎来了新的发展契机。

从2013年开始,习近平总书记在多个场合论述了劳动和劳动教育的价值。他强调未来社会的发展,美好生活的开创,奋斗目标的实现,一切均需通过劳动才能铸造。

2015年7月24日,教育部联合共青团中央、全国少工委印发《关于加强中小学劳动教育的意见》,明确将课程作为实施劳动教育的重要渠道。2018年9月10日,习近平总书记在全国教育大会上提出了德智体美劳五育并举的总体要求。《教育部2019年工作要点》将劳动教育与智育、德育、美育、体育并举,并将劳动教育的实施作为未来工作的重点。

2020年,中共中央、国务院发布《中共中央 国务院关于全面加强新时代大中小学劳动教育的意见》,这一政策文件具有里程碑式的社会意义和教育意义,对大中小学劳动教育进行了全面部署,从指导思想、劳动教育目标和内容等方面为新时代学校劳动教育发展提供了行动指南。同年7月,教育部印发《大中小学劳动教育指导纲要(试行)》,加快构建德智体美劳全面培养的教育体系。

2021年4月,《全国人民代表大会常务委员会关于修改〈中华人民共和国教育法〉的决定》明确提出,"教育必须与生产劳动和社会实践相结合",同时在2015年修订的基础上,将"培养德、智、体、美等方面全面发展的社会主义建设者和接班人"修订为"培养德、智、体、美、劳全面发展的社会主义建设者和接班人",用法律的形式再次明确了劳动教育的地位,扎实落实"五育"并举。

在中国特色社会主义新时代,劳动教育的地位被大大加强。劳动教育被定位于"五育"并举,纳入综合素质评价,重点培养学生的劳动观念、劳动意识和劳动精神,体现出新时代加强劳动教育,特别是劳动思想教育的重要性。

总结劳动教育走过的路程,不难发现,劳动教育不仅包括劳动知识和技能的获得,更强调道德的养成和精神的培育,离开了劳动,就不可能有真正的教育。只有深刻把握教育与生产劳动相结合的社会主义教育方针,才会让两者相互辉映。

【他说】

离开劳动,不可能有真正的教育。

——苏霍姆林斯基

4.3.2　新时代劳动教育的逻辑根据和意义

1)新时代劳动教育的逻辑根据

劳动在创造人类和历史的过程中,也成就了教育。教育与生产劳动相结合是我国社会主义教育方针的根本要求。人作为劳动的存在,劳动蕴含了丰富的发展人的价值意蕴,而劳动教育作为人的发展的社会体现以及社会发展的一个部分,又历史性地推动了社会发展。正是劳动所具有的发展人与发展社会的价值旨趣,为劳动教育提供了实践的逻辑根据。

(1)劳动教育实现教育与劳动的统一

劳动教育问题,从其实质来看,是教育与劳动之间的关系问题。劳动教育的全部合理性根据都是建立在教育与劳动关系的历史性建构中。一方面,劳动作为一种社会存在,劳动主体的劳动能力、基本素质及其发展要求需要教育特别是与生产劳动紧密结合的教育去培养和培训,人类劳动越发展,对教育提出的要求就越高、越充分;另一方面,劳动本身具有特定的教育意义,通过劳动可以实现教育价值。劳动既是教育价值确立的根据,又是实现教育目的的直接且可靠的途径,劳动使得"人类在改造世界的过程中获得自我实现,在产品的对象化中确证自己的力量从而实现自身的发展"。所以说,劳动与教育在实现劳动主体发展价值上具有共通性。人类教育不断发展演进的历史,正是建立在人类实践基础和发展变革中。

最早的教育正是选择了人类活动中那些具有保障生存又有传承发展意义的人类行为来教育后代,后来才有了独立的形式化教育活动的出现。教育从一开始就与生产劳动和社会生活紧密结合一起。在生产劳动与社会生活中产生学习意识,在劳动过程中学习劳动,劳动的生产与生活过程被赋予了教育内涵,在此基础上才进一步发展为具有相对独立性的形式化教育活动。因此,在初始的意义上,教育也就是劳动教育。

(2)劳动教育促进人的自由全面发展

劳动源自人的生存必然性,但不是仅限于生存必然性要求。马克思主义劳动观在考察劳动发展与人类社会历史发展的关系中,肯定了劳动的生产性、谋生性等工具基础性,但更深层次地赋予了劳动以实践的普遍意义。劳动作为一种实践活动,推动了人类社会的历史进步和人类自身自由性的普遍发展。马克思主义劳动观启示我们,理解劳动教育绝不能仅限于一种教育类型的特别教育活动,不能仅仅从劳动的外在工具价值出发来看待劳动教育对于劳动力培养的基本价值,还需要从劳动的内在价值层面以及放眼于人类劳动发展与人类发展的历史视野中,全面审视劳动教育的本质内涵及价值根基。

2)新时代劳动教育的意义

2020年3月,中共中央、国务院印发了《中共中央 国务院关于全面加强新时代大中小学劳动教育的意见》,着重重申了劳动教育是中国特色社会主义教育制度的重要内容。其中提到"五育"并举,这是在最初的"德智体"的教育发展目标基础上,逐渐纳入美育和劳动教育,建立起全面发展教育的目标。在实际的教育场景中,若只是单列劳动教育的课程或只是提倡劳动技能的习得,实质是局限了劳动教育的范畴。今天,我们的劳动教育实质是以价值观为引领,在向"第二个一百年奋斗目标"迈进的过程中通过日常生活劳动、生产劳动和服务性劳动实现劳动认知、实践启蒙和实践技能养成的过程,同时为德、智、体、美教育融入社会实践提供新的实践路径,建立核心的连接纽带。我国是社会主义国家,按劳分配是社会主义国家的基本分配原则,重视劳动教育是社会主义教育的根本特征。

第一,劳动教育的价值导向从追求创造物质、提升技术开始有意识地走向对自由和尊严的追求。劳动教育不再仅仅被视为技能训练的提升,而是彰显生活意义的个体自我价值的实现过程,尊重"完整的人"的精神世界和情感世界,是人类本质的回归。我们要从人的精神成长、社会交往、审美追求、创新创造等视角不断拓展新时代劳动教育的内涵和价值。

第二,劳动教育主动回应国家经济建设的需求。从劳动教育发展历史中不难看出,劳动教育的发展直接受制于生产力的发展水平,劳动教育自身的发展无法脱离社会经济发展的需求,"经济基础决定上层建筑",必须根据社会需求确定教育发展的总体战略。与之对应的,劳动教育在受制于生产力发展水平的同时也反过来促进社会经济的发展,为社会经济提供适应需求的各类人才,通过劳动力的培养与经济的结合,促进社会经济的发展。

第三,劳动教育价值的传承与创新。一方面,"抛弃传统,丢掉根本,就等于割断了自己的精神命脉",中华优秀传统文化蕴藏着丰厚的劳动精神和价值观念,是我们在新时代进行劳动教育的重要精神养分;另一方面,以往对劳动教育的理解,仍然会局限于以工农业生产为背景的物质生产劳动。在人工智能时代,劳动教育应不断活化劳动教育形式,整合劳动教育资源,突破传统认识,把劳动教育与创造性劳动、体面劳动、创客思维、云计算服务等新元素结合,不仅仅要打好基础,做好动手操作技能的培养和训练,同时要更加注重创造性思维、复杂性思维、问题解决能力的培养。这样的劳动教育必然具备双赢性,既是国家发展的人才储备需要,也是劳动使人成为人的本质意义所在。

回顾劳动教育的变迁历程,我们知道,在古代阶级社会或现代资本主义社会,劳动是为了维护剥削阶级的利益;只有在社会主义社会条件下,劳动才能真正成为劳动者的基本需要,劳动教育才能真正有利于人的全面发展,这是把握和构建中国特色社会主义劳动教育体系的基本前提。

马克思在对资本主义社会中的"异化劳动"进行批判时说道,"如果我自己的活动不属于我,而是一种异己的活动、一种被迫的活动,那么它到底属于谁呢? 属于另一个有别于我的存在物"。由于劳动并未成为劳动者的基本需要,因而他越是辛勤劳动,就越可能会放弃生产的乐趣以及对劳动产品的享受,这更"意味着他的劳动作为一种与他相异的东西不依赖于他而在他之外存在,并成为同他对立的独立力量"。

【劳动认知单】

劳动立方体

通过这一部分的学习,我们认识了劳动。回顾一下你心中劳动的模样,选择一个你熟悉或希望从事的职业(如医生)或劳动内容(如打扫卫生),想想它在劳动过程中有哪些特征,填写在下面卡片的空白处。同学之间可以互相补充卡片中的内容,写完后沿实线将卡片剪下、黏合,形成你的劳动立方体。

```
┌─────────────────────────────────┐
│  劳动责任和精神:                  │
│                                  │
│                                  │
│                                  │
│                                  │
└─────────────────────────────────┘
┌──────────────┬─────────────┬──────────────────┬──────────────┐
│ 需要的知识和技能: │ 职业(劳动内容): │ 劳动工具、环境和时间: │ 我的感受和发展: │
│              │             │                  │              │
│              │             │                  │              │
│              │             │                  │              │
│              │             │                  │              │
└──────────────┴─────────────┴──────────────────┴──────────────┘
               ┌─────────────┐
               │  劳动成果:   │
               │             │
               │             │
               │             │
               │             │
               └─────────────┘
```

思考题

1. 如何理解"人类社会的历史就是一部劳动史"？

2. 为何资本主义社会的本性是劳动剥削？

3. 如何理解劳动在实现"中国梦"的同时,也能够实现"个人梦"？

4. 结合你现在所读学校和专业,谈谈你对体力劳动和脑力劳动的认识,你认为这些认识在未来会影响你的职业选择和发展吗？

推荐资源

书籍:恩格斯,《劳动在从猿到人的转变中的作用》(《马克思恩格斯文集》,第 9 卷),人民出版社,2009 年。

书籍:马克思,《1844 年经济学哲学手稿》,人民出版社,2018 年。

书籍:中央党校采访实录编辑室,《习近平的七年知青岁月》,中共中央党校出版社,2017 年。

书籍:胡翌霖,《什么是技术》,湖南科学技术出版社,2020 年。

纪录片:《劳动铸就中国梦》,劳动是中国人骨子里的气质,也是最接地气的一种行为。该片选取具有时代特征的典型人物,用讲故事的方式展现普通劳动者的生活及其内心的真实情感。

第二部分　劳动在新时代

【章节导语】

习近平总书记指出:"'功崇惟志,业广惟勤。'我国仍然处于并将长期处于社会主义初级阶段,实现中国梦,创造全体人民更加美好的生活,任重而道远,需要我们每一个人继续付出辛勤劳动和艰苦努力。"中国特色社会主义进入新时代,新的征程在我们脚下展开,更需要弘扬劳动的精神价值、唱响劳动的时代赞歌,以拼搏赓续传统,以奋斗开创明天。

专题五　新时代的劳动

【专题学习目标】

①理解新时代劳动形态的转变及其逻辑。

②明确新时代的劳动观要求,理解五育并举的意义,深刻领会劳动创造美好生活的真谛。

【专题引入】

麦收方式的变迁

20世纪90年代中后期,我在农村的小学读书,那时候学校有个特殊的假期,叫农忙假,时间在农历五月麦收时节,假期5~7天。如今20多年过去了,最为深刻的感触就是小麦收割方式的转变,从镰刀到联合收割机的华丽巨变。

(1)一弯镰刀+架子车

听祖父说,在20世纪八九十年代,每到麦收时节,他和伯父伯母,年长的堂哥堂嫂们天不亮就出门,带着水壶、镰刀、草帽、麻绳,揣上几个油泼辣子夹馍,奔赴那一片片金色的麦田,手持镰刀"嚓嚓嚓"地把麦子割倒、扎捆,装到架子车上,然后在车前套一头健壮的黄牛,一个人牵牛,一个人拉车,上坡的时候,还得一两个人在架子车后面撅着屁股推,汗流浃背地把一捆捆麦子拉回打麦场。

拉回来后就要摊场,就是把麦秸秆一扎扎竖起均匀地摊在场里,俗称"摊场"。摊晾好经太阳暴晒,俗称"晒场"。晒得差不多了,用铁杈把麦秆翻转,将其平摊在场里,套头毛驴或者牛拉着碌碡碾,反复碾压,每碾一次,就用杈将辗至扁平的麦秸秆挑出,使粮食与麦秸秆和粮糠分开,俗称"碾场"。碾至场里只剩下粮食与粮糠,便可以开始扬场了,一般由两个人完成。风起时,一位长者(一般是男性)用木锨站在下风头,用木锨将粮食与粮糠的混合物迎风扬起,在空中划出一道美丽的弧线,在风的吹拂下,便会看到金黄的麦粒非常均匀地散在空中,其形状像一道雨后彩虹,然后再散落下来。这时候另一个人拿着一把大扫帚一遍遍地扫浮在粮食上的糠皮,而粮糠这时则像漫天飞舞的雪花,纷纷扬扬地随风飘落。最终粮食便与粮糠分离开来,将粮食装至蛇皮袋里储存起来,将糠皮用来烧炕,合理利用,毫不浪费,这个过程俗称"扬场"。这是家乡人最原始的脱粒方式。

一个麦收时节过后,家里的壮劳力都会瘦一圈,皮肤经过太阳的暴晒,也黑些了。父辈们的辛勤劳作,使得我们顿顿能吃上白馒头。

(2)一把钐子+手扶拖拉机

当我有记忆的时候,已是20世纪90年代初了,那时候改革开放的春风早已吹遍大江南北,家庭联产承包责任制的大力实行,让乡亲们结束了食物短缺的日子,凭着勤劳的双手,家家粮食装满瓮。

那时候,钐子代替了镰刀,大大提高了收麦效率。民间传说这种钐子是诸葛亮发明的,但用钐子收麦子,除了要有一定力量外,对技术要求相当高,因为钐子抡起来有一定的危险性,如果技术掌握不好,刀刃很有可能伤到自己,所以一般都是男性使用。钐子的出现和普及,在一定意义上也解放了广大农妇,再也不用跪在金黄色的麦浪里一镰镰收割麦子。用钐子收割小麦再现了农耕文化的劳作技艺,让人们感受到传统农业生产中的经验与智慧。

除了一些坮塬坡地需要牲畜,手扶拖拉机和三轮车基本上代替了架子车,钐子代替了镰刀,可摊场、晒场、碾场、扬场的过程依旧不变,麦收时节依然需要全家老少齐上阵。

(3)联合收割机+一卷袋子

历史的车轮滚滚向前,到了21世纪,农业机械越来越先进。联合收割机不知什么时候就开进了田间地头,大大解放了农村劳动力,青壮年劳力纷纷进城务工,收麦子从以前十天半个月的拉锯战到现在几个小时就能轻松搞定。

21世纪初,我在城里读中学。每到麦收时节,父亲母亲只要带着一卷蛇皮袋子去地头站着即可。联合收割机在田垄上来回作业几次,6亩麦子三四十分钟就能收割完毕,麦秸秆也被均匀地粉碎,覆盖在麦茬上、撒在田垄里。收割机将一铲铲的麦子倒在五轮农用车的翻斗里,几分钟就拉回家了。晾晒两天,便可储藏起来。

现如今,有些农民在城市化进程中,离开了农村,但那些难忘的麦收岁月,却早已镌刻在生命深处。

(来源:《铜川日报》,2021年6月25日;作者:郭艳婷;有删改)

5.1　新时代的劳动形态

时至今日,随着科学技术不断发展、社会不断进步,我国的产业结构不断调整,第三产业占比不断增高,劳动逐步地从面朝黄土背朝天的显性体力劳动向隐性的劳动形态变化,呈现出了许多劳动的新形态。今天,以人工智能、大数据、云计算、物联网等为标志的科技因素,为生产劳动注入了崭新的内涵,而且,劳动的形式也早已超出了基于体力消耗的物质生产劳动范畴。人类社会历史进程中先后出现的手工劳动、机器劳动、智能劳动三种劳动形态,自20世纪90年代以来,在技术创新和技术融合的基础上,呈现"持续迭代、交叉融合、新态频生和适度复兴"的状态,"迭代""交融""创新""复兴"成为新时代劳动形态的典型特征。劳动形态的更替融合会导致一些劳动者就业岗位的要求提升,在导致传统就业岗位消失的同时也创造了新的、更高层次的劳动力需求,催生出需要更高技能水平和素质的行业与岗位。

5.1.1 劳动形态的新旧更替呈现持续迭代特征

"迭代"一词最早出现于计算机专业领域,迭代法是用计算机解决问题的一种基本方法。迭代法是一种不断用变量的旧值递推新值的过程。迭代思维的运用过程往往以某种现有的模型或想法为基础,然后针对问题或事件的相关状况加以改进,积累小步骤,为更好的未来铺平道路,最终实现创新。当前劳动形态的更替并非全面替代,而是持续迭代。一方面是因为科学技术的发展呈现渐进性特征,劳动形态的全面更替所需要的全面技术支撑不可能在同一时间实现,社会生产力的发展与突破首先是在部分行业和部分领域率先进行,新的劳动形态只能由部分新技术或其部分程度地支撑;另一方面是因为人类对劳动服务的需求呈现多样性和多层次性,包括旧的劳动形态在内的各种劳动形态均有其独特的存在意义和存在空间,并非所有人在较短时间内对所有旧的劳动形态进行整体和彻底的摒弃。也就是说,新的劳动形态取代旧的劳动形态是一个逐步替代、有限替代的过程,是一个由不完全到完全、由局部到整体的替代过程。

具体而言,当前智能劳动的诞生与发展,不会将手工劳动、机器劳动全部排挤出去。关于智能劳动对现有劳动形式的替代,目前有以下三种代表性观点。一是智能劳动首先取代的是"易被结构化、定式化"的工作。美国经济学家布林乔夫森表示,常规的、易被定义的工作是最易被自动化的。因此,从事中等技能的结构化任务和日常信息处理任务的人可能最容易被取代。二是人工智能难以代替的是需要创新思维、高端技能的职业。2013年,英国牛津大学教授弗雷和奥斯伯恩发布了一份题为《就业的未来:工作对计算机化有多敏感》的研究报告。报告指出,在未来20年,人工智能难以代替的是需要创新思维、高端技能的职业,包括艺术、传媒和司法等领域的职业。三是暂时还不会被智能劳动取代的是需要面对面、提供定制化和个性化服务的岗位,以及需要无意识的技能和直觉的手工劳动、体力劳动。

在我国,有学者选取《中华人民共和国职业分类大典》中制造业的"机械设备安装工""建筑安装施工人员"等技能岗位,采用"无帮助""可以部分协助""可以完全代替"三个定序测量选项来研究人工智能技术对工作任务的替换程度和人工智能的帮助程度。研究结果表明,"机械设备安装工"的工作任务能被现有人工智能技术完全替代的程度仅为20%,"建筑安装施工人员"的完全替代程度也只为30%。由此可见,这些难以被替代的岗位由于涉及大量人机感应的工作或者需要与不同的人进行复杂沟通,超出了计算机的能力,是计算机无法替代的,因此仍保持较高需求。

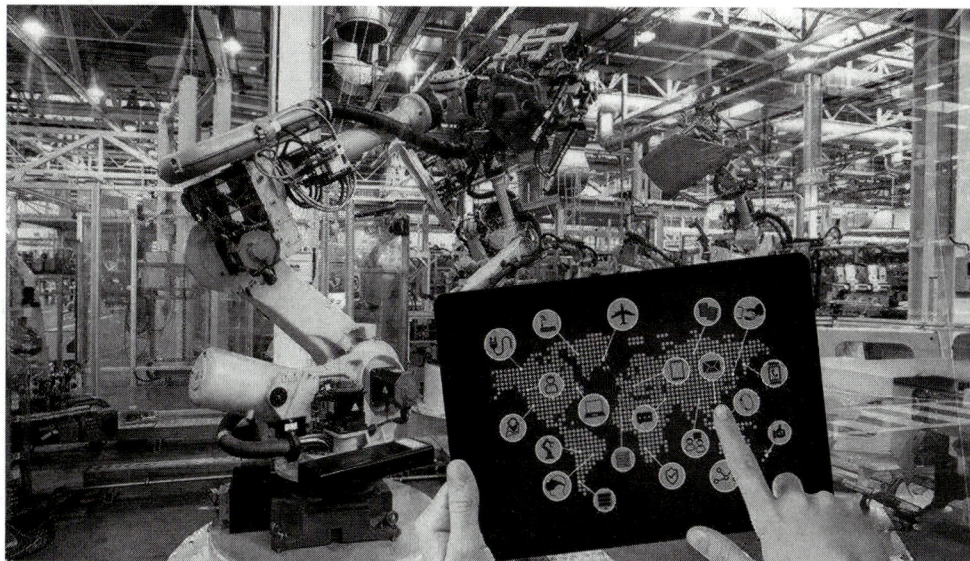

5G 下的智能制造：智能工厂自动化新模式

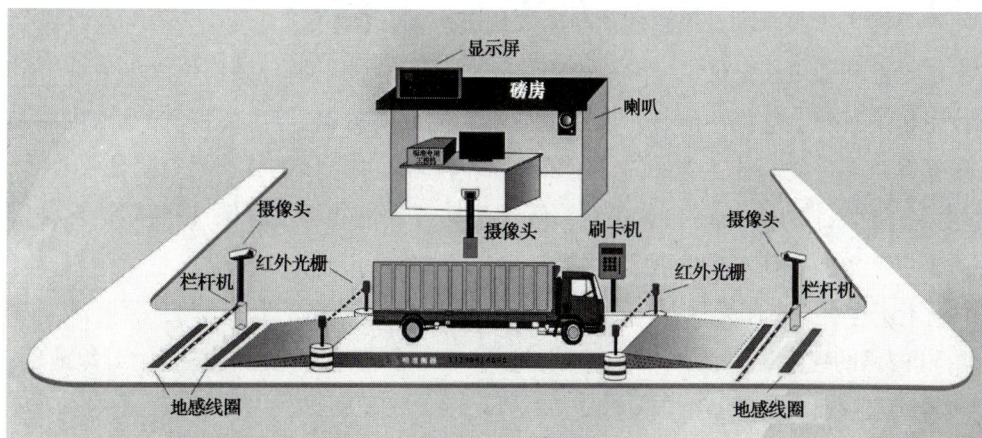

无人值守称重系统

数字化时代

智能制造应用落地

【想一想】机器人能在陌生人家里泡茶吗？

参考答案

5.1.2 劳动形态的新旧更替呈现新旧交融特征

手工劳动与机器劳动及设计、控制、管理等岗位上的智能劳动相比,虽在价值创造上有一定差距,但由于机器劳动、智能劳动环节仍需要一定量的手工劳动与之配合,三者因此呈现出互补互助的状态。例如,企业自动化生产流水线虽然包含相当数量的具有技术含量的劳动,但也包含简单劳动如产品搬运、车间清扫等;网络营销属于智能产业,但物流环节的快递送货则是简单劳动;共享单车属于智能产业,但共享单车的检修、搬运属于机器劳动、手工劳动。

同时,新的劳动形态对旧的劳动形态的取代,是旧的劳动形态做适应性调整后,与新的劳动形态交融并存的过程。如手工劳动是机器劳动、智能劳动的基础,机器劳动、智能劳动从手工劳动中积累发展而来,又为手工劳动提供了可借助的、更加优越的技术条件。手工劳动与新的生产方式融合,取其优势为己所用,就能够在扬弃中获得新生。比如,新时代手工劳动以集约化工业所不能的"在家干活"的工作方式,开创了数字化生存的新格局;再如,传统制造车间借助工业互联网、物联网实现了改造升级。

5.1.3 劳动形态的新旧更替催生新型职业

马克思指出,"技术的变革造成的机器取代了人工,致使很多人面临生存问题,但同时也会催生新行业新领域新岗位"。第一次工业革命,纺织机的发明导致纺织女工失业,蒸汽机的出现对传统运输业造成冲击,但是,伴随着生产力的解放,也产生了钢铁冶炼、机器制造、设备维修等众多需要高技能含量的行业和岗位。自动化生产线的投入运行降低了对活劳动的消耗量,虽然人们担心生产自动化会导致对劳动者数量的需求降低,但实际情况是,自动化促进了生产力向更高水平发展,在提高劳动效率的同时,开拓出了新的生产领域,促进了生产的深化,进一步扩大了就业。因此,虽然每一次劳动形态的升级都会使部分岗位出现"机器排挤人"的现象,给人们带来可能被机器替代的恐慌,但人们会通过能力升级适应岗位升级或转换岗位而实现重新上岗。

当今社会逐步进入智能劳动时代,智能劳动使传统职业的劳动内容发生了变革。有关研究指出,估计在将来的 10 年或者 20 年间,美国约 47% 的常规性工作岗位有被机器人取代的风险,计算机的广泛使用将使美国近一半的工作机会受到排挤威胁,即使是一些创造性的专业岗位也难以独善其身。而到 2033 年,许多常见的职业也将有很大概率最终消失,如电话营销人员和保险业务人员(99%)、运动赛事裁判(98%)、收银员(97%)、厨师(96%)、服务员(94%)、律师助理(94%)、导游(91%)、面包师(89%)、公交司机(89%)、建筑工人(88%)、兽医助手(86%)、安保人员(84%)、档案管理员(76%)。与之相反,智能劳动生产一线的新兴职业需求将会剧增。我国人力资源和社会保障部、市场监管总局、统计局于 2019 年 4 月 1 日正式向社会发布了 13 个新的职业信息,它们分别是人工智能工程技术人员、物联网工程技术人员、大数据工程技术人员、云计算工程技术人员、数字化管理师、建筑信息模型技术员、电子竞技运营师、电子竞技员、无人机驾驶员、农业经理人、物联网安装调试员、工业机器人系统操作员及工业机器人系统运维员。

【辨一辨】数字化时代,我们的学习更有效吗?

参考答案

5.1.4　劳动形态的新旧更替导致手工劳动复兴

随着智能技术的逐步成熟、信息技术的广泛应用,手工劳动逐步减少,但手工劳动并不是必然被淘汰的落后劳动形态。在劳动形态的迭代过程中,复杂且带有创造性的某些手工劳动一直存在,并在近年呈现回归态势。

手工劳动复兴的原因在于:第一,在人类劳动史上,手工劳动具有独特优势。比如,手工劳动融入了人类的情感和智慧,特定物品的量身定做、稀有材料的专门加工、蕴含的不同的历史文化背景、制作过程中个体的创意、精益求精的技艺追求、优良品质的满足、工艺制成品的多样化等,这些都离不开手工劳动者的精雕细琢,是任何先进的技术和劳动手段都难以比拟、替代的。第二,机器劳动所具有的重复式、枯燥性工作,可能带来劳动者体能与智能的倒退,而蕴含人文情怀、符合个体目的的手工劳动不仅会成为一种乐趣,也是人彰显个性特色、实现自我解放的一种方式。第三,相对于机器劳动和智能劳动,"手工艺生产是一种具有人格性的、个性化、艺术化的生产方式,它的产品富有人文情怀,蕴含了手艺人的设计和创意,它秉承节约、环保的生产理念,尊重物性和人性,受到人们的普遍青睐"。人类对自身的审视和对自我价值实现的期待,蕴含在手工劳动之中。人类在手工劳动中能够看到自己,获得独特的心灵体验,满足自己更高层次的需求,因而手工劳动成为人类自我体验、自我认可的一种独特方式。

5.2　新时代的劳动观

5.2.1　劳动促进人的自由全面发展

在新时代,离开了劳动,个人不仅失去了赖以生存的物质前提,也失去了拓宽社会关系和探索精神世界的可能。劳动对于个人综合素质的提升意义重大,劳动可以让人体验到无限世界的神秘感,也可以让人体验到世界向自己敞开、使自己自由地进入世界的兴奋感与自豪感,还可以让人体验到人与世界相互交融、和谐统一的愉悦感和美感。人在劳动中产生的这些情感能使人意识到生命的宝贵与美好,因而更加热爱和珍惜自己的生命。

1)以劳树德

马克思主义认为,劳动不仅是人类存在的基本前提,更是推动社会发展与进步的力量。正是世世代代劳动人民的辛勤劳动,才创造出了丰富的物质财富和精神财富,才不断推动着人类社会的繁荣与进步。劳动不仅创造了历史的辉煌,更是创造未来、实现理想的唯一手段。中国特色社会主义共同理想和共产主义远大理想要靠一代又一代人的辛勤劳动和接续奋斗才能实现,美好生活的实现需要辛勤劳动和创造性劳动。以劳树德,就是大学生在劳动中成长,品德和毅力得到锻炼,从而牢固树立奉献意识和奋斗精神,并自觉投身到中国特色社会主义伟大事业中。因此,劳动是锤炼道德的重要途径,劳动教育则是把劳动这一社会实践与大学生学习有机结合的重要手段。

劳动是道德的前提,劳动不仅仅是物质生产活动,正是在劳动的过程中,社会生产力水平得到提高,人民的思想境界和道德品质得以提升。大学生接受劳动教育,参与社会劳动,建立起与劳动人民的感情,能让他们充分认识到劳动对生产和生活的意义。苏联著名教育家马卡连柯指出"劳动不仅仅是经济的范畴,还是道德的范畴",康德在《道德形而上学原理》中也提到"普通人是由于自己的实践理由,而走出了理性的范围,踏进实践哲学的领域"。在康德的眼中,理性只能通过实践产生,生活中的榜样和激励感人的话语如果不在实践中去感受,终究只能停留在认知层面而无法"入心",真正的成长只有通过实践才能完成。

马克思曾说:"如果一个人只为自己劳动,他也许能够成为著名的学者、伟大的哲人、卓越的诗人,然而他永远不能成为完美的、真正伟大的人物。"只有身体力行地深入劳动实践过程中,我们才能认识到劳动赋予我们的价值和意义,从而树立起对辛勤劳动的深厚感情,珍惜劳动成果以及尊重创造劳动成果的广大人民群众,摒弃忽视劳动成果、轻视劳动的偏见和不正之风。

(1)学会感恩

在生活中,无论是他人情理之中的劳动还是情理之外的劳动,我们都应该抱持感恩的态度,因为无论付出多少劳动,都是劳动者体力和脑力的消耗。一个人只有学会感恩,懂得感恩,才会有良好的德行修养。

林肯说过"每一个人都喜欢受到他人的称赞",威廉·詹姆斯也曾说过"人类本质里最殷切的需求是渴望被人肯定",所以当你学会感恩他人的劳动时,意味着你能在现实生活中看到他人的付出,人和社会产生良性互动。感谢每一位劳动者,就可以培养天地万物为一体的仁心。因此,感恩可以帮自己成为爱心源源不断的人、重情厚义的人、心理健康的人、幸福的人。因为我们活着,是得益于许多生命的无私奉献。

千百年来,儒家思想对我们的影响较为深刻,而其中的孝道伦理,更是一直被儒家强调。关于守孝三年的要求,孔子的弟子宰予曾与孔子争论过,宰予认为"三年之丧,期已久矣",即父母去世,服丧三年,为期太长了。子曰:"子生三年,然后免于父母之怀。夫三年之丧,天下之通丧也。予也有三年之爱于其父母乎?"意思是:"孩子生下来三年,才能完全脱离父母的怀抱。三年丧期,是天下通行的丧礼。宰予难道没有从他父母那里得到过三年怀抱之爱吗?"这里看似争论的是守孝的时间,但在孔子所坚持的孝道伦理背后,体现的是当我们人类为了适应进化,在出生后无法独立存活而必须得到他人照顾时,对养育者付出的劳动的认可和尊重。

(2)锤炼意志

劳动的过程就是意志力一次次不断突破的过程,苏联著名教育家苏霍姆林斯基说,"必须让孩子知道生活里有一个困难的字眼,这个字眼是跟劳动、流汗、手上磨出老茧分不开的,这样,他们长大后,才会大大缩短社会适应期,提高耐挫折能力"。

古往今来,但凡取得非凡成就的人,都是具有非凡意志力的人。曹雪芹创作巨著《红楼梦》,用了约 10 年时间;司马光主编《资治通鉴》,耗费了 19 年光阴;哥伦布坚持"地圆说"的观点,四次横渡大西洋,终于发现了美洲大陆,成为写入人类历史的重要标志性事件。《资本论》是马克思终生的事业,他以惊人的毅力写作这部"无产阶级的圣经"。早在 1843 年,25岁的马克思主编《莱茵报》时,就开始研究政治经济学了,此后,他创作和翻译《资本论》足足40 年。在马克思生命的最后岁月里,他既要与贫困搏斗,又要与病魔作战。歌德的长诗《浮士德》一写就是 60 年。盛名海内外的一代宗师季羡林先生,早年出国苦读,回国后不懈苦攻,几番研读《四库全书》,把寂寞、平淡当作劳动生活的常态,终于走上辉煌的人生顶峰。几十年朴素劳动涵养出的高尚的个人风范,为他赢得了世人的普遍称赞。此等事例,举不胜举。

孟子说,"故天将降大任于斯人也,必先苦其心志,劳其筋骨,饿其体肤,空乏其身,行拂乱其所为,所以动心忍性,曾益其所不能",无论是体力劳动还是脑力劳动,个人只有坚定地投身于劳动实践,才能使性格更加坚韧、意志更加顽强。

【案例链接】

曹德旺,福耀玻璃的创始人,"从 1976 年到 2000 年,整整花了 24 年的时间才学会怎么做玻璃"。在纷繁复杂的玻璃市场中,他选择了汽车玻璃,并专注于此。随后,福耀玻璃开始飞速发展,直至成为世界第二大汽车玻璃供应商。福耀玻璃的发展,靠的是几十年如一日的技术锤炼打下的坚实基础,靠的也是在汽车玻璃领域的专与深。

董明珠,国人敬佩的知名实业企业家之一,她自己从最初的老员工学徒做起,干则优而后管,历经业务员、销售经理、运营部部长等职务,一步步晋级,一步一个脚印儿,最终成长为格力电器高层,直至一把手。董明珠执掌的格力电器,重技术、重研发,在空调领域一直引领着行业的发展。

【他说】

人的意志和劳动将创造奇迹般的奇迹。

——涅克拉索夫

(3)服务他人

在集体劳动中,人们彼此配合、相互协调,使参与劳动活动的每个个体获益。它的最高典范可以是"先天下之忧而忧,后天下之乐而乐",也可以是今天我们踏实做好本职工作,还可以表现为通过自己的辛勤劳动为家人创造美好生活的每个瞬间。

2)以劳开智

马克思在《资本论》中写道,"人通过劳动改变外部世界,同时也改变了他自身的自然。他开发了自身的沉睡的力量,并且迫使他们按照自己的指挥而行动"。在认识和改造自然界的过程中,人类通过劳动链接主观世界与客观世界,进而发现规律和真理并在实践中不断检验规律和真理。

用生命诠释初心

一方面,对我们的祖先来说,在生存就是第一要义的背景下,首先要获取食物,同时还要抵抗自然灾害和野生动物。因此,在日积月累的劳动实践中,他们发明制造了种类众多的生

产劳动工具,从使用石器工具开始,人类才真正意义上开始走上进化的道路,让工具在生活中不断发挥更为重要的作用。在制造和使用工具的同时,人的手变得越来越灵巧,而手的使用让人的大脑不断进化,人的认知能力和思维意识在劳动进程中不断得到提升。

另一方面,对于今天暂时不需要考虑抵御生存压力的现代人来说,在接受教育中获取知识、培养动手能力、在实践中反思最终形成自我认识的过程中,智育有着不可替代的、举足轻重的作用。诚如牛顿所说,"如果我看得更远一点的话,是因为我站在巨人的肩膀上"。当每一个人用几十年生命的渺小去碰撞浩瀚星河的几千年人类历史的厚重时,只有智育可以解决这个问题。我们对世界的认识,是建立在前人的基础上的,"前人"可能是古代圣贤或父母、其他长辈等。智育充当了历史发展过程中联结过去与现在、人类文明和社会实践的重要纽带。但仅仅通过课堂教学、知识讲解或是阅读书籍获得的"二手知识"只是认识世界的第一步,只有在劳动实践中,我们才能通过手脑的配合,把书本上的知识应用于劳动实践,在领悟劳动真谛的同时加深对知识的理解,开拓想象能力、激发创造能力,形成个人的"一手知识",才能真实地建构起个人对于世界的认识。所以,智育的目的始终是在延续人类文明的基础上发展提高社会生产力。

(1)灵活手脑

"人生两块宝,双手和大脑。用脑不用手,快要被打倒,用手不用脑,饭也吃不饱。手脑都会用,才算是开天辟地的大好佬。"陶行知先生的这首《手脑相长歌》流传了将近一个世纪,很早就揭示了手脑并用在个体发展中的重要作用。劳动导致人手进化、语言生成,继而让人拥有了具备认知能力的大脑。

今天的大学生依赖于网络获取信息、依赖于网络交流发表言论、沉迷于网络游戏、依赖于人工智能所创设的各种智能产品或智能服务时,缺少了通过自己的双手去实践出真知的机会,这一方面导致了大学生现实认知的脱节,"四体不勤,五谷不分";另一方面,就像法国生物学家拉马克提出"用进废退"的观点一样,如果被动接受外在知识且不加思索,大脑就会日益难以激活、难以灵活运转,身体的手脑并用越难实现,身体的灵活性和弹性也越难塑造。

我们的祖先直立行走后,手不再负责移动,解放的双手就可以完成其他工作,比如丢石块等。手掌和手指的肌肉在神经调控下操控越来越准确,手变得自由了,并能不断地掌握新的技巧,由此获得的较大的灵活性便遗传下来。手能做的事情更多,人也就变得更厉害,尤其表现在开始生产、使用复杂的工具。最早有证据证明人类开始制作工具大约可以追溯到250万年之前。人会制造工具,劳动就真正开始了。所以说,动手是人类发展思维的体操。俗话说"心灵手巧",基本的动手劳动可以使脑细胞得到更多的刺激,有利于开发脑细胞、提高智力。

通过劳动来培养解决问题的思维能力显得格外重要。斯坦福大学教授弗兰克·威尔逊是研究人类手和大脑协同进化的专家。他说:"我们是靠动手来区别不同事物的生物。我们学习的很大一部分是来自做事、创造,以及靠我们的双手去感知。手的神经与大脑中枢神经直接相连,对手的刺激就是对脑的刺激,削弱动手的能力会让大脑感到困惑。"因此,劳动在一定程度上关系到促进学习所需智力的发展。

"杂交水稻之父"袁隆平自身的动手能力很强,因此在教学中他特别重视实验教学,重视培养学生的动手能力。为了在显微镜下观察细胞壁、细胞质、细胞核的微观构造,他刻苦磨炼徒手切片技术。他带研究生有一个条件,那就是不下田不带,他倡导学生在实践中加强动手能力。

（2）提升认知

劳动是联结身体与认知对象的桥梁,人类通过劳动的全过程将自身置于知识、技能产生的情境中,使身体与认知对象产生客观的联系,感知认知对象的属性,由此产生的身体经验最终反映在大脑中,内化为认知。

在实际的劳动生活中,社会生产力的改进,导致人们的需要和认知也在不断发生变化。我们要有跳出和改变现状的思想和行动。如果你没有这种改变的想法,就不会有进步。如果人们都安于步行,就不会有交通工具的发明;如果人们都乐于强体力劳动,就不会有先进的工具和机械的发展;如果人们都认为夏天就是热的,冬天就是冷的,就不会有空调和暖气的问世。

今天,我们能够通过劳动把所学的理论知识应用到实践中,在实践中检验和强化对知识的理解,提升的知识反过来才能更好地指导实践,从而实现知行合一。

【辨一辩】电影《后会无期》里有句台词,"听过很多道理,依然过不好这一生。"为什么会这样呢？为什么明明知道了,却做不到？或者即使短时间内做到了,却不能长久坚持？从"知道"到"做到",你认为可以怎么做呢？

3）以劳强身

体育教育是指通过参与体育锻炼和体育运动,达到科学发展体能、增强体质的目标。生命在于运动,这是我们的共识。在体育锻炼的实践过程中,我们每个人都能真切地感受到身体的舒展以及奋力拼搏后的愉悦,不断形成长期运动的意识。而劳动与体育锻炼有异曲同工之妙,劳动创造了人,是人类赖以生存的必要手段。在日常劳动中,尤其是结合了适度的体力劳动的过程中,劳动起到了调适心情、强身健体的作用。因为劳动包含着更多的目的性、任务性和多样性,所以它不仅比正常的健身需要更长的时间、更大的强度,也能让机体得到更多更有效的锻炼。

劳动在不以锻炼为目的的过程中让我们发挥自己身体所隐藏的力量,体会到肢体的力量和协调的美。蔡元培先生在提到怎样才配做现代学生时,认为首要的基本条件就是要有"狮子样的体力、猴子样的敏捷、骆驼样的精神",因此我们要把劳动实践和体育锻炼科学合理、适度安全地结合起来,增强个体的力量和耐力,优化新陈代谢,提高关节灵活程度,促进个体健康发展。

【他说】

勤劳一日,可得一夜安眠;勤劳一生,可得幸福长眠。

——达·芬奇

4）以劳塑美

劳动的美是指人们在生产劳动中形成和表现出的美。它最直接、最集中地把人的自由意志、丰富的创造力、自然的情感表达以及才能、智慧等原始和本质的力量体现在生产劳动之中。

马克思认为，艺术起源于人的生产劳动，最早的艺术作品就产生于人类的劳动过程，美术起源一说也来自劳动。原始艺术的形成，是伴随着原始社会的人类生产劳动和创造劳动产品，通过审美意识而萌发和发展而来的，是史前人类劳动和智慧的结晶，是生产劳动创造一切的产物。

早期的文学和艺术是诗歌、音乐和舞蹈的结合。这种形式的艺术与劳动过程直接相关。原始人把劳动和狩猎动物的动作发展成舞蹈，劳动的号角和呼喊发展成诗歌，各种各样的劳动声音和节奏为原始人提供了音乐灵感。诗、乐、舞三位一体，实际上是这些艺术形式在劳动过程中不断萌芽的反映。中国古代教育是指礼、乐、射、御、书、数这六艺，其中乐为纯粹的美育。而在西方，以古希腊雅典为例，其以音乐和体操并重，兼重文艺，而这三者都是美育的范围。

在《尚书·舜典》中记载，"予击石拊石，百兽率舞"，这是在描述先人敲击石块，模仿众人围猎时的情景。英国学者沃拉斯切克在其《原始音乐》一书中提到，原始人在集体狩猎、采集生活中所产生的节奏，是作为相互鼓励、使群体动作协调一致达到共同协作的目的而出现的。这就是人类歌唱和舞蹈艺术节奏的起源，因而劳动是艺术发生的直接动力。芬兰艺术家希尔恩在《艺术的起源》中进一步从实用的角度阐述艺术在原始人的劳动中有着两种作用：一是减轻劳动者的疲劳，二是协调劳动者之间的动作。俄国普列汉诺夫认为，艺术起源于人类所从事的各种实用功利活动，人类最初的审美意识是从实用观点出发的，后来才逐渐摆脱实用功利的目的。对艺术起决定作用的是社会生产力和生产关系发展的程度，艺术从属于社会经济，也由此提出"劳动先于艺术"的论断。马克思一直强调艺术与物质生产实践活动的关系，认为人们在劳动中使自己的本质力量对象化，发挥出各种潜能从而创造了美。恩格斯在论述劳动在从猿到人转变过程中的作用时也曾指出，"只是由于劳动……人的手才达到这样高度的完善，在这个基础上它才能仿佛凭着魔力似地产生了拉斐尔的绘画、托尔瓦德森的雕刻以及帕格尼尼的音乐"。

因此，通过劳动，不仅能够帮助我们认识美、发现美，更重要的是劳动在持续创造美。通过脚踏实地的劳动实践，感受生活中的美；通过寻找"最美教师""最美司机"，感受劳动者在平凡工作中的美。我们运用审美之眼光来制作物品，运用审美之情怀来改造社会，最终走向费孝通先生所说"各美其美、美人之美、美美与共"的社会。

5.2.2 劳动创造幸福生活

幸福，是人生最美好的话题，是每一个劳动者的基本诉求。劳动实践是通往成功的必经之路，任何幸福都是通过劳动实践获得的，而背离劳动实践的幸福都是不现实的。

名画中的劳动形象

　　幸福生活需靠辛勤劳动来创造,只有通过劳动,人们才能提高生活水平,才能收获幸福。人类历史就是一部不断通过劳动来追求幸福生活的历史,从餐风沐雨到物质丰裕,尽管对幸福的理想生活的定义随着时间的变化而一直在改变,但是通过劳动来实现幸福是不变的。劳动作为人的基本活动,贯穿于人生发展的始终。人生发展的每个阶段都需要通过劳动获得进步,哲学家康德认为,"劳动是享受生命的最好方式"。这不仅是他对劳动的清晰认识,更重要的是他认识到劳动在充实生活,产生财富、愉悦、意义方面具有不可替代的作用。

　　新时代是劳动创造幸福的时代。劳动本身就是一种幸福的价值回归,展现了劳动创造幸福的实践品格,实践连接起了劳动和幸福。习近平总书记多次强调,"幸福不会从天而降,梦想不会自动成真""人世间的美好梦想,只有通过诚实劳动才能实现;发展中的各种难题,只有通过诚实劳动才能破解;生命里的一切辉煌,只有通过诚实劳动才能铸就"。习近平总书记关于劳动创造幸福的论述蕴含了幸福源自劳动创造的认识论、劳动创造幸福的方法论,是认识论和方法论的有机统一。

　　劳动帮助人们成就理想,实现个人价值与社会价值的统一,给予人们充分的获得感、成就感和幸福感。劳动,让平凡的人生变得不平凡。

【劳动认知单】

我的消费构成

　　活动内容:你用劳动所得做了什么呢? 即使你现在的经济来源主要靠父母的收入,也可以试着统计一下你的消费类别,看看自己的经济消费构成。

类别	花费的金钱/元	产生的效率 (0～100%)	浪费的部分 (0～100%)	你的调整
餐饮				
衣服、美容				
购物(生活用品)				
学习(自我提升)				
书籍				
社交(请客送礼等)				
旅行				
公益活动(助人)				
我的发现:				

注:统计时间可以是一个月、两个月,也可以是一个学期;"学习"类别里不计入学费。

5.2.3　劳动托起"中国梦"

实现中华民族伟大复兴的中国梦,是中华民族近代以来最伟大的梦想。今天我们正向"第二个百年奋斗目标"迈进,站在新的奋斗起点,我们比历史上任何时期都更接近这一目标。但是我们要清醒地认识到,幸福不会从天而降,梦想不会自动成真。中国梦的实现需要全体中华儿女众志成城、万众一心,需要勤奋不辍、持之以恒地劳动。

中国梦的实现需要广大劳动者。劳动者是实现中国梦的根本力量。近代以来,正是一代又一代人民群众辛勤劳动、筚路蓝缕,才迎来了从站起来、富起来到强起来的伟大飞跃。"杂交水稻之父"袁隆平,几经努力,终于研制出高产量的水稻,解决了十几亿中国人的粮食问题,实现了"禾下乘凉梦";中国航天人在发愤图强中创业、在改革开放中进取,掌握了一大批具有自主知识产权的核心技术,实现了中国人的航天梦。

今天,要实现中国梦,必须依靠高素质劳动者大军。高素质劳动者大军是未来的需要,是科技革命和产业变革的需要,是建设社会主义现代化国家的需要。中国是一个拥有 14 亿多人的大国,中国梦是每个中国人的梦想,中国梦的实现必须紧紧依靠广大劳动人民的劳动来创造。我们只有把个人梦与中国梦紧密联系在一起,身体力行,做新时代的奋斗者,中国梦才能照进现实。

【想一想】0.52 元和 4.2 元可以做什么?

参考答案

专题六　新时代的劳动精神

【专题学习目标】

①了解新时代劳动精神的核心内涵,提高对劳动精神的认同。
②了解劳模精神的发展演变,理解新时代劳模精神的内涵。
③了解工匠的产生、发展,熟悉新时代工匠精神的内涵。

【专题引入】

教育的最终目的是让学生不仅仅是在个体生活层面,更重要的是在社会生活中知行合一,将个人美德和集体主义道德要求统一在一起。因此,在新时代开展劳动教育、弘扬劳动精神,就是在校内将崇尚劳动、热爱劳动、辛勤劳动、诚实劳动的种子播撒在学生心中,让学生学习领会劳模精神、劳动精神、工匠精神,让千千万万的学生在走出校门之后,能够成为新时代劳动精神的践行者。

6.1　劳动精神

2020年11月24日,习近平总书记在全国劳动模范和先进工作者表彰大会上的讲话,对劳模精神、劳动精神、工匠精神作出了科学的定义。他说:在长期实践中,我们培育形成了爱岗敬业、争创一流、艰苦奋斗、勇于创新、淡泊名利、甘于奉献的劳模精神,崇尚劳动、热爱劳动、辛勤劳动、诚实劳动的劳动精神,执着专注、精益求精、一丝不苟、追求卓越的工匠精神。劳模精神、劳动精神、工匠精神是以爱国主义为核心的民族精神和以改革创新为核心的时代精神的生动体现,是鼓舞全党全国各族人民风雨无阻、勇敢前进的强大精神动力。

6.1.1　崇尚劳动

崇尚劳动是指全社会应树立起劳动光荣、劳动伟大、劳动崇高的社会风尚。

首先,人因劳动而生,劳动区分出人与动物。崇尚劳动就是认同劳动创造生理的人、文化的人、个体表现的人。一个社会若不能将崇尚劳动作为社会风尚来引领,从某种角度上讲是对人的生理进化、文化本性、个体表现等高贵品性的否定,是一种“退行”。

其次,社会主义的本质在于生产力的全面发展和人的全面发展。社会主义的生产资料公有制让劳动成为每个主体自身的劳动,以劳动为尊,让人人都是属于自己的劳动者,创造属于自己的劳动成果,劳动不再“异化”,实现了回归劳动者自身。

最后,中华民族历来就是一个崇尚劳动、勤于劳动、善于创造的民族,《孟子》中就有“后稷教民稼穑,树艺五谷;五谷熟而民人育”的记载。明代学者史桂芳任歙县知县时,曾在家训中用东晋陶侃运砖习劳的故事启迪儿孙树立正确的劳动观,持守积极的劳动态度,其在《惺堂文集》中写道,“劳则善心生,养德、养身咸在焉;逸则妄念生,丧德、丧身咸在焉。吾命言儿、稽孙,不外一劳字”,意思就是,“勤劳就会产生善心,养德、养身都从这里开始;安逸则会产生邪恶的念头,丧德、丧身也都由此而起。因此,我教导你们的,不外乎一个劳字”。

新时代以崇尚劳动为荣,这正是对传统劳动观的承继与发扬,从而逐渐建立起尊重劳动、崇尚劳动、劳动光荣的劳动精神。

6.1.2　热爱劳动

热爱劳动是中华民族的传统美德。热爱劳动的前提是尊重和认识劳动的本质——劳动是人认识世界、改造世界的实践活动;劳动需要人来完成,而人需要通过劳动来促进个体的手脑协同发展,对个体来说,劳动是一种进化、成长和美的创造。

在资本主义国家,劳动是被异化的劳动,劳动不再是美好生活的源泉,而是资本的奴隶。“他在自己的劳动中不是肯定自己,而是否定自己;不是感到幸福,而是感到不幸。”在私有制背景下,本应自由自觉的生产活动却变成异己的力量。但在社会主义中国,因为社会制度和性质的不同,劳动的性质和劳动成果归属相应地也发生了变化——在公有制为主体和按劳分配的原则下,异化劳动被消灭了,辛勤劳动就是为自己和社会创造价值,为自己的人生增添色彩。

我们热爱劳动,就需要自己去发现劳动的美好。“隐秘的宝藏,热爱被知晓”,劳动的美好隐藏在你的体内里,一旦打开,你会发现它是如此地令人愉悦。劳动的美好在每一次轻嗅洗净、晒干的被单的清新气味中,在品尝自己根据菜谱动手做好的饭菜中,在分类整理好的房间中,在不断坚持、勇扛重任的工作中。

近几年,越来越多的记录乡村劳动和生活的视频进入国人甚至全世界人民的视野中,这类视频受到人们的追捧和喜爱。为什么展示劳动过程的视频可以如此吸引大家?这是因为劳动代表着我们骨子里对美好生活的向往,对幸福生活的渴望。没有对劳动的热爱,这样的视频不可能受到人们追捧;没有对劳动的热爱,人们也看不懂这样的视频。

我们只有从内心深处认同劳动的价值和意义所在,将其变成内化的情感,养成自觉劳动、热爱劳动的好习惯,才能成为热爱劳动、勤于劳动、善于劳动的高素质劳动者。

认知失调实验

【他说】

天才就是这样,终身劳动便成了天才。——门捷列夫

6.1.3 辛勤劳动

1)辛勤劳动是中华民族的优良传统

从古至今,勤劳的中华民族不断在实践中对劳动进行思考和创新,在中华民族的灿烂文明中留存下来的丰富的劳动思想不仅反映了当时的思想文化和经济状况,也是留给中华民族子孙后代的宝贵精神财富。"赖其力者生,不赖其力者不生",先哲墨子认为人与禽兽的最大区别就是人有生产能力,人类依靠勤劳努力就能生存。我们的祖先很早就意识到劳动在人类生存发展中的重要性。

神农尝百草、愚公移山、精卫填海,古代的伟大梦想无不彰显着我们对辛勤劳动的自信和追崇。改革开放以来,中国发展的速度和成就令世界惊叹。这得益于广大劳动人民的实干苦干,中国才成为当今世界发展速度最快的国家。中国人民的勤劳得到了世界的赞扬和认可,这是中华民族世代流传的宝贵品质,也是整个民族提倡的精神和力量。

日本打造"终身劳动"制

【他说】

不停留在已得的成绩上,而是英勇地劳动着,努力要把劳动的锦标长久握在自己手里。

——奥斯特洛夫斯基

2)辛勤劳动是个体幸福的伦理基础

辛勤劳动本身就是一种幸福,也是持久幸福的保障。对个体而言,只有投身辛勤劳动,才会更加珍惜自己的劳动过程和成果。美好的生活,是由美好的当下组成的,是过程,不是结果。明白"幸福不会从天降,梦想不会自动成真",才能体悟劳动的真谛,从一味追求劳动成果到珍惜个人的劳动参与和投入。

今天,随着市场经济的发展,消费主义深刻影响了人们的生活方式和价值观念。消费主义推崇对物质产品的挥霍性消费,甚至以物质产品的奢侈程度来标榜人的价值,把人变成了物的奴仆。在后工业社会,经济形态已经从匮乏转为过剩。不少人认为,消费的数量和质量才能体现个人的价值高低,因此拜金主义、享乐主义开始抬头。针对这样的社会现实,一方面,我们提倡劳动,因为劳动证实了付出才有收获。在过去,人们长时间自给自足,生产物品和消费物品往往是重合的,但在今天,社会大生产导致分工细化,每一个人不可能完全参与生产自己所需的消费品,这就需要交换。劳动创造财富的真理在这里并没有改变。"一分耕耘,一分收获",幸福是通过劳动来创造的,获取金钱绝不是人生的唯一目标,也不是最终目标。劳动是创造财富的根源,劳动才是值得我们倍加珍惜的。通过劳动付出才能获得内心的充实感和对自我价值的肯定,因此,辛勤劳动之所以值得提倡,是因为劳动不仅仅具有工具价值,还具有本体价值。提倡辛勤劳动并非反对享乐。辛勤劳动并不是享乐的反义词,相反,辛勤劳动才是通向人真正的自由、享乐,而非享乐主义的必然道路。但只有让劳动回归自由自觉的活动,人们才能真正通过劳动去认识和享受生活。

【他说】

　　持续不断地劳动是人生的铁律,也是艺术的铁律。——巴尔扎克

【辨一辩】"躺平"只能是平平无奇吗?

　　6.1.4　诚实劳动

　　诚实劳动是指在劳动的过程中脚踏实地、恪尽职守,遵守法律法规,不窃取他人的劳动成果。中华民族自古就非常重视诚实,诚实是五千年中华传统文化沉淀下来的道德精华,是做人的根、为人的本。诚实守信被认为是个人最基本的道德品质,《中庸》里写道:"诚者,天之道也。诚之者,人之道也。"诚实劳动就是要把内在的个人品质要求外化为劳动的行为准则。

　　1)诚实劳动是社会活动的基本准则

　　如果说辛勤劳动是人生的自选项,那么诚实劳动就是人之为人的必选项。每个人的劳动能力有高有低,辛勤劳动是有付出就有收获,收获的大小可以因人而异,但绝不允许不劳而获,甚至剥夺、窃取他人的劳动成果。现代经济在本质上是一种契约经济。恩格斯认为,诚信首先是现代经济规律,其次才表现为伦理性质。今天,我们已经进入一个"陌生人社会",维系人们关系的更多的是一份契约。你的老板可能是你之前完全不认识或没有较多接触的人,你认真工作获取报酬并不是基于你对对方的信任,而是一纸契约对你的保护。劳动作为一种主体作用于客体的物质实践活动,其结果与主体、客体和劳动手段之间必然存在特定的因果联系。其中,劳动成果的大小与劳动主体的付出在总体上成正比,任何夸大或盗取劳动成果的行为都违背了劳动的自然规律,必将遭到惩罚。因此,在当下的职业活动中,企图通过弄虚作假而获得利益的风险极高,可能还要承担相应的法律责任。只有通过脚踏实地地诚实劳动,才能有所收获。

2）诚实劳动是推动社会发展的实践要求

爱国、敬业、诚信、友善是社会主义核心价值观对公民个人层面的基本要求，这一要求不仅倡导公民爱岗敬业，而且要求公民互诚互信、实事求是。劳动道德要求劳动者在不违背法律法规的前提下进行符合道德的劳作，最基本的表现就是爱岗敬业的工作态度、主动提高劳动技能的职业道德。爱岗是热爱自己的工作岗位，敬业是以严肃认真的态度对待工作、忠于职守。爱岗是敬业的基础，敬业是爱岗的具体体现。无论从事什么劳动，都需要干一行爱一行，只要踏实勤勉地劳动，就能做出不平凡的业绩。每个劳动者都应秉持诚实劳动的信念，尊重劳动规律，不急功近利；客观对待劳动成果，不虚报浮夸，不贪婪，不以次充好，不造假售假，不欺世盗名，言必信、行必果。诚信是社会主义核心价值观对劳动的呼吁，也是走向法治社会、建设法治国家的必然。

诚实劳动还蕴含着迎难而上的精神勇气。中华民族的伟大复兴是一项光荣而艰巨的事业，虽然我国经历改革开放之后创造了举世瞩目的成就，但是在实现伟大目标的征程上还有很多困难和问题需要解决。目前，我国正处于经济社会变革调整的关键期，同时也是危机事件孕育频发的敏感期，面对改革开放纵深发展所带来的严峻挑战，避重就轻的态度是不可取的，必须依靠诚实劳动来扎实推进。

6.2 劳模精神

【他说】

长期以来，广大劳模以平凡的劳动创造了不平凡的业绩，铸就了"爱岗敬业、争创一流，艰苦奋斗、勇于创新，淡泊名利、甘于奉献"的劳模精神，丰富了民族精神和时代精神的内涵，是我们极为宝贵的精神财富。

——习近平

6.2.1 劳模及其评选

劳动模范（简称劳模）是党和政府授予在我国"经济建设、政治建设、文化建设、社会建设、生态文明建设和党的建设等方面"做出突出贡献，取得显著成绩的劳动者的一种崇高荣誉称号。劳动模范是工人阶级的杰出群体，是先进生产力、先进生产关系和先进文化最优秀的代表。

劳动模范分为全国劳动模范与省、部委级劳动模范，市级劳动模范和县级劳动模范等。党和国家历来高度重视评选表彰劳动模范，从20世纪90年代开始，全国劳模表彰大会每5年召开一次，从1950年至2020年先后召开16次表彰大会，表彰全国劳动模范和先进工作者超30 000人次。

早在1933年5月19日，毛泽东出席临时中央政府召开的武阳区赠旗万人大会，称赞武阳区特别是石水乡的春耕生产；号召瑞金全县人民向武阳区学习，搞好夏耕生产运动；代表临时中央政府将写有"春耕模范"的奖旗赠给武阳区和石水乡群众。这是我国首次表彰先进、树立典型，迄今已有近90年的历史。中华人民共和国成立后，党和国家在总结劳模表彰工作历史经验的基础上,不断发展和完善劳模表彰制度,表彰了成千上万的各行各业劳模。一代又一代劳模在创造巨大物质财富的同时,铸就了弥足珍贵的劳模精神。劳模精神孕育于革命战争时期,历经中华人民共和国成立初期、社会主义建设时期、改革开放新时期、中国特色社会主义新时代的嬗变,其内涵与时俱进、不断完善,一直示范引领着亿万名劳动群众以主人翁姿态满腔热忱地投身社会主义革命、建设、改革的伟大实践。

劳动模范评选制度随着改革开放的深入推进,愈发科学、民主、合理,评选的范围越来越广泛,并持续提高一线职工和农民的劳动模范比例,表彰的规模也日趋稳定。从 2015 年 4 月开始,全国劳动模范的表彰单位再次回归为中共中央、国务院。这表明,在迈向中华民族伟大复兴的征途中,党和国家对劳动模范评选表彰工作愈发重视。

6.2.2　劳模精神的形成与发展

(1)革命战争时期的劳模精神

土地革命时期,为了调动劳动群众力量,中共中央以劳动竞赛的方式发动群众的劳动积极性。抗日战争时期,为了巩固抗日根据地,军民积极响应"自力更生、艰苦奋斗"的号召,开展了一系列大生产活动,最具代表性的是南泥湾生产运动,极大地鼓舞了抗日根据地群众战胜困难的信心。解放战争时期,人民群众积极支援前线作战,大力支持新解放区工农业生产的恢复和发展,涌现出很多支前劳模和工业劳模。这一时期的劳模,主要包括生产好的劳动英雄和工作好的模范工作者。这一时期的劳模精神,体现为"为革命献身、革命加拼命、苦干加巧干、经验加创新",劳模身上有典型的"革命"烙印,为党领导下的新民主主义革命取得胜利、新中国的建立做出了重要贡献。

(2)社会主义建设时期的劳模精神

中华人民共和国成立后,工人阶级和广大农民以主人翁的姿态,满怀激情地参与到社会主义生产劳动之中。从 1950 年 9 月至 1960 年 6 月,党和政府评选出 1 万多名劳模和先进工作者。这些劳模既有生产能手、岗位标兵、技术人员、科技工作者,又有先进生产者、优秀组织者和管理者。典型代表人物有王进喜、时传祥、李四光、钱学森、焦裕禄、赵梦桃等,在他们身上体现出的是社会主义理想和无私奉献的价值追求。

改革开放以来,我国进入社会主义建设新时期,以经济建设为中心,广大劳动群众满怀劳动热情,积极投身于改革开放的伟大实践中。这一时期的劳模不仅强调具备无私奉献的精神,更强调对生产力发展所起的突出促进作用。典型代表人物有袁隆平、邓稼先、许振超、李素丽、徐虎等。劳模评选进入常态化和制度化,劳模精神的内涵也终于完成表述。

在新时代背景下,则需要建设知识型、技能型、创新型劳动者大军,辛勤劳动、诚实劳动、创造性劳动是当代中国劳模精神的指引,将持续为以改革创新为核心的时代精神注入新活力。

6.2.3　当代中国劳模精神的内涵

中国特色社会主义业已进入新时代,中国劳模精神一方面延续了过去的精髓要义,另一方面又显露出新的时代内涵和实践向度。爱岗敬业、争创一流、艰苦奋斗、勇于创新、淡泊名利、甘于奉献构成了当代中国劳模精神的内涵。

1）爱岗敬业、争创一流

爱岗敬业就是认真对待自己的岗位，无论何时都要尊重并认真履行自己的岗位职责。从大禹治水到周公吐哺，都体现了中国人民从古至今对劳动的热爱与坚持。中华民族自古就有忠于职守的古训，《礼记·学记》有云，"一年视离经辨志，三年视敬业乐群"，告诫人们对自己的事业要尽职，与他人相处要和睦。梁启超在《敬业与乐业》中讲，"百行业为先，万恶懒为首"。当前，爱岗敬业是社会主义职业道德所倡导的首要规范，是社会主义核心价值观的重要内容。爱岗敬业是对劳动者提出的最基本、最起码、最普通的道德要求。例如，"最美司机"吴斌突遭重创时临危不乱，强忍剧痛将公交车停稳，用生命践行了忠于职守的职业观。

争创一流是当代中国劳模精神的灵魂。争创一流是一种积极奋发的精神面貌，可以内化为个体的工作动力之源。一个人追求的目标越高，他的才干就发展得越快，对社会就越有益。当前改革如逆水行舟，不进则退。在改革开放的深化期和关键期，需要全国劳动人民不故步自封、安于现状，树立对标一流、争创一流的意识，提升工作标准，创造一流业绩，从而推动我国进入世界高水平队列。

2）艰苦奋斗、勇于创新

艰苦奋斗在实践中成为人的一种价值取向，是通过劳动实践改造物质世界的生产活动方式。艰苦奋斗是中华民族精神的重要内容，是中华民族伟大的精神财富。中华人民共和国成立之初，百废待兴，正是全国人民凭借敢闯、敢拼、敢干的精神，才攻破了一个又一个阻碍实现中国特色社会主义现代化建设的难题，取得了一个又一个让世界惊叹的成就。在今天，艰苦奋斗不仅没有过时，更应该进一步发扬光大，成为当代中国劳模精神最稳定和永恒的本色。

勇于创新是当代中国劳模精神的核心。创新是人类特有的活动，是人有意识地进行的创造性实践。党的十九大指出，"创新是引领发展的第一动力，是建设现代化经济体系的战略支撑"。当前，我国存在经济增长速度放缓、产能过剩、拉动力不足等方面的问题，科学技术就成为促进经济增长的真正动力。从"神舟"飞天到高铁奔驰，从中国制造到中国"智"造，创新创造已成为中国一张亮丽的名片。创新创造不是专家、人才的专利，普通职工在岗位上反复钻研也同样可能创造出提高效率的新技术。

3）淡泊名利、甘于奉献

（1）淡泊名利是当代中国劳模精神的境界

淡泊名利是中国传统名利观的集中体现，"君子喻于义，小人喻于利"揭示了对名利的追求应服从于仁义道德，淡泊名利就是以超脱世俗、豁达客观的态度看待一切。道家"为而不争"的态度恰恰体现出了当代中国劳模的一种精神境界，是劳模群体对待劳动和工作的态度，他们十年如一日地在自己的工作岗位默默耕耘。

劳模从登上中国历史舞台起，就拥有着淡泊名利的精神境界。2004年度感动中国致"杂交水稻之父"袁隆平的颁奖词写道："他是一位真正的耕耘者。当他还是一个乡村教师的时候，已经具有颠覆世界权威的胆识；当他名满天下的时候，却仍然只是专注于田畴，淡泊

"蓝领专家"孔祥瑞

名利,一介农夫,播撒智慧,收获富足。他毕生的梦想,就是让所有的人远离饥饿。"

（2）甘于奉献是当代中国劳模精神的底色

甘于奉献是为了维护社会集体利益或他人利益,让渡、舍弃自身利益的一种高尚品格。甘于奉献是中华民族的传统美德,纵观中国古代历史,有大量的文学作品中体现着乐于奉献、胸怀天下的情怀和风骨,如女娲炼石补天、后羿射日、大禹治水等上古神话传说;儒家"仁义礼智信、温良恭俭让、忠孝勇恭廉"的传统思想也都体现出重义轻利、谦和礼让、公而忘私、国而忘家的为国家、社会、集体、他人舍弃自我利益的观点。无论时代发生怎样的变化,奉献永远是鼓舞、激励人们奋发向上的巨大力量。

【案例链接】　　　　　　　　　申纪兰,人民的代表

在山西省平顺县西沟村展览馆外的长方形石块上,醒目地镌刻着 2009 年习近平同志看望申纪兰时说的一句话:"太行精神光耀千秋,纪兰精神代代相传。"没有惊天动地,只有脚踏实地,申纪兰,这位普普通通的妇女,一生扎根农村,将一切献给了党、国家和人民。

1951 年,西沟村成立初级农业合作社,申纪兰担任副社长。这对奉行"好男人走到县,好女子不出院"古训的山里人来说,已让人刮目相看。但在她心里,有一个坎始终过不去:为啥同样干一天活儿,妇女的劳动报酬要少一半?申纪兰不服气,决定在社里组织一场别开生面的男女劳动比赛。比赛开始,在专门划出的比赛田地里,男社员认为稳操胜券,时不时抽袋烟休息一下;而被发动起来的妇女始终在田间争分夺秒地劳动,赢得了比赛的最终胜利,第一次挣到了和男人一样的工分。

男女同工同酬,在这个太行山脚下的小山村里率先实现。随后,申纪兰被选为第一届全国人大代表。1954 年 9 月,在第一届全国人民代表大会上,申纪兰提出的"男女同工同酬"倡议被写入中国历史上第一部人民的宪法——《中华人民共和国宪法》。回忆往事,申纪兰用无比坚定的话语表达了自己的决心:"我带领妇女争同工同酬,就是为妇女争口气!人家都说妇女是'半边天',我们就要为'半边天'争光、争气!"

1983 年,西沟村全面推行家庭联产承包责任制,但其中也出现了许多新问题。1984 年,申纪兰积极创新、大胆改革,带领西沟人植树育林、筑坝造地、兴办企业,"山上是银行、沟底是粮仓"的蓬勃景象让西沟村旧貌换新颜。党的十八大以来,西沟村决定关停村办污染企业,重新寻找发展定位。在申纪兰的带领下,西沟村的红色旅游基础设施一一兴建,香菇大棚、光伏发电、服饰床品等新产业基地拔地而起。

自第一届全国人民代表大会召开以来,申纪兰连任十三届全国人大代表。"当人大代表,就要代表人民,代表人民说话,代表人民办事。"她是这样说的,也是这样做的。作为一名土生土长的农村妇女,申纪兰深知农民所想所盼,关心农民生活疾苦,尽心尽职为广大农民发声。她的提案始终聚焦"三农"问题,从山区交通建设、耕地保护,到新型农村合作医疗、农村教育。与此同时,几十年来,这些"带有泥土味"的提案,也不断得到采纳和实施。

申纪兰一生获得过包括"共和国勋章"在内的许多荣誉,但淡泊名利的她始终把这些殊荣当作一种鞭策。她曾有多次机会离开农村,但她都婉言谢绝,因为在她看来,"只有生活在

农民中间,才能更了解农民疾苦"。在 1973 年至 1983 年担任山西省妇联主任期间,申纪兰坚决不转户口、不领厅级领导干部的工资、不转干部身份。

2020 年 6 月 28 日,91 岁的人民代表申纪兰与世长辞。"丧事从简。""'共和国勋章'获得者的相关补贴上缴党费。"老人在弥留之际,说出了最后两个心愿。斯人已逝,但她那颗滚烫火热的为民初心,却感动了一代又一代人……

(来源:党建网,2022 年 1 月 7 日;记者:孙迪;有改动)

6.3 工匠精神

古往今来,工匠精神一直推动和改变着世界,人类文明史就是一部工匠发展史。工匠的技能水平在一定程度上反映了某一时期文明和技术的变化,工匠就是艺术文化最普遍的劳动创造群体。"工匠"一词深深植根于华夏文明的土壤之中,纵观中华文明五千多年历史,我们从来不缺能工巧匠,更不缺工匠精神。从鲁班、李冰到李春,这些大师级工匠留下了造福人类的工程杰作。高尚的工匠精神是任何时代都不能缺少的,今天,无论是个人的成长发展,还是国家综合实力的提升,或是人类文明的进步,都离不开工匠精神,势必要在各行各业中继续推崇"工匠之事",创新并弘扬"工匠精神"。

1)工匠的含义

随着社会生产力的不断发展,人类社会分工逐渐细化。恩格斯在《家庭、私有制和国家的起源》中提出了社会三次大分工。第一次社会大分工发生于原始社会后期,其结果是畜牧业和农业的分工;第二次社会大分工发生于原始社会末期,其结果是手工业和农业的分工;第三次社会大分工发生于原始社会瓦解、奴隶社会形成的时期,最终出现了不从事生产、专门从事商品交换的商人阶级。第二次社会大分工时,手工业逐渐从农业生产中分离出来,成为一项单独的社会分工,相应地,从事手工业的从业者"工匠"开始以一种独立的社会身份出现,因此工匠是社会分工专业化后的产物,是专门从事手工业生产的群体。

中国自古以来是一个匠人的国度,在当时社会从事"百工之事"的即为今日我们所说的"工匠"。早期"工"的用法较多,范围更广一些,普遍指具有某项专门技艺的手工业从业者。在《说文解字》中,认为"工,巧饰也";《考工记》中开宗明义写道,"国有六职,百工与居一焉……审曲面执,以饬五材,以辨民器,谓之百工";《论语·子张》中有"百工居肆,以成其事"的说法。《辞海·工部》说:"工,匠也。凡执艺事成器物以利用者,皆谓之工",因而,"工"也有"工匠"之意。而"匠"主要为木匠一类,《说文解字》记载,"匠,木工也"。在封建制度发展、演化的过程中,随着国家管理制度的完善和户籍管理的普遍推广,手工业从业者被单独划分为"匠籍",于是有"工在籍谓之匠"的说法。这种说法的出现使得"工"与"匠"合为一体。至此,"工匠"成为拥有某特长或者技能的人的统称。

在当代,工匠的含义更加广泛,在自己的工作领域专心致志、精益求精的广大劳动者都属于工匠行列。我们不再仅仅从职业的单一内容属性去定义它,而更加关注具体职业的价值属性。

2）工匠精神

工匠精神不仅是一个国家的气质，也是促进国家发展强大、打造国家品质的重要力量。2016年3月5日，在政府工作报告中，国务院总理李克强提出"鼓励企业开展个性化定制、柔性化生产，培养精益求精的工匠精神，增品种、提品质、创品牌"。这是工匠精神首次出现在政府报告之中。2020年11月24日，在全国劳动模范和先进工作者表彰大会上，习近平总书记阐释了工匠精神的科学内涵，即"执着专注、精益求精、一丝不苟、追求卓越"。

（1）执着专注的职业精神

专注，是指集中注意力、全身心投入的一种状态，执着专注是工匠精神的前提。劳动者要在自己的工作领域打磨高超的技艺，首先需要对技术有无限的热忱，其次是不达目的不罢休的执着。今天，特别是在技术领域，执着专注不仅在于有专业的技术，还在于有专业的态度即职业道德。工匠精神容不得浮躁，容不得急功近利，只有心无旁骛，才能练就工匠精神。工匠把毕生的信念和情怀倾注到自己手中的作品中，甚至达到一种物我合一的境界，中国古代就有所谓"艺痴者技必良"的说法。曹雪芹所写"字字看来皆是血，十年辛苦不寻常"正是他辛苦创作《红楼梦》的真实写照，唯有这样，他才留下传世之作。在现代社会，分工越来越细化，也就越来越需要人能够"慢工出细活"，不断沉淀、精雕细琢，用自己的技艺在每个分工的末梢坚守。

（2）精益求精的敬业精神

精益求精就是指在技术精湛的基础上不断精雕细琢，追求完美的理念。精益求精是工匠精神最显著的特质，南宋理学家朱熹曾写道，"治玉石者，即琢之而复磨之，治之已精，而益求其精也"。这样一幅玉石工匠在劳作过程中浑然忘我、享受过程、追求极致技艺的场景，就是我国工匠精益求精的工匠精神的体现。在中华民族几千年的文明长河里，自古以来就有"精益求精"的文化基因，从《庄子》的"庖丁解牛"到今天的"华为品质"，它们体现出中国人骨子里一直流淌着"精益求精"的血液。对工匠来说，即便是最简单的工作，这背后也是对其自我价值的追求和不断挑战。这是中国古代工匠传承下来的传统，而在科学技术日新月异的现代人类生产生活中、在追求更高标准的进程中，尤其需要广大劳动者把精益求精的专业精神淋漓尽致地展示出来。

（3）一丝不苟的自律精神

一丝不苟的工匠精神在态度上就是踏实、严谨，不能得过且过；在行动上就是做好每一件小事，不放过任何一个细节。工匠精神是严谨的，正所谓"失之毫厘，谬以千里"，被称为四大现代建筑大师之一的密斯·凡·德·罗曾说，无论你的建筑设计方案如何恢宏大气，如果对细节的把握不到位，它就不能被称为一件好作品。一丝不苟就是求真务实，拒绝任何投机取巧的行为，没有"捷径"和"敷衍"可言。在社会高速运作、发展的当下，每个人只有一丝不苟地做好自己手中的工作，才能让整个环节的工作有序进行。无数个小细节高质量地汇聚在一起，才能达到高质量的结果。

（4）追求卓越的创新精神

在科学技术日新月异的今天，技术工人熟练掌握某项技能只是工匠精神的1.0阶段，技术工人更应该是具有自主创新能力的一线工人和技术专家。特别是一线工人，他们不仅要熟练使用机器，还要在生产过程中善于发现问题，与技术专家、科研人员一起，通过技术的整合来创造性地解决问题。工匠精神的执着和专注，并不是墨守成规，也不与创新创造相矛盾，而是为了创作更好的产品，为了持续地推陈出新。善于思考、乐于创新，对新技术、新产品的研究和开发，都是工匠精神的本质要求。

【案例链接】   选择这份职业就要做到最好

　　建筑工地上机器轰鸣、人声鼎沸，但邹彬的心思全都放在眼前的那堵墙上。调浆、抹浆、切砖、垒砖、压实、勾缝……手脚麻利，整齐美观。认真专注、精益求精，在第四十三届世界技能大赛中，邹彬一鸣惊人，拿到了砌筑项目优胜奖，为中国捧回该项目的第一块奖牌。如今，这个"95后"小伙子已经从农民工成长为中建五局总承包公司项目质量总监。

　　执着专注，下足苦功夫

　　2011年夏天，邹彬打算到父母务工的建筑工地。"学业上虽然败下阵来，但我不能轻易认输，要在事业上好好干。"邹彬跟着父母走进中建五局的施工现场。他承担的第一项任务就是"搬砖"，把一块块红砖递给正在砌墙的"大师傅"。

　　邹彬心里明白，这道工序看起来没有技术含量，实则特别有讲究。原来，砖块难免会有断裂，而砌墙又恰好需要长短不一的砖块。"搬砖小工"给力，不仅能让断砖变废为宝、物尽其用，还能帮砌砖师傅减少切砖的时间。"我提醒自己，再小的活也要认真干。"邹彬一边学习砌墙手法，一边为砌墙师傅递去合适的砖块，"实在找不到现成的可用砖块，我就自己动手切砖。"

　　勤学苦练一月，邹彬拥有了挑选砖块的"火眼金睛"和愈发娴熟的切砖技术。一次，舅舅刘尧述在砌筑一个结构比较复杂的马牙槎，需要多块长短不一的红砖。没等他开口，邹彬就将大小刚好合适的砖块一一递来。舅舅入行多年，对此十分惊讶，"他年纪小、话不多，但确实下足了苦功夫。"

　　熟能生巧，磨出精湛技艺

　　在家人的鼓励下，邹彬开始学习砌墙。他碰到的第一个难题就是铺浆。邹彬学着砌墙师傅的样子，左手持砖、右手拿刀，将砌刀往浆桶里一铲，挑上一大团砂浆，再把砂浆铺在砖块上。没想到还没来得及抹平，水泥砂浆就从砖面脱落，掉在地上。邹彬一下子蒙了，他又挑出一团砂浆，抹在砖块上，依旧粘不住。"别人都是这么做的，为什么我没成功？"

　　不懂就问。舅舅的一番讲解，让邹彬发现了问题：砖面不能太过倾斜，砌刀要在砖面上用力一刮，才能让砂浆粘得更牢。他反复练习，终于让砂浆牢牢地粘在砖面上。即使将砖面倒过来、晃一晃，水泥砂浆也没有落下。一排砖、两排砖……额头冒出豆大的汗珠，戴着手套的左手也磨出水泡，但邹彬没有停下来，"熟能生巧，找到了对的感觉，就想多练练手。"

　　砌筑的第一面墙很快就通过了施工方的质量检测，邹彬却不满足，总觉得墙面看起来"不那么漂亮"。他发现，砖块间的水泥砂浆组成墙面的一条条灰缝，无论横向还是竖向，这些缝隙都宽窄不一，禁不起细看。"归根结底还是技术不过关。"邹彬说，从砌第二面墙开始，他在挑砂浆时更加心细，力争减少差别。每砌完一排，他都会回过头来检查一次，即便是小瑕疵，也要返工，绝不放过。

　　为砌好一面墙，邹彬常常选择推倒重来，速度比别人慢了不少。看着儿子从早忙到晚，母亲很心疼,"砌得再好,也不会加工钱。质量过关就行,你别太累了。""既然选择了这份职业,就要做到最好。"

一块又一块砖,一面又一面墙。苦练一年后,只要是邹彬出品的墙面,纵横两向的灰缝都能控制在1厘米以内,砖面清清爽爽,见不到多余的水泥或污点。"哪堵墙是邹彬砌的,看一眼就知道。"邹彬砌的墙在当时的项目施工员心里打下了"免检"的烙印。

一丝不苟,坚守工匠精神

一面青砖墙,留出一扇窗。窗户下,红色砖块组成的数字"14",略微凸出墙面……2014年,在中建五局举办的"超英杯"技能比武大赛上,邹彬拿到了这样一道考题。

这是他第一次接触艺术墙,但凭借扎实过硬的基本功和一丝不苟的态度,邹彬一举夺魁。此后,他一路过关斩将,在全国技能大赛中脱颖而出,并且获得了参加第四十三届世界技能大赛的资格。

世界技能大赛的砌筑项目比的也是艺术墙砌筑,但花纹更加复杂,墙面更为立体,砌筑难度更大。"参赛选手必须拥有大量的几何知识,能够根据图纸的尺寸,计算墙面图案的角度、弧度和大小,再切割砖块、组砌。"邹彬说,"这恰恰是我的短板所在。"于是,邹彬来到中建五局长沙建筑工程学校,"回炉"再造。"什么不会就学什么,必须迎难而上。"邹彬告诉自己。

运用几何知识,力求"零误差",离不开大量的辅助工具。过去砌砖,邹彬只有砌刀、卷尺等"老家什"当助手,而在学校,光是勾灰缝的工具就分了好几种,还有激光仪等以前没见过的工具。在老师的指导下,邹彬逐渐掌握了100多种工具的使用方法,对它们的特点和优势了如指掌。

邹彬把墙面当作艺术品来创作,沉下心来精雕细琢。一项计分点多达七八十项的砌筑任务,他拿到90分还不满足,硬要重新来过,拿到95分才罢休。

2015年8月,第四十三届世界技能大赛在巴西举行。邹彬完成的墙面上,巨大的足球活灵活现,每一根线条都清晰流畅,具有很高的观赏价值。最终,他取得了第十三名的成绩,获得优胜奖。这也是中国在世界技能大赛砌筑项目上取得的第一枚奖牌。

为国争光,他被中建五局总承包公司破格录取为项目质量管理员。如今,邹彬成为项目质量总监,不仅在工地上指导砌墙、砌筑样墙,还承担起质量检查的任务。

"三百六十行,行行出状元。"邹彬说,技能学无止境,每份职业都很光荣,在平凡的岗位上坚守工匠精神,终将实现自我价值,拥有闪闪发光的机会。

(来源:《人民日报》,2022年3月17日;记者:王云娜;有删改)

【劳动活动单】

三人行必有我师

学习有直接学习和间接学习两种方式。在实际技能的积累过程中,大家除了自身操练,还可以向优秀的技能大师学习,体会其精湛技艺和工匠精神。

活动内容:8人一组,寻找技能大师,现场观摩大师技艺并交流,填写表格后回到班级,分小组分享学习经验。

序号	项目	填写内容
1	技能大师的姓名	
2	技能大师的专业领域	
3	观摩时间和地点	
4	观摩内容记录(包括技能展示内容、提问互动内容等)	
5	收获与心得	
6	照片	

思考题

1.如何看待新时代劳动形态的多元并存现象?

2.如何做到诚实劳动?

3.结合专题内容,谈谈技术进步对劳动力需求会产生怎样的影响。

4.今天,无人驾驶技术、农业智能等的出现,让人力被机器代替的现象越来越多。你认为今天提倡工匠精神是否合适?为什么?

推荐资源

书籍:理查德·大卫·普雷希特;《我们的未来:数字社会乌托邦》;张冬,译;商务印书馆,2022年。

书籍:刘慈欣,《赡养世界》,广西师范大学出版社,2019年。

纪录片:《我在故宫修文物》。这是一部讲述"匠人精神"的有温度的纪录片,该片用年轻的视角走进古老的故宫。人们之所以能重新见到那些精美的物件,正是因为有一群人在故宫的角落修修补补。

电影:《无问西东》。影片讲述了四个不同时代却同样出自清华大学的年轻人因为时代变革,在矛盾与挣扎中一路前行,最终找寻到真实自我的故事。影片也折射出中华儿女的劳动精神。

纪录片:《大国工匠》。影片讲述了不同岗位的劳动者用自己灵巧的双手、匠心筑梦的故事。

纪录片:《钟南山》。该片讲述了钟南山在2020年新冠肺炎疫情和2003年非典疫情中奋斗在抗疫一线的故事。

纪录片:《张桂梅:看见更大的世界》。该片讲述了张桂梅推动创建全国第一所公办免费女子高中,用13年时间让近2 000名大山女孩改变命运的故事。

第三部分　劳动在实践中

【章节导语】

上图的人物均来自北宋张择端的名画《清明上河图》，你能猜到他们是什么类型的劳动者吗？作为北宋的风俗画，《清明上河图》生动地记录了北宋都城汴梁（今河南开封）的城市面貌和当时各阶层人民的生活状况，既是当时社会经济繁荣的见证，又是北宋形形色色的劳动场景的生动捕捉，捕鱼的渔夫、做家具的木匠、盖房子的建筑工人、耕田的农民、踩水车的农民、画肖像的画师、载货的商人等劳动人民在画卷中被生动地展示出来。劳动在任何时代都存在于人们的生活实践中。

[北宋]《清明上河图》(局部)，张择端绘

专题七　劳动在家庭生活中

【专题学习目标】

①认识家务劳动的内容和意义。

②掌握日常生活中的劳动的技能,养成劳动的习惯,感受劳动的美好。

③了解垃圾分类的意义,掌握垃圾分类的标准和原则。

【专题引入】

一屋不扫,何以扫天下

清代的文学家刘蓉在《习惯说》中记载了自己年轻时的一个故事:"蓉少时,读书养晦堂之西偏一室。俯而读,仰而思;思有弗得,辄起绕室以旋。室有洼,经尺,浸淫日广。每履之,足苦踬焉。既久而遂安之。一日,父来室中,顾而笑曰:'一室之不治,何以天下家国为?'"

《后汉书》中东汉太傅陈蕃幼时读书被父亲老朋友薛勤劝诫:"孺子何不洒扫以待宾客?"陈蕃回答:"大丈夫处世,当扫除天下,安事一室乎!"后人把这两个故事合二为一,就有了今日的"一屋不扫,何以扫天下"。从这两个故事足以看出,我们古人重视见微知著,若要"修身、齐家、治国、平天下",需从身边事做起,而这身边事首先就是做好自己的家务劳动。

7.1　家务劳动

家务劳动是生活中最为常见、最为古老的劳动方式之一,是维持家庭的正常生产和生活的手段和基本方式。可以说,从人类社会形成至今,家务劳动一直作为一种满足人类的生存和发展需要的重要手段。家务劳动,顾名思义,是存在于家庭内部的劳动,它是一种特殊的劳动。它与人类其他劳动相同的是都具有使用价值。家务劳动不仅满足家庭成员的生活需求,也是社会成员从事其他劳动的前提和基础,在社会范围内保障了劳动力再生产,促进了价值的创造。家务劳动也要消耗人的体力和脑力,耗费一定的社会必要劳动时间,因此,它是具有价值的。

7.1.1　家务劳动的价值

每个学生在进入大学校园前,主要是在家庭环境里生活学习,因此家庭生活和家庭中的个人生活的劳动教育贯穿大学生劳动教育的全过程。家庭和个人生活向来是劳动教育的前沿阵地,家务劳动与每个成员密切相关,每个家庭成员都是家务劳动的主体,主动承担家务劳动既是家庭责任意识的体现,也有助于培养独立思考、操作和克服困难的能力,体会到劳动的艰辛,感受到劳动的乐趣,从而更加珍惜劳动成果,形成积极的劳动态度。

大学生参与力所能及的家务劳动,和自己的生活紧密相连。投身于家务中,能让我们的专注力增强,对身心都有积极正面的影响。美国哈佛大学曾对456个孩子进行跟踪调查发现,20年后,爱做家务的孩子和不爱做家务的孩子差别很大,失业率是1∶15,犯罪率是1∶10,收入相差20%,而且爱做家务的孩子离婚率低,心理健康。

2015年,上海大学生创业者协会发布了《上海大学生创业现状调研报告》。报告显示了一个有趣的现象,当代大学生做家务的热情与创业热衷程度成正比。专家认为,可能是主动参与家务的大学生往往更有责任感,并且通过家务劳动,大学生的动手能力增强了,而责任感和动手能力这两种素质是创业者必须具备的关键能力。在家务劳动的过程中,孩子获得了解决问题的思考模式和实践方法,这种思考模式和实践方法将使孩子受用一生。

家务劳动具体内容包括日常性家务劳动,如做饭、洗碗、洗衣服、清洁房屋等;非日常性家务劳动,如家电家具维修、大件用品采购等;照料型的家务劳动,如照顾孩子饮食起居、辅导孩子功课、照料老人等。

家务劳动虽然没有酬劳,但具有经济价值。首先,家务劳动对其他家庭成员的正常工作具有支持和保障作用;其次,若有家庭成员全职从事家务劳动后,伙食费、托儿费、保姆费、保洁费、洗衣费等诸如此类的家庭开支随之减少,而节省开支本身,就是在创造收入。

7.1.2　家务劳动意义

1)增强责任意识

家务劳动本来就是每个家庭成员的共同责任,家务劳动的背后体现的是家庭成员的多种需求,如衣食住行、健康、休息、娱乐等。这本应是个人应该完成或和家人共担的,并不是某一成员的专门事务。若在家庭中主动承担家务劳动,有机会为他人付出,为他人着想,便培养出了责任感。

2)培养逻辑思维

家务劳动中经常会涉及归纳整理类的劳动,收纳的思维就是训练理性的逻辑思维,一方面需要理清任务的重要程度以及相互关系,把大目标不断地拆分成一个个小目标;另一方面需要学会分配时间、合理利用空间等,在家务劳动中不断增强做事的逻辑性和条理性。

3)锻炼动手能力

家务劳动从最基本的清洁打扫,到买菜烹饪,再到难度高一点的修理家具家电等,都需要头脑和四肢协同合作。诺贝尔物理学奖获得者朱棣文说:"动手做饭跟做实验一样,可以训练一个人的专注力与解决问题的能力。很难想象那些只会念书,连煎蛋、煮蛋都不会做的孩子,怎么会懂得做实验。打开冰箱,拿冰箱中仅有的材料下厨,能做出一顿美味可口的饭菜,就是在有限的资源中求变、求好。"

4)增强独立意识

做力所能及的家务劳动,依靠自己的能力满足衣食住行的基本生活需要,这种家务劳动习惯会慢慢迁移到个人生活习惯中,逐渐养成独立思考问题和解决问题的习惯。

5)增进亲情

家务劳动不仅是一种劳动的形式,它还与维持家庭、赡养老人、教育子女息息相关。家务劳动在形式上表现为脑力劳动和体力劳动,但在每一个劳动成果的背后,饱含着对亲人浓浓的爱意。我们耳熟能详的唐代诗人孟郊的《游

高校开设家政专业

子吟》写道:"慈母手中线,游子身上衣。临行密密缝,意恐迟迟归。谁言寸草心,报得三春晖。"一个看似平常的缝衣劳作场景,却表现了母子之间深深的爱和牵挂。

【劳动认知单】

家务劳动有价值

如前文所述,家务劳动具有经济价值,那么它的价值可以评估吗? 诺贝尔经济学奖获得者加里·贝克尔认为,家务劳动是一个国家国民生产总值中像商品和服务那样的组成部分,在 1985 年他就倡议将家务劳动纳入国家的 GDP 体系中。

那么,怎么估算家务劳动的价值呢? 学术界目前有四种估算家务劳动的方法。第一,全日制家政工人工资法,就是将家庭成员的劳动价值与一位全日制的家政服务人员的工资相等;第二,比对法,列出一位家庭成员的所有活动,然后在货币经济中找到与某一种活动最接近的专门的职业,进行二者工资级别的比对;第三,机会成本法,以同样时间内外出工作可能在劳动力市场上得到的工资回报,估计家庭劳务的价值;第四,家庭食品法,假设家庭不做饭而以到饭馆就餐和吃方便食品的方法解决平时的一日三餐,消费成本等于家务劳动的价值。

请你用以上 4 种计算方法,算一算你家人所从事的家务劳动的价值,填写在下面的表格里。

家务劳动价值计算表

家庭成员	所从事的家务劳动 (内容、时间)	计算方法	计算过程说明	家务劳动月收入

【劳动活动单】

30 天"光盘行动"打卡

食物浪费已成为全世界最普遍的问题之一,导致这一问题的根源在于过度的消费主义思想,以及缺乏对浪费食物引发的后果和危害的认知。今天我们提倡"光盘行动"和可持续消费,就是要珍惜身边来之不易的物质生活,聚沙成塔、集腋成裘,这样才能行稳致远。完成一次个人 30 天"光盘行动"打卡,考验一下你的毅力吧!

根据个人的光盘目标,若当天完成了,就在对应天数的格子里打钩;如果你没能坚持或某几天未能光盘,想一想原因是什么,有没有什么好的解决办法,把原因和解决办法填在格子里。

1	2	3	4	5	6
7	8	9	10	11	12
13	14	15	16	17	18
19	20	21	22	23	24
25	26	27	28	29	30

7.2　内务整理

人类从赤身裸体到丰衣足食，"衣"是人和动物的一个显著区别。衣物，充分体现了人类的文明，在我们每个人"衣食住行"四大需要中，"衣"排在第一位，是因为穿衣不仅仅是为了"蔽寒暑"，也是人们身份地位、民族信仰的象征。

中国自古以来都是礼仪之邦，我国的服饰自古代开始就成为民族历史、文化、经济的一个重要载体，古人对衣着的重视深入其生活的方方面面。比如，在明代初期，统治者对商人地位的压制就非常严重，《农政全书》中提到，"商贾之家只许穿布。农民之家但有一人为商贾者，亦不许穿绸纱"。也就是说，商人只能穿布衣麻衣，不能穿丝绸类的衣物。在魏晋南北朝，商人甚至不能穿同一色的鞋子，左脚穿红的，右脚就得穿绿的。衣物彰显人物身份高低不仅在于材质，还有颜色的区分。在古代，我们都熟悉的黄色龙袍代表至高无上的地位，因此皇帝之外的其他人再不能黄袍加身；红色和紫色代表着级别最高的官员，"大红大紫""红得发紫"描述的就是他们的官服颜色；而白居易的著名诗句"江州司马青衫湿"，描述的是被贬官后的诗人只有穿等级最低的"青衫"。

如今，我们并不会通过衣物的材质来判断一个人的身份，也不会用衣物颜色来认识一个人的地位，取而代之的是一个人衣物的整洁干净程度，一个人穿着的衣物所传达的信息，可能比这个人亲口所说的更重要。人靠衣服马靠鞍，我们对他人的第一印象会不自觉受到其穿着的影响，而衣服干净整洁度产生的影响是更重要的。

大学生无论是在自己的家中，还是在寝室，干净无褶的衣服、打扫干净的房间、收纳整齐的环境，都是个人形象的名片。当家里乱糟糟、杂乱无章时，人通常容易感到陷入困境、头昏脑胀或创造力枯竭，杂乱的环境更容易导致焦虑和抑郁。环境是自我的延伸，我们外在的环境是内在的投射，那些"脏乱臭"代表的是内在堆积的负能量及情绪。从某种意义上说，我们居住的房间就是我们自身的折射,我们的房间反映了我们的生命状态。打扫房间不仅仅是整理我们的外部环境,它实际上是整理我们的存在和经历。

哈佛商学院经过多年的研究,发现一个现象:幸福感强的成功人士,往往居家环境十分干净整洁;而不幸的人们,通常生活在凌乱、肮脏的环境中。日本某公司一度经营不善,员工纷纷离职。总裁非常困惑,闲极无聊时每天在工厂里独自做清洁、刷厕所、割杂草。一段时间之后,他顿悟了企业存在的意义,于是改变了经营理念,从而令公司再度蓬勃发展起来。

让环境变干净整齐,也是一种创造能力的体现。打扫的过程,就是处理、选择、扬弃的过程,是你与环境的互动。整洁的环境不仅是你对待生活的态度,也显示出你的逻辑性和条理性,是体力劳动和脑力劳动的结合。

日本杂物管理设计师山下英子在《断舍离》这本书里写道:"不管东西有多贵,有多稀有,能够按照自己是否需要来判断的人才够强大。能够放开执念,人才能更有自信。"不断从事家务整理的过程,也是对自己认识越来越清楚的过程。断舍离,可以让人在不得不选择的情况下逼迫人对自己的生活做出思考,就像古希腊神殿上铭刻的那句话:"人啊,认识你自己。"这个过程很难,因为互联网时代充斥各种信息,人们充满了焦虑和迷茫。在自我独处中感受,在实践中体验,在真正需要时去寻找,留下让自己心动和真正有用的物品,扔掉多余的,这是断舍离的精髓。

断舍离

【劳动活动单】

内务内心大整理

活动目标和过程:用断舍离的方法做内务和内心的整理,先做好频次规划,再做好日期记录,最后填写自我感受总结,可在空白处自行补充每个类别的目标点。

类别	目标点	频次/天(/周/月)	动手记录(记录日期)	自我感受
清洁	地面			
	桌面			
清洗	内衣			
	外衣			
	床上用品			

类别	目标点	频次/天(/周/月)	动手记录(记录日期)	自我感受
整理	床铺			
	书桌			
	衣柜			
清理	学习用品			
	衣物			
	生活用品			

7.3　食物烹饪

民以食为天,所有生命都需要能量来维持,而人类获得能量的主要途径就是食物。

不论是中国古代的神话传说燧人氏钻木取火的故事,还是古希腊传说中普罗米修斯为人类盗取天火的传说,无一不说明了火的重要性。正是火的发现和使用,让人类学会利用火烹饪食物,从而更好地去利用自然条件,改善人类的生存条件,提高生存的能力,让我们的祖先突破了动物的局限,摆脱了自然环境的限制。

设想在没有火的情况下,原始人类需要咀嚼和消化生肉,这并不是一件容易的事情。煮熟的食物更卫生,更容易消化,能够让人们更有效地获取能量,缩短了人们进食的时间。火的引用改变了人类茹毛饮血的原始生活状况,从此以后生火煮食成为我们人类一种最根本的生存本领,代代延续下来。发展到今天,对于人类来说,食用食物已经不仅是基本的生存需要,更是一种精神需要。它既是个人生活品质的表达,如科学烹饪食物传递的健康饮食理念;也是家庭幸福生活的来源,如让家人享用一顿可口的饭菜。

在古代中国,"烹饪"一词最早见于2000多年前的典籍《易传》对"鼎"卦的解释,"以木巽火,烹饪也","鼎"是先秦时代的炊、食公用器,形似庙里的香炉,初为陶制,后用铜制;"巽"的原意是风,此处指顺风点火。原文的大意是在鼎下,架起木柴,通风起火,煮熟或烧烤食物至熟用。所以,烹饪的原始意义就是煮熟(烧烤)食物。烹饪水平是人类文明的标志,正是有了烹饪,人类的食物才从本质上区别于其他动物的食物,相较于人类,动物所吃的食物从过去到现在变化甚少。

任何时候,家中的菜肴都是我们留存在记忆深处最久远的珍贵宝藏。2020年因防控新冠肺炎疫情,不少年轻人有了更多时间待在家中,开始动手尝试为家人做一顿可口的饭菜,还纷纷在网上晒出自己的拿手好菜。烹饪是一种表达亲情的方式,也是我们每个人应该掌握的劳动能力。

权威医学杂志《柳叶刀》在一个长达 7 年的追踪研究中发现,做饭、洗碗、收拾餐具等家务活动,和体育活动一样,都可以帮助人们预防心脏病,降低死亡风险。美国国立卫生研究院在 2017 年总结过 11 篇烹饪对心理影响的研究,结果发现:做饭能降低焦虑和烦躁的情绪,还可以增强自信、增加幸福感。即使不去健身房运动,只是走路上班,从事做饭、洗碗等家务或是午餐后散步,若每天动起来的时间能达到半小时,也能使心脏病风险降低 20%,死亡风险降低 28%。

《舌尖上的中国》
何以走红

今天,我们对饮食的需要不仅仅是饱腹,更需要在饮食中摄取丰富营养以健壮体质。科学的烹饪方式可以让食物中的营养成分更易被人体吸收,而不合理的烹饪方式不仅会造成营养成分的流失,还会产生对人体有害的物质。大学生可以在家积极参与烹饪活动,在做饭做菜的实践中学习、总结科学合理的烹饪方式。下表总结了几项烹饪要点,大家可参考下表记录学到的烹饪技巧。

科学的烹饪方式

要点	理由
先洗后切,现切现烹	食物特别是蔬菜应该先清洗再切,这样可以减少水溶性营养素如维生素 C、维生素 B_2、叶酸等的氧化或流失
旺火快炒	旺火快炒,可以缩短烹调时间,叶绿素损失也相对较少
"盐"多必失	摄入过量盐会诱发高血压,体内的钙也会更多地流失,烹饪时可在出锅前再放盐
适当加醋	凉拌菜等一些菜肴,特别适合加醋,维生素喜酸怕碱,在酸性环境中不易分解,此外矿物质钙、铁能被更快吸收
上浆挂糊	用蛋清液或者淀粉上浆挂糊不但可以锁住食物里的水,还可避免蛋白质和维生素等因高温被破坏
生熟搭配	并非所有食物都适合生吃,淀粉类食品只有煮熟后才容易消化吸收,胡萝卜宜油炒或和肉类一起煮,营养才能更好地被吸收
做菜盖锅盖	可以防止水溶性维生素随水蒸气挥发
多蒸少炸	每种烹调方式都会导致营养素丢失,蒸、煮、炖、炒、焖、烩、煎、烤、炸造成的营养素损失依次增多
忌反复淘米	过度淘洗,倒掉浸泡粮食的水,会造成维生素 B_1 的损失
选择餐具	铁、铜离子会加速菜中维生素 C 的氧化,使用铝制品好一些,玻璃制品、瓷器最好

【劳动活动单】

我家的三道菜

利用假期时间,向父母学习三道菜,可以是你小时候最喜欢的菜,也可以是父母最拿手的菜,还可以是父母从祖父母那里学来的菜。记下每一道菜的菜谱,自己尝试制作后,拍下菜肴照片贴在方框里,并记录下分享菜肴后你和家人的感受。

_____家的三道菜

第一道菜：　　　　　　菜谱：

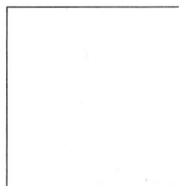

第二道菜：　　　　　　菜谱：

第三道菜：　　　　　　菜谱：

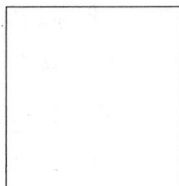

父母的感受：

我的感受：

7.4 垃圾分类

【案例链接】　　　　　　　　生活中的垃圾都去哪了?

(1)卫生填埋。填埋是目前世界上处理垃圾最常用的方法之一。垃圾填埋不仅会浪费大量土地资源(填埋 1 t 垃圾占地约 3 m²),而且填埋场的渗出液容易污染其周围的土壤和水质。如果不对垃圾进行分类,就会产生更多的填埋废气和渗滤液,缩减填埋场寿命。

(2)焚烧发电。焚烧发电的优点是占地少,能减少填埋量,一般垃圾焚烧后的体积仅为焚烧前体积的 5%～15%;焚烧温度高,能彻底消灭病原体;垃圾燃烧过程中所产的热量可用于城市供暖、发电等。缺点是投资大,在焚烧过程中产生空气污染物和某些致癌物质。

(3)堆肥再用。经过堆肥处理后,生活垃圾变成卫生的、无味的腐殖质,既解决了垃圾的出路,又可达到再资源化的目的。缺点是占地大、周期长、效率低。如果不事先对垃圾分类,会增加分拣的成本和难度,降低饲料或肥料的品质。

(4)资源再生。每天丢弃的大量垃圾中包含着许多可以重新利用的资源。对垃圾进行分类回收利用,节约了社会资源;同时其中的有害物质被分离出来,避免了填埋和焚烧之后形成更严重污染。据统计,垃圾中总量约有 35% 以上是可以直接回收利用的,因此进行垃圾分类回收处理是很有必要的。我国每年可回收的再生资源近 1 亿吨,价值 2 000 多亿元,其中废钢铁 4 000 多万吨、废纸 3 000 多万吨、废有色金属 500 多万吨、废塑料 600 万吨、废轮胎 5 000 多万条、其他废旧物资 1 000 多万吨。此外,近几年我国每年还进口各类再生资源 2 000 多万吨。如果加上工矿企业自收自用的废料,我国每年再生资源回收利用值可达 4 000 多亿元。

综上,垃圾就是放错位置的资源。

7.4.1 垃圾分类概述

中国历来就有关于保护环境、处理垃圾的管理制度。早在商代已经制定了处理垃圾的法令,据《韩非子》一书记载,"殷之法,弃灰于道者断其手。"这里的"灰"即垃圾,也就是说如果有人把垃圾倾倒在街道上,就会受到斩手的严厉处罚。秦律里也规定:"弃灰于道者刑。"到了唐朝,法令不像先秦时那么严酷,据《唐律疏议》记载:"其穿垣出秽污者,杖六十;出水者,勿论。主司不禁,与同罪。"意思是,在街道上乱丢垃圾的人会被打六十大板;如果执法者纵容乱丢垃圾的行为,与乱丢垃圾者同罪。宋朝时,朝廷专门设置了一个机构"街道司"来管理城市的环境卫生。

随着社会经济的快速发展,城市化进程不断加快,人们物质消费水平大幅度提高,在环境治理上我们也面临着越来越严峻的挑战。我国每年垃圾产生量迅速增长,2016 年我国大、中城市生活垃圾产生总量约 1.8 亿吨,累计城市垃圾堆存量已达到 66 亿吨。这些垃圾不仅造成了环境安全隐患,也造成了资源浪费,成为人民群众反映强烈的突出问题,成为社会经济持续健康发展的制约因素。

2016 年 12 月 21 日,在中央财经领导小组第十四次会议上习近平总书记要求加快建立分类投放、分类收集、分类运输、分类处理的垃圾处理系统,形成以法治为基础、政府推动、全民参与、城乡统筹、因地制宜的垃圾分类制度,努力提高垃圾分类制度覆盖范围。

2017年3月,国家发展和改革委员会、住房和城乡建设部发布《生活垃圾分类制度实施方案》,要求在全国46个城市先行实施生活垃圾强制分类。

2019年6月,住房和城乡建设部、发展和改革委员会、生态环境部等九部门联合印发《住房和城乡建设部等部门关于在全国地级及以上城市全面开展生活垃圾分类工作的通知》。通知提出:到2020年年底,先行先试的46个重点城市,要基本建成生活垃圾分类处理系统;其他地级城市实现公共机构生活垃圾分类全覆盖;到2025年,全国地级及以上城市基本建成生活垃圾分类处理系统。2019年7月1日,《上海市生活垃圾管理条例》正式实施;新版《北京市生活垃圾管理条例》于2020年5月1日实施;《成都市生活垃圾管理条例》自2021年3月1日实施。

2019年11月,住房和城乡建设部发布了《生活垃圾分类标志》标准(GB/T 19095—2019),相比于2008版标准,新标准的适用范围进一步扩大,生活垃圾类别调整为可回收物、有害垃圾、厨余垃圾和其他垃圾4个大类和11个小类。

1)垃圾分类的意义

垃圾分类,是按一定规定或标准将垃圾分类投放、分类收集、分类运输和分类处理,从而转变成公共资源的一系列活动的总称。分类的目的是提高垃圾的资源价值和经济价值,力争物尽其用。垃圾分类的要点可以概括为"三化四分五原则"。

三化:生活垃圾减量化、资源化、无害化处理。

四分:建立分类投放、分类收集、分类运输、分类处理的垃圾处理系统。

五原则:形成以法治为基础、政府推动、全民参与、城乡统筹、因地制宜的垃圾分类制度,努力提高垃圾分类制度覆盖范围。

垃圾分类具有以下4点意义。

①有利于减少环境污染。填埋和焚烧垃圾会产生大量的有害物质,对大气与人类生存环境存有极大的污染。进行垃圾分类,让它们各回各家,有助于改善垃圾品质,使末端焚烧(或填埋)得以更好的无害化处埋。

②有利于减少土地的使用。目前我国600多座大中型城市约2/3饱受垃圾"围城之困",全国1/4的城市垃圾无地可埋。垃圾分类可以减少数量高达50%以上的垃圾,这对于减少土地使用而言是极为有利的。

③有利于提高资源利用。垃圾分类后,厨余垃圾进行生化处理,可回收物进入再生资源通道,这样便于资源化利用,节省原生资源。

④有利于节约社会成本。垃圾分类后节约垃圾清运费用和处理费用,同时也延长了焚烧发电厂和填埋场的使用年限;垃圾分类还有助于减少清洁人员的负担,进而减少雇用人力的成本。

2)垃圾分类的类别

(1)可回收物

可回收物是指未经污染、适宜回收循环使用和资源利用的固体废弃物,主要包括废纸、废塑料、废玻璃、废金属和废旧纺织物五大类。

调查显示,在所有垃圾中纸类、塑料、金属、玻璃这些可直接回收利用的资源占垃圾总量的42.9%,且回收利用率均不低于33%,可以大大降低对环境和资源的消耗。如每回收1吨废纸可造新纸850千克,节省木材300千克,比等量生产减少污染74%;每回收1吨 废塑料可回炼600千克无铅汽油和柴油。

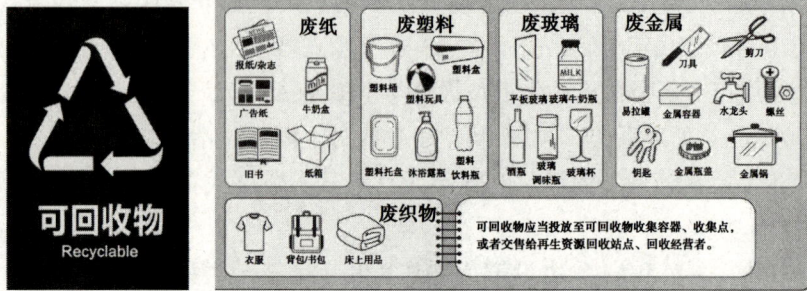

可回收物处理原则

处理原则	举例
	瓶、罐等容器应倒空内装物,利乐包应抽出吸管并压平,易拉罐等应踩扁压实
	纸类回收前,要先除去塑料封面、胶带、线圈等非纸类物品,纸箱或纸盒要先去除胶带、拆开、压平后回收
	塑料类制品取出残渣,略加冲洗后再回收
	玻璃容器先去除瓶盖、吸管,倒空内容物并洗净擦干后回收
注意	厕纸、餐巾纸、厨房用纸这些纸类水溶性强、遇水即溶,不属于可回收的"纸张"

可回收物处理误区

误区	纠错
用过的厨房用纸是可回收物	错!一次性纸碟、用过的墙纸和复写纸应投放至其他垃圾投放点专用收集容器
用过的塑料袋是可回收物	错!生活中目前常用的塑料袋、食品包装袋等多数是不可降解或难以降解的,而可回收物中的塑料一般是可降解、未受污染的塑料

（2）厨余垃圾

厨余垃圾是指居民家庭日常生活、餐饮集团、单位食堂、集贸市场等产生的易腐的生物质生活废弃物,是有机垃圾的一种,包括剩菜、剩饭、菜叶、果皮、蛋壳、茶渣、骨头、贝壳等,经生物技术就地处理堆肥,每吨可生产0.6~0.7吨有机肥料。

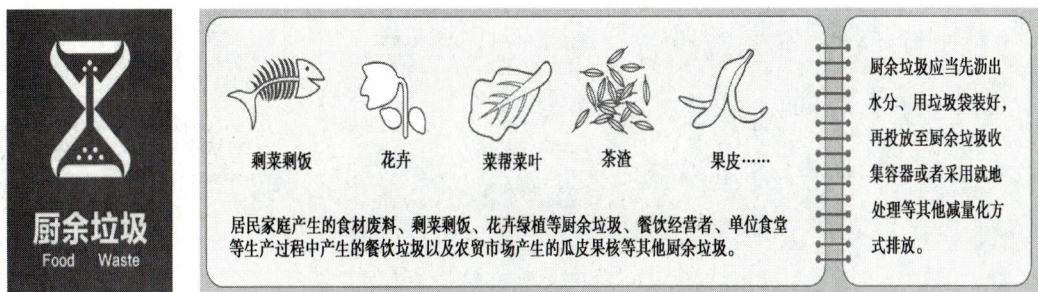

厨余垃圾本身含有足够多的水分,腐败腐烂之后还会产生更多水分,在与其他垃圾混合后,形成难闻和难处理的墨黑色液体——垃圾渗滤液。在垃圾焚烧发电中,厨余垃圾中的水分不仅不能燃烧发电,还会因为液态水变成水蒸气吸收热量,导致发电效率降低。因此,处理厨余垃圾时,首先要沥干水分,用垃圾袋装好,再正确投放。

厨余垃圾处理原则

	举例
处理原则	剩菜剩饭等厨余垃圾放进垃圾桶前,应尽可能地先滤干水分
	处理饮料等流质食物垃圾时,可直接将其倒入下水道,而饮料瓶、牛奶盒等洗净后再投入可回收物垃圾桶中

厨余垃圾处理误区

误区	纠错
大骨头、榴莲壳、椰子壳是吃完剩下的,所以是厨余垃圾	错!大骨头这一类因为难腐蚀且质地坚硬不易粉碎,容易损坏末端处理设备,应属于其他垃圾
将厨余垃圾装袋后,直接扔进垃圾桶	错!塑料袋,即使是可降解的,也远比厨余垃圾更难腐蚀。正确做法是先破袋,将厨余垃圾倒入"厨余垃圾"桶中,再把袋子扔进"其他垃圾"桶中
过期食品,连包装一起扔进其他垃圾桶	错!过期食品如一包受潮过期的瓜子,因为瓜子容易腐烂,包装物(如塑料包装袋)因装过这些过期的食品而被污染过了,这些包装物应该扔进"其他垃圾"桶,过期食品则倒入"厨余垃圾"桶

(3)有害垃圾

有害垃圾是对人体健康或者自然环境造成直接或者潜在危害的生活废弃物,包括电池、荧光灯管、灯泡、水银温度计、油漆桶、部分家电、过期药品、过期化妆品等。有害垃圾若未得到安全妥善的处理,会成为潜在的"环境炸弹",若与其他垃圾混合处理,则存在二次污染的风险,仅仅0.5毫克的汞就能造成180吨的水污染。因此,我们必须用特殊的方法处理有害垃圾,使其资源化、减量化。

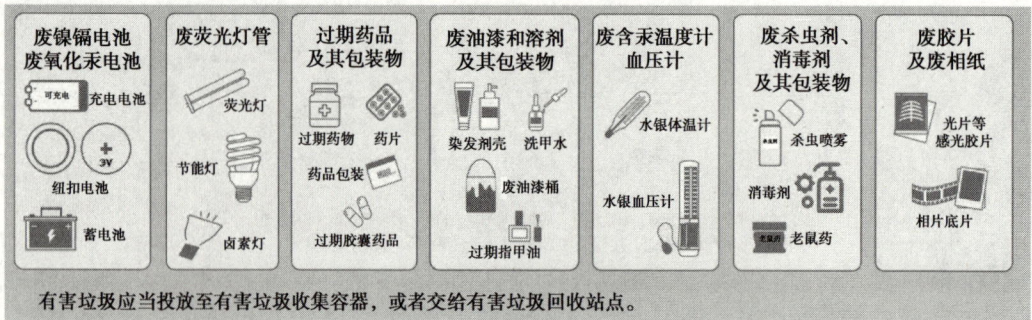

废镍镉电池 废氧化汞电池	废荧光灯管	过期药品 及其包装物	废油漆和溶剂 及其包装物	废含汞温度计 血压计	废杀虫剂、 消毒剂 及其包装物	废胶片 及废相纸
可充电 充电电池 纽扣电池 蓄电池	荧光灯 节能灯 卤素灯	过期药物 药片 药品包装 过期胶囊药品	染发剂壳 洗甲水 废油漆桶 过期指甲油	水银体温计 水银血压计	杀虫喷雾 消毒剂 老鼠药	光片等 感光胶片 相片底片

有害垃圾应当投放至有害垃圾收集容器，或者交给有害垃圾回收站点。

有害垃圾处理原则

	举例
处理原则	废电池应保持完好，投放到专用收集容器
	废灯管应保持完整、清洁、干燥，防止破碎，投放时要小心轻放
	弃置药品、药具应尽量保持原药品包装，就近投放到药监部门指定的过期药品回收箱里
	杀虫剂等压力罐装容器，应破孔后投放
	油漆桶应注意密闭后投放，避免残留物挥发

有害垃圾处理误区

误区	纠错
热水瓶胆含汞，属于有害垃圾	错！内胆是玻璃，仅涂了一层薄薄的水银，不属于有害垃圾
修正液里含有铅、苯等有害化学物质，属于有害垃圾	错！不是所有含有害化学物质的垃圾都是有害垃圾，毒性不强的，为其他垃圾
所有的电池都属于有害垃圾	错！普通干电池（如1号、5号、7号碱性电池）因生产已达到国家低汞或无汞技术要求，现作为其他垃圾投放
喷发摩丝和香水这些可以直接接触皮肤的不属于有害垃圾	喷发摩丝瓶内带有压力容器，易燃易爆；香水中酒精的成分相对较多，易挥发，具有一定可燃性。具有可燃性、反应性、腐蚀性、浸出毒性、急性毒性等有害特性的物品均属于有害垃圾

（4）其他垃圾

其他垃圾主要指由个人在单位和家庭日常生活中产生的，除有害垃圾、可回收物、厨余垃圾以外的生活废弃物，包括废弃食品袋、保鲜膜、砖瓦陶瓷、渣土、卫生间废纸、瓷器碎片等难以回收的废弃物。其他垃圾危害较小，但无再次利用价值。

其他垃圾
Residual Waste

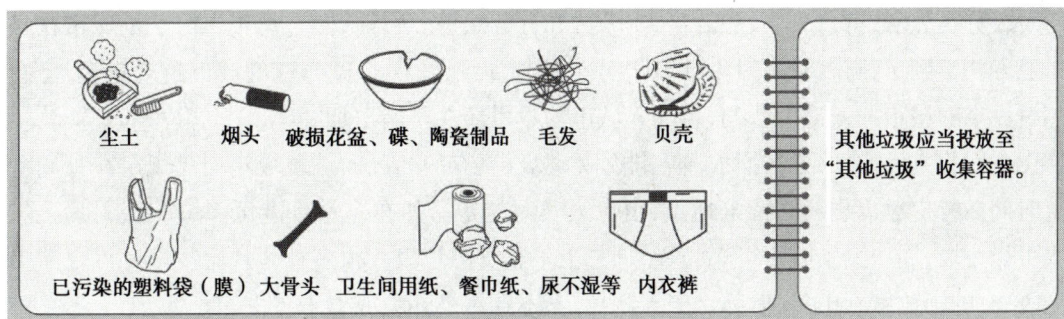

尘土　烟头　破损花盆、碟、陶瓷制品　毛发　贝壳　其他垃圾应当投放至"其他垃圾"收集容器。

已污染的塑料袋（膜）大骨头　卫生间用纸、餐巾纸、尿不湿等　内衣裤

其他垃圾处理原则

	举例
处理原则	尽量沥干水分
	难以辨识类别的生活垃圾投入其他垃圾分类箱内
	已被污染、潮湿、无法清除的物品投入其他垃圾收集容器,如被油渍污染的餐盒、食品包装盒等
	圆珠笔、水笔,因构成材料混杂,要作为其他垃圾投放

其他垃圾处理误区

误区	纠错
干的纸尿裤是其他垃圾,湿的纸尿裤是厨余垃圾	错！不论纸尿裤湿不湿,都是其他垃圾。类似的还有餐巾纸、湿纸巾、卫生间用纸等,这些被大面积污染过的纸都应该丢入其他垃圾分类箱
灯管都是有害垃圾	错！灯管是有害垃圾还是其他垃圾,取决于其是否含有对环境有害的元素。日常生活中常见的灯管有节能灯管、荧光灯管和钨丝灯管。其中,节能灯管、荧光灯管属于有害垃圾,钨丝灯管则属于其他垃圾

7.4.2　国外的垃圾分类

1)日本的垃圾分类

日本的垃圾分类制度较为成熟,并且具有较高的管理效果。日本的垃圾分类主要有以下几大特点。

(1)分类精细,回收及时

日本主要将垃圾分为可燃垃圾、不可燃垃圾、塑料瓶类、可回收塑料、有害垃圾等共八类垃圾。这些大的类别可以细分为许多子项目,每个子项目下面又有很多更细小的子项目。试看几例:口红属可燃物,但用完的口红管属小金属物;水壶属金属物,但12英寸(1英寸≈2.54厘米)以下属小金属物,12英寸以上则属大废弃物;袜子,若为一只属可燃物,若为两只并且"没被穿破、左右脚搭配"则属旧衣料;领带也属旧衣料,但前提是"洗过、晾干"。

每个城市的垃圾分类方法又有所不同,不同城市会根据各自的实际情况,而采取不一样

91

的垃圾分类方法,有二分法、三分法、四分法和五分法等。目前,实行垃圾二分法的城市在日本已经找不到了,随着日本对生活垃圾分类的越加细化,实行五分法的城市越来越多,已有超过一半的城市加入这个队列,且加入城市的数目还在不断增加。

在回收方面,有的社区摆放着一排分类垃圾箱,有的社区没有垃圾箱而是规定在每周特定时间把特定垃圾袋放在特定地点,由专人及时拉走。如在东京都港区,每周三、周六上午收可燃垃圾,周一上午收不可燃垃圾,周二上午收资源垃圾。很多社区规定早上 8 点之前扔垃圾,有的则放宽到中午,但都是当天就拉走,不致污染环境或引来害虫等。

(2)管理到位,措施得当

外国人到日本后,要到居住地政府进行登记,这时往往会领到当地有关扔垃圾的规定。入住出租房时,房东也许在交付钥匙的同时就交代扔垃圾规定。日本有的行政区在年底会给居民送上来年的日历,日历上有一些日期标有黄、绿、蓝等颜色,下方说明每一颜色代表哪天可以扔何种垃圾。在一些公共场所,往往会看到一排垃圾箱,每个垃圾箱上都同时写有日文、英文、中文和韩文说明,告知大家对应可扔的垃圾。

(3)宣传广泛,人人自觉

养成良好习惯,非一日之功。日本的儿童从小就从家长和学校那里受到正确处理垃圾的教育。日本比较重视教育问题,并在小学阶段就将生活垃圾分类或者资源利用等纳入基本课程内容中,在幼儿园阶段就开始进行环保讲座。这就使日本小学生在一年级就能够进行垃圾分类,国民的垃圾分类意识根深蒂固。

日本居民扔垃圾真可谓一丝不苟:废旧报纸和书本要码放得非常整齐,有水分的垃圾要控干水分,锋利的物品要用纸包好,用过的喷雾罐要扎一个孔以防出现爆炸。

(4)废物利用,节能环保

分类垃圾被专人回收后,报纸被送到造纸厂,用以生产再生纸,很多日本人以名片上印有"使用再生纸"为荣;饮料容器被分别送到相关工厂,成为再生资源;废弃电器被送到专门公司分解处理;可燃垃圾燃烧后可作为肥料;不可燃垃圾经过压缩无毒化处理后可作为填海造田的原料。日本商品的包装盒上就已注明了其属于哪类垃圾,牛奶盒上甚至有这样的提示:要洗净、拆开、晾干、折叠以后再扔。

他山之石,可以攻玉。日本的上述制度给了我们很多启示。仅就垃圾分类而言,我国大部分地区的硬件尚存在不足,此外,政府和民众对垃圾分类的认识、政府关于垃圾分类的制度建设、每个市民对垃圾分类的认真细致精神和环保节能意识尚需提高。由此引申开来,只有大家都摒弃嫌麻烦的想法以及固化的行为习惯和低标准,才有可能提高我国的垃圾分类水平。

2)美国的垃圾分类

在美国,垃圾回收作为一种产业得到了迅速发展,回收产业在全国产业结构中占据越来越重要的位置。以美国巴尔的摩、华盛顿和里奇蒙 3 个城市为例,过去回收垃圾每处理 1 吨需要花 40 美元,分类处理以后,这些回收的垃圾在 1995 年就创造了 5 100 个就业机会。美国这 3 个城市只是很小的一个地区,垃圾回收不仅节约了处理垃圾的费用,而且创造了 5 亿美元的财富。

在被称为垃圾生产大国的美国,如今垃圾分类逐渐深入公民的生活。走在大街上,各式各样色彩缤纷的分类垃圾桶随处可见。政府为垃圾分类提供了各种便利的条件,除了在街道两旁设立分类垃圾桶以外,每个社区都定期派专人负责清运各户分类出的垃圾。居民对政府的垃圾分类工作也表示了极大的支持。这不仅表现在他们每个人对垃圾分类的知识耳熟能详,而且在他们看来,为垃圾分类处理出钱,就像为饮用洁净的自来水付费一样天经地义。

现阶段,美国的生活垃圾回收主要分为三个步骤:第一步,对垃圾进行清洗,然后将其进行分类后运到收集中心;第二步,专门负责垃圾处理和收集的人员将这些分好类的垃圾运送到指定的区域;第三步,将垃圾进行再回收利用,对于一些实在没有办法回收利用的垃圾进行焚烧,然后采取埋填的方式将这些垃圾埋填,在埋填时要着重考虑垃圾的金属属性和是否属于重污染的物质,以减少由于雨水冲刷而发生污染环境的现象。

3)英国的垃圾分类

英国的垃圾分类要求在整个欧洲都是比较严格的,这和其较早建立相关法律法规是分不开的。英国早在1974年就制定了《固体废弃物污染法》,1990年出台了《环境保护法》,1995年颁布了填埋税的收费政策,对倾倒垃圾者征税。从最初的以家庭为单位,无论家庭人口数目多少或者未分类的垃圾数量多少,均按每个月固定缴纳5英镑的定额征收垃圾税到2005年改为对每户家庭未分类的垃圾按重量征收费用。新的垃圾税征收办法出台之后,垃圾的产生量和倾倒量大幅减少,分类工作也做得比以前更好,居民的垃圾回收利用意识也较从前更为强烈,最大程度减少了垃圾的排放,并提高了垃圾分类的回收利用率。英国政府还先后在全国范围内50万个垃圾箱上都安装了芯片,用来监测居民生活垃圾的产生情况。如果居民倾倒的垃圾超过限量,其就需要缴纳额外的处理费用,更严重者还会遭受较为严厉的罚款;而对于垃圾倾倒量少的居民,政府会适当给予奖励。

4)德国的垃圾分类

德国坚决按照"3R"原则处理垃圾,走可持续发展道路。"3R"原则就是源头减量(Reduce)、物尽其用(Reuse)、分类回收(Recycle)。具体来说,一是尽可能减少垃圾的产生,比如对包装纸、包装盒等都有严格的要求,德国人认为一些包装垃圾具有较高的回收价值,在回收时需要进行多次的分拣,以减少废旧包装纸盒产生的垃圾;二是对于不可避免而必须产生的垃圾,则要尽最大程度的努力将废旧资源进行回收之后再循环、再利用;三是针对不可避免而又必须产生,但又没办法对其进行有效回收利用的垃圾,则要对其采取和自然环境和谐共处且相互融合的处理方式。

环保的"3R"原则

德国的垃圾桶主要由政府部门统一管理,不同类的垃圾投入不同颜色的垃圾桶中,在设置上也各不相同。德国家庭里的塑料和金属等是放置在黄色垃圾桶中,每隔一个月将会被运输部门运走;废弃的纸张是丢弃在蓝色垃圾桶里的,每隔一个月被垃圾处理车收集运走;大件的垃圾如废旧家具,因为体积过大不易放置在垃圾桶里,因此是在固定的时间或者通过提前预约的方式被运走;为了避免环境污染,有害垃圾则是单独被收集和运输;厨余垃圾是专程放置在生物垃圾桶中,每一个星期或者两个星期清理一次,通过特殊处理后作为肥料进行销售。

【劳动活动单】

垃圾减量从我做起

垃圾分类的概念在我国已经被广泛接受,而垃圾减量却是一个容易被忽略的概念。垃圾减量是指在产品设计、制造、流通和消费过程中采用合理措施减少废物量。一个物品在通过工厂加工、包装制造、货物运输和流通时,所产生的垃圾已是物品本身的70倍之多。垃圾分类是为了将资源和废弃物分离开,从而对资源进行回收再利用,这是在垃圾产生后期的"挽回"措施;而垃圾减量则是从源头上减少资源浪费和废物产生。

因此,在之前的环保"3R"原则的基础上,我们还要增加两个"R",即 Rejection(拒用原则)和 Regeneration(再生原则)。拒用原则帮助我们明确个人的需求是有限的,我们不仅对物品需求要减少,也要懂得哪些物品是不需要的,同时拒绝使用无法再生、无法回收、毒副作用明显的产品,拒绝购买过度包装物品。再生原则是指在有选择的可能下,选择可再生资源制品,而非不可再生资源制品。

【小组方案】

全班分为5组,每组随机抽取"5R"中的一个,5组抽取的内容不重复。每组根据抽取的内容讨论后丰富每个"R"具体的做法,再将其填入图片内,最后整理、制成班级垃圾减量宣传和操作指示牌。

【个人计划】

根据班级垃圾减量指示牌做好个人垃圾减量目标和记录。垃圾减量的做法可以参考下表。

类别	做法
Reduce(源头减量)	自带水杯、帆布袋、不锈钢餐具;减少外卖
Reuse(物尽其用)	使用双面纸;捐赠闲置物品;废物利用
Recycle(分类回收)	使用回收、二手平台
Rejection(拒用原则)	拒绝食用野生动物、拒绝购买野生动物皮毛、拒绝口香糖;理性购物

续表

类别	做法
Regeneration（再生原则）	不使用一次性用品;使用可降解垃圾袋;使用充电电池;使用火柴替代打火机

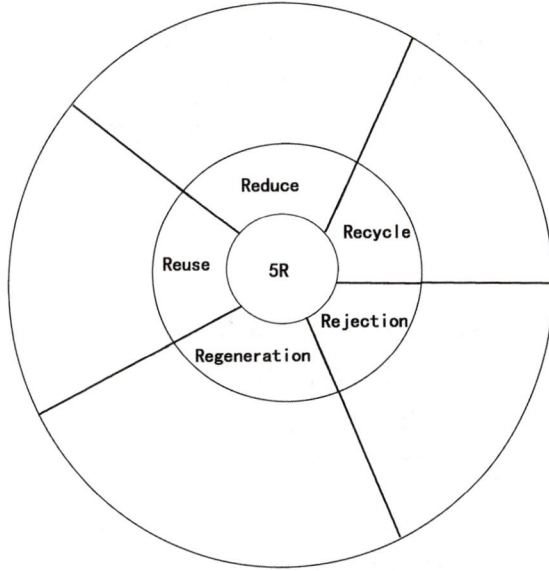

"5R"原则

专题八　劳动在大学学习中

【专题学习目标】

①了解个人卫生劳动的具体技能，并不断应用。

②认识美化寝室和维护校园环境的意义及要求。

③熟悉勤工助学、志愿服务、实习实训和社会实践的基本内容和开展形式，树立服务他人和社会的科学态度。

【专题引入】

潘昊坤：在冬奥场馆践行青春使命

潘昊坤是北京科技大学材料科学与工程学院本科 2019 级学生，也是 2022 年北京冬奥会的志愿者，他所在的志愿服务岗位是维持场地秩序。他还是一名退役士兵，在役期间曾多次参加执勤巡逻任务，荣获嘉奖一次。

2018 年，潘昊坤从位于海淀区的北京科技大学入伍，服役于武警内蒙古总队某部，2020 年退役返校继续求学之路。两年的军旅生涯锻炼了他的精神品质，刻苦的训练让他有了强健的体魄，使他受益匪浅。通过部队的层层考核，他成长为一名合格的武警战士。退役返校后，他秉承军人的优良品德，继续以军队的标准严格要求自己，心中为社会贡献的热情毫未退却。

2021 年 7 月，他通过学校积极报名参加中国共产党建党一百周年天安门广场庆祝活动，并被录用为现场志愿路线指引员。他越发感受到党的伟大，祖国的强大，倍感激动的同时感觉新时代大学生责任艰巨、使命重大，在复兴之路上更要勇挑重担。

谈及报名冬奥会的初心，他说："当初报名冬奥志愿者并不是冲动之举，而是新时代大学生一种使命感的驱动，总觉得自己在这个重大的时刻要做些什么。"这次他所负责的岗位是他在武警部队服役时最熟悉的工作，部队服役期间奠定的熟练工作基础，为他在比赛现场得心应手地工作提供了坚强保障。标准的站姿、标准的动作，认真负责、谦虚礼貌，对于每一个进入负责区域的运动员和工作人员都能耐心检查证件并回复一句"谢谢您的配合"，他用切实行动展现了大学生的精神风貌。

作为退役军人，潘昊坤坚守"退伍不褪色"信念，筑梦在每一个岗位；作为北科学子，潘昊坤践行"一直坚定、一点轻快"的惊叹号精神，以最饱满的精神面貌服务冬奥会；作为冬奥会志愿者，潘昊坤更将"奉献、友爱、互助、进步"的志愿精神融入服务中去，实现"冬奥有我，请祖国放心！"

（来源：网易新闻；作者：北科大青年；有删改）

大学生进入大学后见识到了一个更广阔的舞台。不同于以往的生活和学习经历,大学之大,在于"学之大",专业技能的学习从课堂延伸到了课外,大学生的劳动实践同样从寝室、校园延伸到了社区和社会。学生在大学期间的劳动教育不仅是锻炼劳动技能和磨炼劳动意志,也是在劳动实践中不断树立责任担当意识,体察社会和人民的需要,把自己的专业知识技能学习、职业选择与社会发展的需要紧密结合在一起的过程。

8.1　校园中的常规劳动

大学校园是大学生生活、学习和实践的主要场所,优美整洁的校园环境是全体成员共同努力的结果,也是大学风气和师生面貌的直接反映。校园中的常规劳动一类是以个人生活为主的个人卫生和以寝室卫生为代表的劳动形式,另一类是以校园和公共群体需求为中心的校园劳动,如校园清洁、绿化养护、后勤服务、图书管理、卫生防疫、群众安置、抢修救灾等更丰富的劳动形式。每个大学生的生活不仅要按照个人生活规律,同时也要遵守集体的生活要求。同样的,每个大学生不仅生活在自己的小寝室,也生活在大校园中。因此,校园的劳动习惯不仅是个人劳动习惯的体现,也会对校园形象有直接影响。大学生积极参加校园常规劳动,不仅能够培养良好的劳动习惯,也锻炼了自我管理、服务他人的能力。融小我于大我,校园劳动对于每个大学生,既是个人的责任要求,也是公共道德体现。

8.1.1　个人卫生劳动

宋代理学家朱熹在《〈大学章句〉序》里说道,"人生八岁,则自王公以下至于庶人之子弟,皆入小学,而教之以洒扫应对进退之节,礼乐射御书数之文。""洒扫应对进退"六个字,是古人对孩童在生活上的教育,也包含了中国几千年的文化传统。古人认为,学做人就要从洒扫应对进退开始,学习礼乐射御书数也需先从洒扫开始。洒扫就是洒水扫地,看似是简单的小事,但正如老子所说,"天下之难事,必作于易,天下之大事,必作于细",洒扫也有一套规矩要求,应先以水挥地,令不扬尘,然后扫之。这个过程长期反复,个人的卫生习惯、生活自理能力直至自我的管理能力便是在长期自律的劳动中形成的。

1)认识常用劳动工具

(1)扫把

扫把也称扫帚,是扫地除尘的工具,用竹枝扎成,起源于中国。现在,世界上的大部分地区广泛应用的是一种用高粱秆做的扫帚。

在室内通常使用的是塑料扫把,室外则通常使用竹扫把或高粱扫把。使用塑料扫把可以增强地板的耐磨度和防潮性,使用寿命长,适合一切平滑地面。它的优点是不起尘、不挂毛、弹性好,并且造型美观大方,能清洗、不脱毛、耐磨性强。塑料扫把通常采用柔软刷毛,这种材质弹性好,塑料扫把操作时干净利落,对衣物、家具、电器等的表面无损伤。

清扫方式:

①室内地面多用按扫方式,扫帚不离地面,挥动扫把时,稍用臂力向下压,既把灰尘、垃圾扫净,又防灰尘扬起。地面灰尘多时,每扫一次,应在地上墩一墩,以拍除沾在帚端上的尘土、垃圾。

②为了不踩踏垃圾,应不断向前方扫,从狭窄处往宽广处清扫,从边角向中央清扫。室内清扫时,原则上由里向门口扫。

③清扫楼梯时,站在下一阶,从左右两端往中央集中,然后再往下扫,防止垃圾、灰尘从楼梯旁掉下去。

④随时集中垃圾、灰尘,将其扫入簸箕。

⑤顺风扫,勿逆风扫。

（2）拖把

一般地面清洁卫生有两个流程。先是使用扫帚和簸箕清扫地面残渣、沙子等颗粒状垃圾,紧接着使用拖把来清洗地板。

使用方法:

①先用清水或添加消毒液的水将拖把浸湿,尽量拧干水分。如果是在公共场所,拖地前,可以先放置一块警示牌以防路人滑倒。

②双手握住拖把杆的顶部和中部,左手在拖把杆顶部,右手在拖把杆中上部,握杆时拇指都保持在上方。

③先用拖把沿着墙角推直线,然后将拖把采用"S"形的路线,以后退的方式左右移动,通过右手的手腕用力来回旋转拖把杆,将拖把的一侧始终沿着一个方向推动。通常一个45厘米宽的拖把头,一般可以清洁20平方米的房间;一个60厘米宽的拖把头,可以清洁30平方米的房间。一个房间（或场所）清洁完后,取下拖把头,放入清洁袋中,接着更换拖把头再清洁另一个房间。

清洗方法:

为保持拖把的清洁,及时清洗拖把是必不可少的,如何正确地清洗干净拖把呢？首先用很少的水（没到拖把头的一小半的量）加上一点洗衣粉或其他洗涤剂,将拖把头浸泡约30分钟。用手快速把拖把从水中提起离开水面后,再稍用力把拖把掼入水下反复数次,然后以相同水量和同样方法再清洗一次。这样洗拖把既省水,又干净。不要用太多的水洗拖把。必要时也可加入消毒液如84消毒液来洗,这能让拖把更加干净且含菌量比较少。

2）整理个人卫生

《论语》有言:"君子正其衣冠,尊其瞻视。"意思是君子整理自己的衣冠仪态,这样自己的行为举止都能得到他人的尊重。社会心理学也提倡重视首因效应,即第一印象。第一印象主要是根据对方的表情、姿态、仪容和服装等形成的印象,第一印象并非总是正确,却总是最鲜明、最牢固的,因此第一印象往往是形成偏见的基础,并且决定着以后双方交往的过程。所以,习惯性地保持个人的衣着整洁,对我们来说不仅愉悦个人身心,也会帮助我们打好人际交往的基础。

①勤洗手,勤剪指甲。勤洗手,保持双手干净,可防止多种细菌的传播和感染。在接触了任何可能携带细菌的物体之后、上完厕所之后、照顾了病患之后,接触任何食物、食物器具前或者喝水前,都需要洗净双手。《英国医学杂志》周刊的一项研究结果表明,每天洗手10次以上、戴口罩和手套等措施可有效防止流感和其他呼吸系统疾病传播。洗手时间过短实

际上不符合科学洗手的基本要求,可以参照科学洗手7步法。及时修剪指甲,让指甲中的污垢无藏身之处,保持指甲整洁,不把手指放入嘴里。

②勤洗澡。人体每天都在新陈代谢,勤洗澡可以抵抗细菌的入侵,增强抵抗力,减少皮肤病的产生。洗澡还可以缓解白天生活学习带来的疲劳和压力,使身体放松。在睡前洗澡也有助于晚上的睡眠。一般来说,洗澡的最佳时间是饭后一小时或者更长的时间。在未进食、身体处于饥饿状态的时候不要洗澡,因为容易造成缺氧和暂时性的贫血。

③勤刷牙,勤理发。洁白的牙齿和清新的口气可以增强自信,促进人际关系,而且口腔是食物进入人体的首个通道,牙齿是否健康影响着人们的健康和寿命。因此,我们要坚持做到早晚刷牙,饭后漱口,保持口腔清洁。常理发可以促进头发的生长,常洗发可以避免头皮成为细菌栖息地。保持头发健康,因为整齐、乌黑、有光泽的头发是人身体健康的重要体现,也是人精气神好的标志。

④勤换床单和衣物。睡觉时,人脸上分泌的油脂、汗液都会转移到枕头和床单上,起床后,应该掀开棉被、打开窗户通风一段时间,同时枕套、床单等要定期清洗更换,如果更换不及时,脏枕套、脏床单可能刺激皮肤或导致疾病。衣物也是同理,特别是夏天,人身上的汗液增多,内衣和袜子应每天换洗,保持身上的清爽、干净和整洁。

【他说】

面必净,发必理,衣必整,纽必结。头容正,肩容平,胸容宽,背容直。

——张伯苓

3)打扫寝室卫生

大学寝室是公共生活空间,一个干净整洁的寝室一方面可以防止细菌的滋生,预防疾病,保障身体健康;另一方面可以让居住成员心情舒畅,舒缓学习的疲劳,开阔心胸、愉悦精神,更有助于所有寝室成员和谐共处一室。

保持寝室干净整洁,要做到以下几点:
①遵守劳动值日安排,每日打扫地面。
②每日清理垃圾,扔至指定地点。
③保持寝室通风透气。
④个人衣物床品常换洗。
⑤洗漱用品被子放整齐。
⑥个人用品收纳不乱放。
⑦寝室消毒杀菌定期做。

【劳动活动单】

我的寝室我劳动

寝室是每个成员的小家,拥抱正能量从清洁宿舍、打造宿舍特色文化开始。

第一步：对照下表，完成自查。

项目	完成情况	改进办法
寝室值日安排有计划、能落实		
每日打扫地面，无零乱垃圾		
每日清理垃圾，扔至指定地点		
寝室通风无异味		
洗漱用品摆放整齐		
床铺叠放整齐		
个人物品不乱放		
卫生间洗手池等定期消毒杀菌		
寝室没有卫生死角		

第二步：每个寝室都不完全相同，若对寝室进行特色美化，你和其他寝室成员准备怎么做呢？写下你们的寝室美化方案，并用照片记录美化后的寝室吧！记住求同存异，合作优先。

寝室美化方案：

记录照片：

8.1.2 校内劳动

1）校内公共卫生劳动

（1）室内和教室走廊休闲空间

高校校园室内和教室走廊休闲空间一般指寝室、教室、自习室、实验实训室、图书馆、办公室、会议室、室内敞开式休息间、走廊过道、楼梯平台、门厅等。需要保洁的内容主要有地面、墙面、天花板、门窗、玻璃、桌椅、柜子等。

①保洁工作内容：

a.检查。进入室内，先查看是否有异常现象、有无损坏的物品，重点对电源插座、吊扇等电器进行检查。如发现异常，应先向后勤维护部门报告后再保洁作业。

b.推尘。推尘要按照先里后外、先上后下、先窗后门、先桌面后地面的顺序，先清扫天花板、墙角上的蜘蛛网和灰尘，接着抹窗户玻璃门面的灰尘，设备挪动后要原位摆好。

c.清扫拖地。用扫把对地面进行清洁，捡去烟头、纸屑、灰尘等，然后用拖把对地面进行清洁。

d.擦抹。从门口开始，由左至右或由右至左，依次擦拭室内桌椅、柜子、讲台和墙壁等。抹布应拧干，擦拭每一件物品时应由高到低，先里后外。擦墙壁时，重点擦拭门窗、窗台等。操作时，先将湿润的涂水毛头（干净的）装在伸缩杆顶部，沿顶部平行湿润玻璃，然后以垂直上落法湿润其他部分的玻璃。再用干净的抹布擦干净窗框及窗台，最后用干燥、无毛的棉布擦干净玻璃四周和中间的水珠。大幅墙面、天花板等的清洁应定期进行（如每周清理一次）。

e.整理。桌椅、柜子等抹净后，按照原位摆放整齐。

f.清倒更换。收集垃圾并换垃圾袋，清倒室内的纸篓、垃圾桶。

g.关闭。清洁结束后，保洁人员退至门口，环视室内，确认清扫质量，然后关窗、关电、锁门。

②保洁质量标准：

室内整体干净无灰尘；

桌椅设备摆放很整齐；

桌面无乱涂乱画痕迹；

地面没有污迹和垃圾；

墙面无张贴张挂乱象；

窗户明亮空气更清新。

（2）公共卫生间

公共卫生间保洁内容有天花板、墙面、隔墙面、窗户、门面、镜面、蹲位、地面、拖把池、洗手盆（台）等。

①保洁工作内容：

a.天花板清理。用长柄扫把清扫天花板、墙面、墙角等的蜘蛛网和灰尘。

b.门窗玻璃、门面、墙面清理。用湿抹布配合便池刷清洁玻璃、镜面和墙面上的污迹。

c.蹲便池、小便池清理。先用夹子夹出便池里的烟头、纸屑等杂物，然后冲水，再倒入洁

打扫天花板

厕剂,泡一会儿后用便池刷刷洗便池。蹲便池、小便池内四周表面及外部表面均要清洗。检查冲水是否正常,有没有堵塞。

d.洗手盆清理。用清洁剂和百洁布擦洗洗手盆。从左到右抹干净台面,用不掉毛的毛巾从上到下擦拭干净镜子,水龙头也要清洗干净,保持光亮。

e.更换。收集垃圾及并更换垃圾袋。

②保洁质量标准:

天花板面无蜘蛛;

墙壁墙角无灰尘;

镜面玻璃净明亮;

地面台面无水迹。

打扫洗手池

(3)机动车道、人行道

校园道路指可提供各类机动车辆行驶和行人行走的道路。校园道路保洁的内容主要包括清扫各种垃圾、树叶、树枝和废弃物,清理沿路石缝杂草,清除人行道边上绿化带的树叶杂草,清扫人行道和道路上的灰尘等。

保洁工作内容:

①根据安排进行分组、分路段、分区域。明确清扫范围,合理安排清理垃圾、树叶等任务。

②每天分时段收集沿路垃圾,做到定时清扫、及时堆放、及时运送,做到不慢收、漏收。

③利用竹扫把,对校园道路进行全面清扫。要做到"六不""三净"。即不花扫、漏扫;不见积水(无法排除的积水除外);不见树叶、纸屑、烟头;不漏收堆;不乱倒垃圾(一律送到中转站);不随便焚烧垃圾。路面净、路尾干净、人行道净。

④进行路面清扫保洁时,垃圾应及时送往中转站,严禁将垃圾倒在道路两侧绿化带里或随便乱倒,严禁焚烧垃圾。

⑤校园路面清扫保洁要做到:晴天与雨天一个样,主干道与人行道一个样,检查与不检查一个样。严禁串岗、脱岗、坐岗等。

打扫人行小路

(4)广场、台阶、水沟等

校园露天广场、停车场、台阶和房屋周边的水沟,其保洁内容包括清扫各类垃圾、树叶,清除各种杂草、树枝,清扫或者清洗灰尘、清理明水沟内各种垃圾和杂草。

具体保洁工作如下:

①对广场、停车场、台阶和楼房周边的水沟进行检查,先用扫把或垃圾夹清理面上的垃圾、树枝、树叶等。

②对广场、台阶周边的杂草进行清除。

③用小扫把对广场、停车场、台阶地面进行清尘处理。

④清理垃圾,运送到垃圾中转站。

注意:不得把垃圾和树叶倒到道路两边的绿化带内,更不能就地焚烧。

(5)生态林、绿化地

在校内有规划地、科学合理地栽植一些生态林、绿化地和绿篱带是建设美丽校园不可缺少的项目,更是建设生态学校、保护校园环境的重要内容。

保洁维护的主要内容包括清捡绿化地和绿篱带内的各种垃圾、大树叶,清捡各种树枝和废弃物,清拔绿化地和绿篱带内杂草,清捡生态树上的干枯树枝并进行合理修剪,科学艺术地整修绿篱带和花草苗木等。

保洁工作流程如下:

清理水沟

①首先用耙子把生态林、绿化地、绿篱带地面上的树叶、树枝耙成一堆。

②再用捡垃圾的夹子把绿化地、绿篱带里的塑料袋、烟头、杂物等夹走。

③用大竹扫把对生态林、绿化地、绿篱带地面进行清扫。对生态林、绿化地、绿篱带地面上的垃圾、树叶、树枝等进行清理,集中后送到垃圾中转站,不得随意乱倒或焚烧。

④安排人员进行文明督察,对有不文明行为的师生进行劝阻。

清理绿化地

2)校内服务性劳动

校内服务性劳动主要指在校园内开展的公益性质的劳动,主要包括维护校园环境、服务师生、促进学校开展相关的服务性劳动。大学生通过服务性劳动培养和提高社会责任感,也锻炼自己的实践动手能力。

具体活动如下:

①美化劳动,包括校园环境和卫生维护,制止随意张贴、悬挂各类广告标语,制止校园内交通工具乱停,校园基础设施维护等。

高校抗疫志愿者
一直在行动

②生活性劳动,包括平安校园建设,如参加校园治安管理、积极参与校园突发事件处理与灾害预防;卫生防疫活动,如参加新冠肺炎疫情防疫宣讲、核酸检测、登记等活动。

【劳动活动单】

校园里的劳动者

(1)找一找校园里的劳动者,调查一下他们的劳动岗位和内容,完成下面表格。

调查对象	工作岗位	工作内容	工作感受	他想对大学生说的话

(2)做完调查后,请你选择一个岗位进行实践,写出劳动感受。

实践岗位:

劳动感受:

8.2 勤工助学

《高等学校勤工助学管理办法(2018年修订)》里提到,勤工助学是学生在学校的组织下、在不影响学生正常的学习与生活的前提下,利用课余时间并通过适量的劳动取得合法报酬、用于改善学习与生活条件的实践活动。勤工助学有利于培养大学生的劳动观念、经济独立自主意识和吃苦耐劳的品质,是学校学生资助工作的重要组成部分,是缓解家庭困难学生经济压力的有效途径,同时也是提高学生综合素质的重要环节。

8.2.1 勤工助学概述

1)"助学"与"俭学"的关系与含义

①勤工助学是勤工俭学的延续与发展,勤工俭学是勤工助学的初期阶段与雏形;没有先期的勤工俭学,就没有当今的勤工助学。

②勤工助学是在传统"勤俭办学,勤俭求学"的基础上形成和发展起来的;而勤工俭学是一个复合概念,包含"工"和"学";"工"和"学"的不同关系,决定了勤工俭学的不同内涵。

③勤工俭学又是一个从属概念,它的主体既可是个体,又可以是团体;而不同的主体在不同的历史时期、不同的国家又有着不同的含义。

2)勤工俭学的形成与发展

说到勤工俭学的历史,不得不提到20世纪初著名的留洋勤工俭学运动。第一次世界大战爆发后,法国劳动力严重缺乏,15 万名华工赴法国从事军事劳役。这就需要华工接受相应的教育。著名教育学家蔡元培、吴玉章认为,可以利用勤工俭学的方式来使华工掌握法国的先进技术,这对其后回国大有益处。后来中法双方达成一致,我国有数千人赴法国勤工俭学,数量之多堪称空前。赴法人员中有周恩来、邓小平、陈毅等大批人们熟知的当代中国杰出领导人,其主张的劳心与劳力结合、教育与生产劳动相结合等思想,成为我国新民主主义教育的重要思想来源。1910 年至 1920 年,勤工俭学运动达到高潮。

1914 年起,留美学生中首先出现工读会性质的组织,其宗旨是以半工半读为助学学业之方法,以节省费用为推动留学之方法,希望这种"勤苦力学之风"遍播于海内外,以培养社会服务之人才。1915 年,法国巴黎成立"留法学生俭学会",掀起一股勤工俭学的热潮。同年,蔡元培先生从"教育救国论"出发,将工学运动和平民教育作为改革社会的重要手段。他倡导"工学互助",认为这样可以使人的个性得到全面发展。

我国的勤工俭学主要是在革命战争年代兴起的,这段时期的勤工俭学有着共同的性质和特点。一是在党领导下的学校有组织的经济活动,是学校自身的勤工俭学,也是学校以"自给自足"为主要特征开展的经济活动;二是在艰苦条件下克服经济困难,促进教育发展,是教育事业自力更生、艰苦奋斗精神的直接体现;三是无论政治、经济形势如何发生变化,勤工俭学的指导思想都是"教育必须与生产劳动相结合"。先辈们的辛勤付出奠定了我国勤工俭学的基础。

中华人民共和国成立初到 20 世纪 70 年代末,勤工俭学以"参加社会主义劳动的形式"体现,为培养德、智、体、美、劳全面发展的社会主义劳动者服务。

1957 年 4 月 8 日,《人民日报》刊发社论《关于中小学毕业生参加农业生产问题》,引起热议。这一时期学校均把生产劳动列为正式课程,以开设生产知识课、提倡勤工俭学、组织学生上山下乡为主要形式,广泛开展劳动教育。

1958 年,共青团中央在《关于在学生中提倡勤工俭学的决定》中第一次明确指出,勤工俭学是具体实现知识分子和工农相结合,脑力劳动和体力劳动相结合的一个重要途径。之后,教育部发出通知,对共青团的决定予以支持并进一步肯定了勤工俭学的意义和作用。同年 9 月,毛泽东同志在视察武汉大学时对学生要求实行"半工半读"的做法表示支持和鼓励,随后在全国范围内兴起了尝试勤工俭学的教育改革,对当时的人才培养起到了积极的促进作用。

从我国勤工俭学的起源、发展路程和时代内涵来看,大致经历了"工读结合"—"学校勤工俭学"—"多元勤工俭学"三个阶段。从勤工俭学的历史来看,初始含义是以"勤工"达"俭学"之目的,即以个体的劳动取得报酬,作为求学费用,得到求学机会。它是各种社会形态、不同性质的国家普遍存在的社会现象,并未对"以学为主"兼工或"以工为主"兼学加以区分,只要"工学兼营"的都称之为"勤工俭学"。

随着社会经济不断发展,勤工俭学的内涵有所延伸、功能有所拓展,即个人或团体凡以获得或改善教育条件,或追求教育与生产劳动相结合的教育效果为目的而进行的经济活动均称为勤工俭学。

勤工俭学既是一种经济活动,又是一种教育性活动;既是增长学生知识的教学活动又是提升自我的实践性活动;既可以理解为改善办学条件、为创造一定物质条件的间接育人,也可理解为在勤工俭学实践过程中的工学结合、寓教于劳的直接育人。

3)勤工助学的意义

(1)帮助大学生树立自立自强的信念

当下,部分大学生由于生活环境较为优越,心理承受能力偏弱,主观独立性比较匮乏,以"自我"为中心的意识和理念比较明显,导致走向社会、离开父母后困难重重。大学生在校内或校外参加劳动,不仅是对意志的磨炼,也是塑造良好性格的有效方式。当大学生领悟到劳动不易时,更能够鼓励自己不断进行自我锻炼,养成良好习惯,为实现自身发展目标打下坚实基础。

(2)帮助大学生养成团队合作的精神

团队合作意识在团队精神体系内的作用十分关键,团队精神是能够服务大局的一种精神体现方式。大学生群体中家庭独生子女较多,往往团队精神比较欠缺,不具备较高的人际关系协调能力,可在校内勤工助学工作中多学习、与老师或者其他同学合作完成任务,如帮助相关老师更好地开展教学或研究工作,在合作中深化团队合作意识。

(3)帮助大学生提升人际交往的能力

人际关系在现代化人事领域内所发挥的作用较为关键。当代许多大学生所在家庭以孩子为核心,以满足孩子需求为己任,导致这些大学生的人际交往能力较差。勤工俭学工作需要大学生与不同性格的老师、同学交流,形成与步入社会后较为相似的工作环境,使大学生提前体验职场氛围。通过工作中的交流活动,大学生可以对不同人的性格形成全面了解,更可能在工作中拥有良好心态及较好的协调能力,能帮助他人解决实际问题并从中获得更多的快乐。

(4)加速大学生综合素质的提升

通过开展勤工助学工作,大学生在以下方面可以得到提高或提升:

①大学生通过自身劳动来满足自信心和自尊心的发展需求,学会自力更生,回报社会。

②高校勤工助学岗位是大学生正式走入社会之前的实践基地。大学生参加相关活动,可以对自身品格进行锻炼,可以对意志力加以磨炼,使自身在正式步入社会之前向全面性方向发展。

③通过参与勤工助学工作,大学生的专业技能与管理能力、人际关系的处理,吃苦耐劳精神等方面都将大幅攀升。

④为大学生成为社会主义现代化建设的合格接班人打下坚实基础。

8.2.2　勤工助学实践

1)勤工助学实践管理

勤工助学可以分为校内勤工助学和校外勤工助学两种。无论是校外勤工助学还是校内勤工助学,学生参与勤工助学和学校开展勤工助学的管理,都是有据可循的,具有合法性。

而勤工助学的过程实际上也是学生和用工单位双方劳务关系建立的过程。

勤工助学是劳动的一种形式,勤工助学学生是劳动者,享有劳动者的一切权利与义务,受到法律保护。我国宪法规定,中华人民共和国公民有劳动的权利和义务,受劳动法保护。

另外,教育部等八部门2021年联合印发的《职业学校学生实习管理规定》明确规定:

①职业学校、实习单位、学生三方必须以有关部门发布的实习协议示范文本为基础签订实习协议,并依法严格履行协议中有关条款。未按规定签订实习协议的,不得安排学生实习。

②不得安排、接收一年级在校学生进行岗位实习;不得安排、接收未满16周岁的学生进行岗位实习;不得安排未成年学生从事《未成年工特殊保护规定》中禁忌从事的劳动;不得安排实习的女学生从事《女职工劳动保护特别规定》中禁忌从事的劳动。

③不得安排学生到酒吧、夜总会、歌厅、洗浴中心、电子游戏厅、网吧等营业性娱乐场所实习;不得安排学生从事高空、井下、放射性、有毒、易燃易爆,以及其他具有较高安全风险的实习;不得安排学生在休息日、法定节假日实习;不得安排学生加班和上夜班。

④顶岗实习报酬,原则上不低于本单位相同岗位工资标准的80%或最低档工资标准;并按照实习协议约定,以货币形式及时、足额、直接支付给学生,原则上支付周期不得超过1个月,不得以物品或代金券等代替货币支付或经过第三方转发。

⑤职业学校和实习单位不得向学生收取实习押金、培训费、实习报酬提成、管理费、实习材料费、就业服务费或者其他形式的实习费用,不得扣押学生的学生证、居民身份证或其他证件,不得要求学生提供担保或者以其他名义收取学生财物。

2)勤工助学岗位划分与设置

(1)勤工助学岗位划分

①按工作地点划分:

a.校内勤工助学:校内勤工助学主要是在学校统筹安排、开设的勤工助学岗位上从事助研、助管、助教等工作,以其环境安全、交通便捷、工作方便等优点深受同学们的青睐,成为当前学生勤工助学的主要形式。

b.校外勤工助学:由校外的单位和个人面向在校生开设的临时性岗位,主要包括家教、调研、资料派送、网上查询、翻译、文案处理、网页设计等工作内容,工作的地点以在校外为多,不排除部分工作在校内完成。校外勤工助学的优点是工作时间和工作报酬较为灵活,一般由双方协商决定。在校内勤工助学岗位供不应求,学校资源有限的情况下,校外勤工助学可作为校内勤工助学的有效补充。当前,校外勤工助学同样受到学生的喜欢,尤其是高年级学生及研究生更愿意到专业对口的企事业单位从事勤工助学,以积累工作经验,为就业打下基础。

②按工作时间划分:

a.固定岗位:指持续一个学期以上的长期性岗位和寒暑假的连续性岗位。

b.临时岗位:指不具有长期性,通过一次或几次勤工助学工作即能完成任务的工作岗位。通常情况下,校内岗位以固定岗位为主,校外岗位以临时岗位为主。

③按工作内容划分:

a.劳务型岗位:主要指技术含量较低、要求单一的勤工助学岗位,如派发传单、送报纸、搬运、打字、复印、装订、整理文档等。

b.智能型岗位:指需要具有一定的知识技能的岗位,如家教技术开发、网页设计、文案设计、调研分析等。

c.管理型岗位:指内容涉及管理工作的岗位,如宿舍管理员、饭堂管理员、图书馆管理员等。当前,大学生勤工助学逐步从以劳务型岗位为主向以智能型岗位为主转变。

(2)勤工助学岗位设置

①设置原则。为促进勤工助学工作健康、有序开展,保障学生合法权益,帮助学生顺利完成学业,发挥勤工助学育人功能,培养学生自强自立、创新创业精神,增强学生的社会实践能力,让学生在不影响学业的情况下,积极参加与所学专业技能相关的社会实践,实现理论与实践的结合。

高校勤工助学岗位可根据实际情况、不同地区、不同类别的高校设置,因地制宜,可相互借鉴,也可参照对比,但不可照抄照搬;设置的报批程序也应按照各单位、部门、各院校的具体要求和规定办理。

②岗位设置:

a.校内岗位:教学楼层管理员、图书与期刊管理员、广播站播音员、学生食堂管理员、学生管理部门助理、楼栋安全员、楼栋层长等助学岗位。

b.校外岗位:文员、宣传员、项目内勤等。校内相关部门与协作单位挂钩,具体协调勤工助学岗位协作(实习)的具体事宜。

③部分勤工助学岗位工作职责。

	岗位职责
学生食堂管理员	负责维持良好的食堂就餐秩序
	遵守《食品卫生法》《饮食卫生"五四"制度》等制度,搞好饮食卫生和环境卫生
	热爱本职工作,按时值班,有事请假,不迟到,不早退,未经许可不带非饮食服务中心成员进办公室
	收集师生的意见和要求,及时反馈给管理老师,共同提高食堂服务质量
	做好日常巡查工作。每天中、晚餐在食堂巡查,及时发现、报告、处理师生就餐过程中出现的问题
	协助老师整理中心资料,并负责办公室卫生
	积极完成老师交办的其他事宜

岗位职责	
图书与期刊管理员	负责图书、报刊杂志的整理工作
	协助老师办理书刊各项统计工作
	负责引导读者使用图书目录
	耐心解答读者提出的咨询问题
	负责搞好图书室内卫生工作
	每年底协助老师清点一次室内藏书及各种物品
	加强防火、防盗、防蛀等安全措施,确保图书不受损失
	工作岗位调整时,要求清点全部书刊、帐目,与负责老师做好交接

学生食堂管理员

图书与期刊管理员

3)勤工助学期间注意事项

①严格遵守工作纪律,坚持做到不迟到、不早退、不串岗、不脱岗,顶岗工作期间不办私事,工作之余不私自外出,遇事请假。

②加强安全防范意识,注意交通安全、防触电、防溺水、防中毒、防雷电。

③严格遵守岗位操作规程和安全管理制度,严防机械事故、人身伤亡事故等工作责任事故及人身安全事故的发生。

④勤工助学过程中,严格检查设备和场地,凡发现不符合安全生产要求,有进入危险厂房、接触危险设备、进入危险场地可能的,应及时向实习指导老师反映,待检查合格后再进行操作。

⑤勤工助学期间,如发现安全隐患应及时报告并协助安全监管人员或指导老师妥善处理。

⑥切实维护并保障自身的劳动安全。

追寻勤工助学发展轨迹不难发现,其内涵一直在随着政治、经济的发展,社会对人才需求的变化而不断丰富和充实。从总体上看,勤工助学不是单纯济困与解困,而是一项复合性较强的系统工作,在学校人才培养中的地位也越来越重要。随着国家对勤工助学的关注,高校在学生勤工助学工作中的任务和职责也越来越明确。

勤工助学的内涵与重要意义推进了其必然的发展趋势,勤工助学的形成与发展决定了它最终起到的重要作用,而勤工助学实践既让学生学到了在课堂教学中难以学到的知识与技能,又达到了助学育人、助学济困,促进学生成长、报效社会的最终目的。

8.3 志愿服务

8.3.1 志愿者和志愿精神

联合国将志愿者定义为"自愿进行社会公共利益服务而不获取任何利益、金钱、名利的活动者",具体指在不为任何物质报酬的情况下,能够主动承担社会责任而不获取报酬,奉献个人时间和助人为乐行动的人。根据中国的实际情况,志愿者被定义为在自身条件许可的情况下,参加相关团体,在不谋求任何物质、金钱及相关利益回报的前提下,在非本职职责范围内,合理运用社会现有的资源,服务于社会公益事业,为帮助有一定需要的人士,开展力所能及的、切合实际的,具一定专业性、技能性、长期性服务活动的人。

志愿者也叫义工、义务工作者或志工。他们致力于无偿为社会进步贡献自己的力量。他们从事的志愿工作是一种具有组织性的助人及基于社会公益责任的参与行为。

志愿精神是在志愿服务活动的开展过程中逐渐形成并完善的,是志愿者参与志愿服务活动中秉持的一种精神特质,支撑并保证志愿服务活动的价值和前进方向。在我国,"志愿服务"在改革开放之后兴起,但志愿精神是源远流长的。中国传统文化中的慈善精神是我国已知较早的志愿精神,在诸子百家思想中均有体现:儒家在《论语·学而》中提出,"弟子入则孝,出则悌,谨而信,泛爱众而亲仁",要将仁爱从身边亲人推广到更多人;墨家主张"兼爱",要"兼以易别",对所有的人都是无差别的爱,避免造成社会矛盾;道家提倡"慈爱和同,济世救人"与问善的观念……诸子百家这些思想不仅是我国古代志愿精神的体现,更是我国现代志愿精神的思想来源之一。我国现代志愿精神是凝聚了优秀文化的时代结晶,是对中国传统美德的继承和发展,也是时代精神和民族精神的重要发扬载体。

"奉献"就是一种不求回报和全身心的交付,是一种无私崇高之情,是志愿精神的精髓;"友爱"跨越了国界、文化差异、民族和贫富差距,是一种无差别的爱,是对墨家"兼爱"思想的继承和发展,是志愿精神的支撑;"互助"提倡"互帮互助、彼此合作",受助者通过接受志

愿者的帮助改善生活等条件后也会自觉、主动地传递这份爱,也通过这种爱的传递增强人们的社会责任感,让更多的人参与到志愿服务活动中,这是志愿精神的一种表现;"进步"是志愿精神的动力,是志愿服务活动的结果,志愿者通过参加各类志愿服务活动,不仅提高个人的自我价值,而且促进受助者的进步甚至整个地区和社会的进步。志愿服务的"奉献、友爱、互助、进步"精神与社会主义核心价值体系相契合,这也是社会主义核心价值观在志愿服务领域的体现。

8.3.2 志愿服务

1)志愿服务的内涵

志愿服务是在坚持主体独立意志、持续发展的志愿理念基础上发展起来的,突出了"服务"的概念和类型,使整体观念发生了重大变化。志愿服务的含义随时代、地点而不同,理论界对志愿服务的定义虽然在表述上不同,但从实质上讲基本一致。

欧洲青年指导委员会(CDEJ)认为:对志愿者来说,志愿服务是一个学习的过程,参与者(包括个人和组织)参与志愿服务项目,从新的角度利用传统工作或满足特定需求,从而最终建立一个更公平、更和谐的社会。志愿服务是社会发展的催化剂,每个人都应有权参与。

联合国教科文组织(UNESCO)将志愿服务定义为一种利他行为,是指人们在正式(非私人)场合的行为,同时志愿者应该提供他们的时间和技能。就志愿服务而言,人们应该进行务实的研究和发现,例如志愿者维持生活所需的费用、运输费用和安全问题。

中国青年志愿者协会(CWA)将志愿服务定义为不为物质报酬,基于良心、信仰和责任,自愿为社会和他人提供服务和帮助,目的是促进社会主义精神文明和社会主义建设,建立和完善市场经济体系,提高青年人的整体素质,促进经济和社会统一发展和全面进步。

综上所述,志愿服务是指志愿者自愿、无偿贡献自己的力量和智慧,最终服务于人民和社会进步。

近年来,志愿服务在我国得到了快速发展,并不断与学生教育密切结合。2015年,教育部印发的《学生志愿服务管理暂行办法》中,明确学生志愿服务是指"学生不以获得报酬为目的,自愿奉献时间和智力、体力、技能等,帮助他人、服务社会的公益行为"。该办法规范学生志愿服务工作,加强学生志愿服务管理,进一步推进立德树人,提高学生社会实践能力,增强学生社会责任感。2017年,国务院颁布的《志愿服务条例》中明确指出,"志愿服务是现代社会文明进步的重要标志,是加强精神文明建设、培育和践行社会主义核心价值观的重要内容"。"大学生志愿服务"是指以大学生作为志愿者主体,自愿付出自己的脑力、体力、精力等帮助他人,以推动社会发展和自身价值实现的公益性服务。

2)志愿服务的基本特征

志愿服务的基本特征就是自愿性、无偿性、公益性、组织性。

(1)自愿性

志愿服务是志愿者的自愿、自给自足、主观愿意和非营利行为,不是强制的、强迫性的活动,因为志愿活动是以志愿者个体为基础的,所以在志愿活动

志愿服务,
我们在行动

的发展过程中,每一位参与者都能在这个过程中保持高度的热情和强烈的责任感。自愿性是区分志愿服务与其他一系列社会组织运作的重要前提和标志。

（2）无偿性

志愿服务是一种不以回报为目的的非营利性、利他性的行为,换言之,志愿服务就是把自己空闲的时间和精力奉献给社会和他人,自我得到的是一种精神上的充实和自我价值实现后的成就感。在市场经济逐步深入的背景下,追求个人利益最大化的经济行为已经具有普遍性,但志愿服务恰恰相反,是一种无私奉献的行为追求。在志愿服务实践中,志愿服务组织可以向志愿者支付交通费、保证志愿服务实践能顺利进行的其他费用等,但这并不会影响其无偿性。

（3）公益性

志愿服务是为了使不同类型的受助者甚至整个社会进步、受益,绝不仅是为了某个人或者某类受助群体得到帮助。它的价值指向是促进社会公共利益和社会公共服务的集体利益,体现了志愿者的社会主人翁意识和责任意识。志愿服务的公益性转向需要从传统的关注个体向关注公益价值提升,是一个不断发展的进程。

（4）组织性

志愿服务不是单个的、个体化的行动模式,而是具有组织性、互动性的行动模式。不论是志愿者与组织之间、志愿组织与志愿组织之间、志愿者与受助人之间、志愿者与社区之间,还是政府与志愿者之间都有着深刻的互动,通过这种互动,将社会连接成一个整体,从而促进社会资源等多方面的社会整合。

3）志愿服务的类型

随着社会历史的变迁和进步,志愿服务有其自身的重要性、类型、功能和特点,并在历史的长河中不断补充和完善,与人类的生产生活息息相关。英国学者史密斯从志愿精神的角度将其归为四类：互助或自助（Mutual Aid or Selfhelp）、慈善或为他人提供服务（Philanthropy or Service to Others）、参与（Participation）、倡导与运动（Advocacy and Campaigning）。根据我国改革开放以来志愿服务活动的发展,志愿服务可分为以下几种类型。

（1）社会援助类型

这是最典型、最传统和最常见的志愿服务活动类型。主要是对社会弱势群体的物质支持、关怀和理解。所谓的弱势群体主要有两种类型：弱势生理群体和弱势社会群体。第一种在人群中变"弱"有明显的生理原因,如年龄、疾病等。后者变"弱"主要是由于社会原因,比如裁员、失业、被排斥等,因此,弱势群体不仅包括狭义上的贫病老幼等群体,从广义上讲,还包括社会发展甚至包括自然灾害等不可抗力因素所带来的困难群体。对这类型特殊的群体,人们在任何一个发展时期都应该给予关注和支持,雷锋精神就是对这一类型社会援助的最好注释。

雷锋精神的精髓是真诚给予,是一种不求任何回馈的志愿服务精神,已经升华为大众文化中精神文明的象征。在它的指导下,公益慈善活动是社会援助类型志愿服务项目的重要组成部分。公益慈善是慈善主体为他人或公共利益贡献物质财富的行为。责任人通过社会公益参与社会救助,践行"奉献、友爱、互助、进步"的志愿精神,比如宋庆龄基金会等各地各类公益基金会。另外,通过良好的精神行为参与社会志愿服务的情况也是非常多的,比如学校的大多数学生都利用了"学雷锋日"和"志愿服务日"开展志愿服务活动,使更多的人能够利用自己的空闲时间帮助别人克服困难,给予爱。

（2）公共服务类型

一般来说,这里的公共服务是指现代社会对公共利益的保护。在发展社会文明的过程中,在前期,市场机制还不完善,虽然取得了资源利用、商业开发等重大盈利成果,但在公共服务和产品等非盈利项目中政府必须发挥主要作用,非政府组织及社会团体亦可以通过志愿服务活动参与有效的社会管理。比如,在中国志愿服务的最初发展过程中,卫生、交通协管等许多志愿服务行为都属于公共服务类型的志愿服务。特别要指出的是,2000年共青团中央启动了青年志愿者社区发展计划,依托社区综合服务中心等现有服务设施,构建公共服务体系,构建基层组织网络,这是一个志愿服务参与社会公共服务的一个成功案例。

（3）环保公益类型

环保包括节能减排、防治污染等环境保护宣传以及清洁街道、种花种草等一些身体力行的环境保护活动的开展等;对可回收资源开展的回收利用等志愿活动;公益性宣传活动包括为大型活动提供现场秩序维持等服务、为协助党政部门或其他各类社会机构实现公共服务职能而提供的一些服务,也包括戒毒、防诈骗等宣传活动。

（4）其他类型

志愿服务的类型还包括生态建设、抢险救灾、西部计划和海外服务等。其中具有中国特色的是"西部计划",即"大学生志愿服务西部计划"志愿服务活动,最早于2003年开始实施,共青团中央、教育部、财政部、人力资源和社会保障部根据国务院常务会议和全国高校毕业生就业工作会议精神,联合实施"大学生志愿服务西部计划",招募一定数量的普通高等学校应届毕业生或在读研究生,到西部基层开展为期1~3年的志愿服务工作,鼓励志愿者服务期满后扎根当地就业创业。"西部计划"共分为7个专项,是国家重大人才工程"高校毕业生基层培养计划"的子项目,是引导和鼓励高校毕业生到基层工作的5个专项之一。

【想一想】大学生参加志愿服务的优势有哪些?

参考答案

【劳动活动单】

志愿服务在路上

活动内容:4人一组,选择一个人群或几个人群,调查其需求,整理后策划一次志愿服务活动,以尽量满足该人群需要为主,并完成下表。

评估内容	评估结果
选择人群	

续表

评估内容	评估结果
调查人群需求的方式	
该人群的主要需求	
经讨论后服务的内容和方式	
招募志愿者情况(方式、效果)	
活动是否达到预期效果	
我的收获	

火车站帮助旅客安检行李

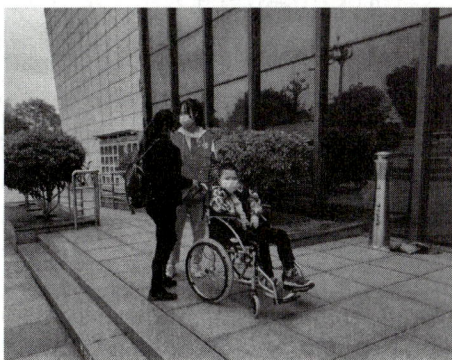

火车站帮助困难旅客进站

绿色离校·绿色感恩志愿活动

打扫公园清洁卫生

8.4　其他实践性劳动

1)专业实训

实训是指根据人才培养规律与目标,对学生进行职业技术应用能力训练的教学过程。实训是实现职业教育培养目标、锻炼学生实践技能的必要途径。越接近真实的工作环境、越接近生产一线、越接近实际操作过程,职业教育培养的人才质量就越高。

2019年6月发布的《教育部关于职业院校专业人才培养方案制订与实施工作的指导意

见》就提出，"结合实习实训强化劳动教育，明确劳动教育时间，弘扬劳动精神、劳模精神，教育引导学生崇尚劳动、尊重劳动"。

2）顶岗实习

顶岗实习是指大学生将专业理论知识和实践技能应用在岗位工作中，以此累积社会经验和岗位经验，提高自身的专业能力、岗位能力及社会适应能力。顶岗实习体现了理论联系实际的教学原则，是教学计划的重要组成部分，是学校专业教学的延伸。在实习期间，大学生能够明确自己的岗位选择，确定职业规划内容，促进自身和谐发展。

和师哥师姐去实训

3）社会实践

2005 年，《关于进一步加强和改进大学生社会实践的意见》中将社会实践活动归纳为"以了解社会、服务社会为主要内容，以形式多样的活动为载体，以稳定的实践基地为依托，以建立长效机制为保障，引导大学生走出校门、深入基层、深入群众、深入实际，开展教学实践、专业实习、军政训练、社会调查、生产劳动、志愿服务、公益活动、科技发明和勤工助学等"。

大学生社会实践活动是以大学生为主体，让学生认识生活、体验生活，有组织、有计划、有目的地走出课堂、深入社会。大学生社会实践活动的主要形式有：社会调查、勤工助学、志愿服务、"三下乡"等。下面介绍社会调查和"三下乡"。

（1）社会调查

社会调查是指运用特定的方法，从社会现实生活中直接搜集有关社会事实的信息进行分析研究，并对其做出描述与解释的一种社会实践活动。大学生应结合所学专业开展调查研究，能在调研中提出问题、分析问题并找出应对方案，形成调研报告，提高调研和解决问题的能力。

【案例链接】　　　　　　　乡村振兴实践方案

党的十九大报告提出实施乡村振兴战略。作为新时代的大学生，要真正走进乡村、了解乡村，才能更加深入体会当前乡村振兴的政策背景。大学生可以通过走访调查，设计、研发当地特色电商项目，提高当地农民的就业率；或者为村庄治理建言献策。土木建筑类的专业大学生到乡村开展创新性实践服务时，可以为乡村的国土空间规划、老旧房屋检测、建筑设计、土木工程、景观园林等方面的发展与建设提供智力支持和技术服务。大学生通过实践服务不仅能切实感受乡村发展的切实需要，用专业技术造福当地，还能提升个人的专业自信，为后续就业以及个人投身社会积累更实际的经验。

（2）"三下乡"

"三下乡"是指"文化、科技、卫生"下乡，带动乡村发展。大学生将自己所学的科学文化知识带到农村，创造性地开展活动，在此过程中认识农村现状，了解农村发展现状，这是大学生和农村双向受益的活动。"三下乡"已经成为我国高校普遍开展的、最具影响力的社会实践项目之一。

大学生乡村实践

【劳动活动单】

我和我的家乡

利用寒暑假时间(或指导教师带队)深入所在家乡,了解当地建设发展需要,联系个人专业实际,完成一次家乡实践调查和实践服务,填写下表。

实践前				
我的专业			我的家乡	
调查后				
家乡发展现状				
家乡发展存在问题				
我的实践计划	① ② ……			
实践后				
我做了什么	① ② ……			
我的收获				
我的反思				

4)创新创业

创新创业是指大学生将新知识、新技术、新工艺、新方法应用到生产实践中并产生效益和价值的活动,其本质仍是实践类劳动。

我国要想在世界新技术革命和产业变革的新格局中占据主动,必须依靠创新,"大众创业、万众创新"是新时期的新航标。2015年国务院印发《关于大力推进大众创业万众创新若干政策措施的意见》,明确了96条鼓励创新创业的政策措施。"大众创业、万众创新"既是解放生产力,又是解放人自身的创造力,实现体面劳动、创造劳动,从而促进人人自由而全面地发展。党的十九大报告指出,"鼓励更多社会主体投身创新创业。建设知识型、技能型、创新型劳动者大军"。

国家出台了相应的大学生创新创业优惠政策,不同地区的高校毕业生申请创业,国家会提供不同的优惠政策。大学生在校内参与创新创业的方式有:参与校企合作项目,如企业将研究机构设在高校,为学生创造劳动机会;参加创新创业竞赛,如教育部主办的中国国际"互联网+"大学生创新创业大赛等。大学生应把握时代机遇,依托个人专业优势,吸收现代技术,投身国家发展的需求,大胆创新突破,实现更好的自我发展。

【劳动活动单】

撰写创业计划书

活动内容:5 人一组,调查搜集个人生活、社会发展、专业学习和实践中有待改进的问题或有助于其更好发展的措施,整理问题和资料,以小组为单位撰写一份创业计划书。

专题九　劳动在社会工作中

【专题学习目标】

①了解劳动关系的概念,掌握劳动关系主体的构成,理解劳动关系与我们息息相关。

②了解劳动力市场的概念、主要功能。

③了解我国劳动相关法律法规体系以及其中关于劳动者劳动权利的内容,学会维护自身合法的劳动权益。

④了解社会保障制度,尤其是与个人紧密相关的具体规定。

⑤理解劳动安全的基本概念,熟悉安全标志。

【专题引入】

互相帮助是人类文明的最初标志

第一代从事海外田野调查的女性、人类学之母、美国人类学会主席玛格丽特·米德,曾经被学生问到人类文明的最初迹象是什么。当许多学生猜测是鱼钩、石器或火时,米德的回答超出所有人的猜想。"人类文明的第一个迹象,"她说,"就是当我们发现一块骨折后又愈合的股骨。"她进一步解释说,股骨骨折在动物世界是极其危险的。如果一个动物摔断大腿,通常意味着死亡,因为它不能逃脱危险,不能去河边喝水或狩猎,它很快会被流浪的野兽吃掉。而一块能够自然愈合的股骨表明有人花了很长时间照顾伤者:治疗伤处,提供食物,保护伤者免受攻击。最后,米德意味深长地总结道,在困难时帮助他人才是人类文明的起点!

9.1　劳动力市场

9.1.1　劳动力与劳动力市场概述

1)劳动力

劳动力的定义有广义和狭义之分。广义的劳动力是指整个人口。狭义的劳动力是指具有劳动能力的人口。

一般来说,劳动力的含义包括:①人的劳动能力;②有劳动能力并从事劳动活动的人,即劳动者;③一个国家、一个地区或一个部门具有劳动能力,可以从事社会劳动的那部分人口,即劳动力资源。

根据各国的统计惯例,以下6类劳动年龄人口一般是不被列入劳动力人口的:

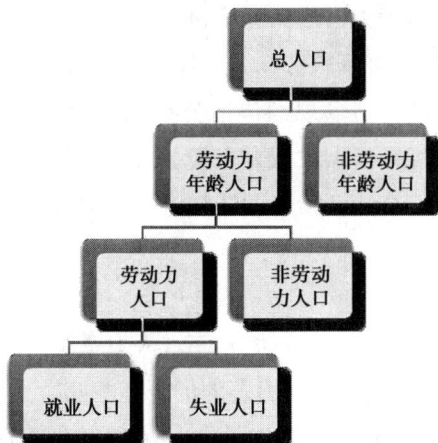

```
                    ┌─────────┐
                    │  总人口  │
                    └────┬────┘
              ┌──────────┴──────────┐
        ┌─────────┐           ┌─────────┐
        │ 劳动力   │           │ 非劳动力 │
        │ 年龄人口 │           │ 年龄人口 │
        └────┬────┘           └─────────┘
        ┌────┴────┐
   ┌─────────┐  ┌─────────┐
   │ 劳动力   │  │ 非劳动   │
   │ 人口     │  │ 力人口   │
   └────┬────┘  └─────────┘
   ┌────┴────┐
┌─────────┐ ┌─────────┐
│ 就业人口 │ │ 失业人口 │
└─────────┘ └─────────┘
```

①军队服役人员;

②在校学生;

③家务劳动者;

④退休和因病退职人员以及丧失劳动能力的残疾人、服刑犯人等不能工作的人;

⑤不愿意工作的人;

⑥在家庭企业或家庭农场中每周工作少于15小时的人。

2)劳动力市场

劳动力市场有广义和狭义之分。广义的劳动力市场是指在市场机制的基础上,配置和调整劳动力资源的经济关系,其配置和调整的主要内容包括劳动合同、劳动就业、工资分配、社会保障、劳动立法、职业培训、职业生涯咨询、职业健康和安全以及特殊工人群体的保护等。狭义的劳动力市场是指劳动力供求被选择和交换的场所,是通过市场机制调整劳动力供求的组织形式。所以,劳动力市场可以是有形的,也可以是无形的,无形的劳动力市场是主要的。有形指它为劳动力交换提供各种服务机构和交换场所,与狭义的劳动力市场相对应。劳动力市场由买方和卖方组成,买方为雇主,卖方为雇员(劳动者)。无形指它是一种经济关系,是一种实现劳动力资源市场化配置的机制,借助市场机制促进劳动力的合理流动和经济利益的优化组合。

3)劳动力市场的要素与功能

(1)劳动力市场的要素

劳动力市场有五个主要组成要素:

①劳动力。劳动力指劳动力市场的供给方,即在劳动力市场充分发展并与其他生产要素市场相互配置、正常运行的所有社会劳动力。

②雇主。用人单位是劳动力市场的需求者,包括企事业单位、党政机关、社会团体和城乡居民个人,呈现多元化发展的趋势。

③工资。工资作为劳动力市场活动中劳动交换的支付手段,在调节劳动力供求方面起着重要作用。工资是劳动力市场运行的重要指标,整个劳动经济学理论都与工资有关。

④劳动力市场组织者。劳动力市场组织者通常是指劳动力市场组织,是劳动力供求双方协商和选择的场所,也是最直接反映劳动力市场的组织形式。

⑤劳动力市场规则。劳动力市场规则包括公平、平等和合法性。公平的规则意味着劳动力市场的公平竞争。等价规则指供求双方交换的价值相等,劳动者得到公平的工资,用人单位得到所需的劳动力资源。合法性指劳动法规定的劳动力交换应符合国家和政府的有关规定。

（2）劳动力市场的功能

第一,利用劳动力成本杠杆来配置劳动力,实现人力资源的最优配置。这是劳动力市场的核心功能,通过供求和竞争来实现劳动力资源的合理配置。

第二,调整劳动力供给和需求。当劳动力供大于求时,劳动力成本相对较低。

第三,竞争机制是劳动力市场的另一个重要功能。劳动力质量和劳动力成本是决定劳动力市场竞争的主要因素。劳动者竞争选择合适的企业,企业竞争选择合格的人才。

4）劳动力市场的运行机制

劳动力市场的运行机制指价值规律在人力资源配置过程中发挥调节作用的内在功能和外在表现。它和其他市场机制一样具有自我启动、自我调节、自我约束、自我结合和自我实现五大功能。劳动力市场的运行机制,由相互联系和相互制约的供求机制、价格机制、竞争机制组成。

（1）供求机制

供求机制反映的是劳动力市场的供求关系,主要指劳动力供求数量之间的关系。劳动力供给量指劳动力资源的数量,即能够参与劳动交换的劳动者的数量。影响劳动力供给的因素很多,包括人口规模及其增长率、人口年龄构成及其变化、社会年龄调节、劳动力参与率等。对劳动力的需求指社会经济发展对劳动力的总需求。从宏观上看,影响劳动力需求的因素包括国家产业结构政策、宏观经济发展的规模和水平、城市发展的速度。从微观上看,有企业劳动生产率水平、企业技术结构变化、企业经济结构和规模以及劳动力价格水平。当劳动力供给大于需求时,价格下降,供给减少。当劳动力需求超过供给时,价格上涨,劳动力供给增加。劳动力市场的供需运动是在"看不见的手"的调节下,从供需不平衡到平衡,从平衡到新的不平衡,再到新的平衡的动态过程。它的平衡是偶然的,不平衡是恒定的。

（2）价格机制

价格机制是劳动力市场的核心机制。劳动力市场的价格是评价劳动者素质、劳动能力及劳动效果的测量指标,也是自发调节劳动力资源在不同地区、不同行业和不同岗位之间配置的经济杠杆。劳动力市场价格的基础是劳动力价值,它由生产和再生产劳动力所必需的生产费用决定。在劳动力市场中,劳动力的市场价格围绕劳动力价值上下波动,也受供求关系影响。总体而言,劳动力的供求关系是影响和造成劳动力市场价格上下波动的主要原因。劳动力市场价格的经济意义表现在它既是宏观经济中劳动力流动的导向指标,同时也是劳动者个人择业的指示器;既是用人单位吸引优秀人才的手段,同时也是激励劳动者提高自身能力的加速器。

（3）竞争机制

竞争机制体现了劳动力市场的竞争关系,主要指劳动者在与生产资料结合的过程中所产生的择业竞争与在业竞争,以及企业为求得优秀人才而进行的人才竞争。如果劳动者不注意提高自身素质,就很有可能失去现有的职业。劳动力市场存在一定规模的失业队伍,作为产业后备军,他们给在业者带来一定的压力,促使在业者不断去学习和努力工作,以适应技术变化的要求,不断提高工作效率和个人素质去面对谋职人员的挑战。

9.1.2　就业与失业

1）就业

劳动就业指达到法定劳动年龄、具有劳动能力的劳动者,运用生产资料依法从事某种社会劳动,并获得赖以生存的报酬收入或者经营收入的经济活动。就业是一定年龄段内的人们所从事的为获取报酬或经营收入而进行的活动。就业可以从三个方面进行界定:①就业者条件,指在法定劳动年龄内;②收入条件,指获得一定的劳动报酬或经营收入;③时间条件,即每周工作时间的长度。我国对就业人员的界定为从事社会劳动,并取得劳动报酬和经营收入的人口。具体为:①在人口普查标准时间有固定职业的人口;②没有固定职业,但在人口普查标准时间有临时性工作并在此前一个月内从事社会劳动累计满16天或者16天以上的人口。

2）失业

（1）失业的概念

失业指有工作能力的人想找工作但找不到工作的现象。其实质是劳动者与生产资料相分离,劳动者不能与生产资料相结合来创造社会财富。

国际劳工组织（ILO）关于失业的界定标准如下:

①没有工作,既不被人雇佣,也没有自我雇佣;

②当前准备工作,在相应的时期内愿意被人雇佣或自我雇佣;

③正在积极寻找工作机会。

在计算失业率时,基数是劳动力总数,而非人口总数。即:失业率＝失业人数/(就业人数+失业人数)。一般来说,失业率与经济形势呈负相关,即当经济繁荣发展时,失业率降低;反之,当经济下滑或衰退时,失业率升高。

（2）失业的类型

根据引起失业的原因,失业大体上分为摩擦性失业、结构性失业、周期性失业。

①摩擦性失业。摩擦性失业是劳动者在工作搜寻过程中出现的失业,即由于人们不停地变动工作而引起的失业。也就是说,在一个动态的经济中,总有一部分人或自愿或被迫离开原来的地区或职业,从离开旧工作到找到新工作之间总有一段时间间隔。这一时期中,这

些人就处于失业状态。当他们离开原来的工作时,就流入了失业队伍;当他们找到新工作时,又流出了失业队伍。这是劳动力正常流动造成的失业。

②结构性失业。结构性失业是劳动力的供求不匹配时引起的失业。此时,劳动力的供求在总量上也许是平衡的,但在结构上不一致。这就导致一方面出现了有人无工作的失业,另一方面又存在有工作无人做的空位。出现这种情况,是因为随着经济结构调整,社会对某种劳动力的需求增加,对另一种劳动力的需求减少。劳动力的供给由于各种限制条件而无法迅速作出相应调整,这种失业的根源在于劳动力的供给结构不能适应劳动力的需求结构的变动,所以被称为结构性失业。

③周期性失业。周期性失业又称为总需求不足的失业,是由对劳动力的总需求减少(不是个别部门对劳动力需求的减少)引起的失业。在经济周期的衰退阶段,整个社会的总支出和产量水平下降,对劳动力的总需求减少,这就必然导致普遍失业。这种失业是经济活动的周期性波动引起的,在经济中也具有周期性。

劳动力市场特征

【想一想】劳动者怎样预防失业?

参考答案

【劳动活动单】

参观农民工博物馆

广州农民工博物馆

农民工,指户籍仍在农村,年内在本地从事非农产业或外出从业6个月及以上的劳动者(源于国家统计局数据)。改革开放40多年来,农村劳动力大规模向城市和非农领域迁移和就业,农民工逐渐成长为我国产业工人的主体,成为推动国家现代化建设的重要力量。在新时代,农民工一头连着现代化城市建设,一头连着乡村振兴的全面推进。善待农民工,给他们创造充足的劳动保障,尊重农民工的劳动价值,是我们全社会的责任。

　　我国现有中国农民工博物馆(四川省成都市金堂县)、农民工博物馆(广东省广州市白云区)、湖南青年农民工博物馆(湖南省长沙市)、重庆农民工博物馆(重庆市九龙坡区)共四个农民工博物馆。

　　农民工博物馆意在通过丰富的实物、图片、影像等,还原农民工的工作、生活及其奋斗、发展的历史,反映改革开放以来中国农民工的生活、生产缩影,向世界展示正是千千万万名农民工的辛勤汗水推动了中国社会、经济和城市的发展。农民工博物馆是广大农民工历史功勋的活化石。

　　请你选择一个农民工博物馆参观,根据下面表格自制你的博物馆护照,完成参观记录,回校后与老师、同学分享。

农民工的一个劳动场景:	农民工的一个劳动工具:	农民工的一项劳动技能:
农民工的一个生活场景:	农民工的一个生活物件:	博物馆的一段文字记录:
农民工的贡献和成就:	我印象最深刻的场景:	我的感受和发现:

9.2　劳动关系

【他说】

　　资本和劳动的关系,是我们全部现代社会体系所围绕旋转的轴心。

——恩格斯

【想一想】

　　你最想从工作中得到什么? 是金钱、成就感、自我价值感、社会保险还是其他? 你在工作的时候希望被如何对待,是像机器一样还是能被尊重? 在工作过程中,当你的权益受到侵犯时,你该如何去维护?

9.2.1 劳动关系概述

1)劳动关系的概念

劳动关系是生产关系的重要组成部分,是最基本也是最重要的社会关系之一。劳动关系是否和谐,关乎企业和广大劳动者的切身利益。劳动关系指劳动者与用人单位在实现劳动过程中建立的社会经济关系。劳动关系有广义和狭义之分,广义的劳动关系指人们在社会过程中发生的一切关系,包括劳动力的使用关系、劳动管理关系和劳动服务关系等;狭义的劳动关系指符合国家劳动法律法规的劳动法律关系,即双方当事人依据相关法律法规明确权利与义务,并且实现由国家强制力保障的社会经济关系。

劳动关系反映的是资本和劳动者之间的关系。由于双方都希望追求自身利益最大化,因此劳动关系的实质是要解决冲突与合作的关系。劳动关系中存在着不可调和的、根本性的冲突。因此劳动关系的根本目标就是要在冲突和合作中寻求平衡,让企业和劳动者更多地去关注如何将蛋糕做大,而不是让个人分得最大的蛋糕,让劳动关系可以积极有效地运行,最终实现双赢。

2)劳动关系的主体

在我国,劳动关系的主体是依据劳动法的相关规定界定的。劳动关系中的一方应是符合法定条件的用人单位;另一方只能是自然人,而且必须是符合劳动年龄条件且具有与履行劳动合同义务相适应能力的自然人,通常称之为劳动者。

(1)劳动者

我国关于劳动关系主体中的劳动者,具体指达到法定年龄,具有劳动能力,以从事某种社会劳动获得收入为主要生活来源,依据法律和合同的规定,在用人单位的管理下从事劳动并获取劳动报酬的自然人。

工会是由劳动者组成的,旨在维护和改善其就业条件、工作条件、工资福利待遇以及社会地位等权益的组织,工会主要以集体谈判的方式,来代表劳动者在就业组织和整个社会中的权益。

(2)用人单位

西方国家劳动关系的利益主体一般称为雇主,指在一个组织中使用雇员进行有组织有目的的活动,并向其支付工资报酬的法人或自然人。在中国现行的劳动立法中没有使用雇主的概念,而是普遍使用用人单位。用人单位指具有用人权利能力和用人行为能力,运用劳动力组织生产劳动,为劳动者支付工资和劳动报酬的单位。目前适用《中华人民共和国劳动法》的用人单位包括企业、个体经济组织、国家机关、事业组织、社会团体。

(3)政府

劳动法所调整和规范的劳动关系不仅包括劳动者与用人单位、工会与雇主的关系,还包括产业层面和社会层面的劳动关系,即工会组织与雇主组织以及政府之间的三方关系。政府作为劳动关系的主体,是一种特殊主体。它既可能是用人单位,也可能是调解者和立法者,还有可能是三方协调者。

3)劳动关系管理的目标

(1)效率

提高效率是用人单位管理劳动关系的主要目标,也是政府干预的一个目标。效率是经济行为的工具性标准,追求效率是一种经济行为,与利润最大化的企业目标保持一致,因而效率是雇主的首要目标。

在追求效率的过程中会产生外部性等一系列问题,比如交通系统工人罢工造成的旅客出行困难;工人低工资造成社会购买力低下进而导致国内需求不足,引起产品市场供需不平衡。因而,效率也是政府和社会关注的一个目标。

(2)公平

公平是由一组公平就业标准构成的。公平涵盖了最低标准、分配性公平和程序性公平。

公平的最低标准包括:最低工资、最高工时、安全和健康保护、童工限制、家庭休假以及退休、健康和伤残保险。公平还包括公平的工作报酬、均衡的收入分配、保证机会均等并免遭不正当解雇的非歧视政策;包括政治上、道德上、宗教上和心理上的诸多方面的正当理由,以保证员工能够感知公平性。显然,这些方面表现出的公平,是劳动者管理劳动关系的重要目标。同时,公平中既包含了与薪资等有关的物质结果,也包括了分配性公平和程序性公平,涉及道德、宗教、政治等更广泛的问题。因此,公平成为政府和社会参与劳动关系管理的一个目标。

(3)发言权

发言权是员工参与管理的内在标准,因此,追求对工作场所的发言权是劳动关系管理的重要目标。发言权是在决策中提出有益见解的能力。由于发言权与政治、道德、宗教、心理甚至产权有密切关系,出于政治理论、宗教思想、人性尊严及其他方面的原因,将发言权推及工作场所,是一种"道德律令",也必然成为政府和社会关注的一个目标。

(4)经济发展与社会和谐稳定

劳动关系本身是一种社会经济关系,劳动关系管理有助于促进生产力要素的优化配置,从而提高劳动者、生产资源、劳动对象的匹配度。

4)构建和谐劳动关系

劳动关系作为最基本、最重要的社会关系之一,其是否和谐发展,关系到数量众多的企业和劳动者,对劳动世界有着重大影响。构建和谐劳动关系与提高就业质量、实现体面劳动、创造美好劳动世界息息相关。

现实劳动情境中,用人单位常常在劳动关系中占据主导地位,即使有法律作为底线保护劳动者的合理权益,但追求盈利仍是企业的本能。因此,用人单位为提高劳动生产效率不合理不自觉地延长劳动时间,增加劳动强度,对劳动者的人性化道德关怀不足,影响劳动者的身心健康与全面发展,降低劳动满意度与主动性,导致劳动者与劳动单位的对抗增加。

在今天,劳动者的民主意识和公平要求不断提高,劳动者的劳动积极性、创造性与用人单位的效益水平、发展前景是直接相关的。不尊重劳动者人格、单纯控制劳动者、忽略劳动者复杂的需要,会伤害劳动者诚实敬业的劳动热情与工作尊严,使劳动者产生不满与焦虑,其实质最终影响的是用人单位的劳动效率。

我国作为社会主义国家,劳动者的地位是受到宪法保护的,社会主义制度为劳动者权益的实现提供了坚实的制度保障。当前存在的劳动关系的不和谐,主要是现阶段我国以公有制为主体、多种所有制经济共同发展的基本经济制度还需要不断完善和健全,这和资本主义社会劳资关系的对抗性本质是截然不同的。党和国家高度重视劳资关系的和谐性,可以说,劳资关系这一问题必然会随着社会主义制度不断完善而逐步得到解决。

【拓展阅读】　　　　　　实现体面劳动

体面劳动是指生产性的劳动,包括劳动者的权利得到保护、有足够的收入、充分的社会保护和足够的工作岗位。这是应对经济全球化背景下劳工问题的战略选择。

体面劳动要实现四个战略目标,即:劳动基本原则、权利和国际劳工标准;为所有的人提供就业和收入的机会;社会保护和社会保障;社会对话和三方机制。

体面劳动是时代精神的体现,它既是落实以人为本、尊重和保障人权的重要举措,也是实现社会主义建设的重要基石。我国是社会主义国家,党和政府高度重视实现体面劳动。习近平总书记在与全国劳动模范代表会谈时强调,"努力让劳动者实现体面劳动、全面发展"。体面劳动是调整当前劳动关系的重要议题,要让尊重劳动、尊重人才、尊重创造成为全民思想的指引方向。

9.2.2　中国特色和谐劳动关系

2015 年,中共中央、国务院出台了《中共中央 国务院关于构建和谐劳动关系的意见》,对构建中国特色和谐劳动关系进行顶层设计和总体部署,明确提出要建立规范有序、公正合理、互利共赢、和谐稳定的劳动关系。努力构建中国特色和谐劳动关系是坚持中国特色社会主义道路,贯彻中国特色社会主义理论体系,完善中国特色社会主义制度的重要组成部分。中国特色和谐劳动关系的构建,涉及宏观的劳动关系治理机制和微观的劳动关系管理。

①中国特色和谐劳动关系治理,即国家层面的和谐劳动关系治理。要在坚持党的领导的前提下,充分发挥政府、工会和企业组织在约束雇主、引导职工和调解矛盾方面的独特作用,不断健全劳动领域的相关法律法规,制定促进"劳企两利"的劳动关系政策和制度,构建有效的劳动关系协商协调机制和矛盾调处机制。

我国政府高度重视构建和谐劳动关系,坚持以人民为中心的发展思想,将构建中国特色和谐劳动关系作为坚持中国特色社会主义道路、贯彻中国特色社会主义理论体系、完善中国特色社会主义制度的重要组成部分。

随着社会主义市场经济体制的逐步建立,具有中国特色的劳动关系治理体系逐步形成,体现在构建中国特色和谐劳动关系的体制机制框架基本确立,劳动关系法律制度逐步完善,劳动关系双方自主协商、社会三方协调、政府依法调整的工作格局基本形成。该体系保持了全国劳动关系总体和谐稳定,有力地保障了劳动者合法权益,促进了就业质量提升,为经济发展和社会和谐提供了重要支撑,为创造劳动世界美好未来奠定了坚实基础。

②中国特色和谐劳动关系管理,即企业层面的和谐劳动关系管理。它是以劳动合同管理为基础,以共享共建为整体原则,推动员工通过职工代表大会、劳企协商等方式参与民主管理。

我国坚持发挥企业和劳动者依法自主协调劳动关系的基础性作用,建立完善以职工代表大会为基本形式的企业民主管理制度,推行厂务公开、职工董事和监事制度,探索劳资恳谈会、劳资协商会等多种形式的民主协商机制,畅通职工参与民主管理渠道。坚持以法治的方式协调劳动关系,逐步完善和落实劳动合同、集体协商、劳动争议处理、劳动保障监察等法律制度和工资分配、工作时间、休息休假等劳动基准,不断完善劳动争议调解仲裁制度和劳动保障监察制度,依法妥善解决劳动关系矛盾,维护劳动者合法权益。

9.3 劳动权益

【想一想】劳动权益知多少?

1. 员工没有与用人单位签订劳动合同,但存在劳动关系,受到劳动法保护吗?

2. 全日制在校学生与用人单位之间是否存在劳动关系?

3. 劳动者违反录用协议不去用人单位报到需要赔钱吗?

劳动权益是劳动者享有的权利与利益的简称,指的是劳动者作为人力资源的所有者,在劳动关系中凭借从事劳动或从事过劳动这一客观存在而获得的应享有的权益。法律制度是一种长效的和稳定的人权保障机制,能够为实现宪法赋予的劳动权提供坚实的法律依据。和谐劳动关系的形成和发展,依赖于劳动法律法规对劳动关系的调整,不断明确劳动双方的权利和义务。

目前在我国形成了包括《中华人民共和国宪法》《中华人民共和国劳动法》《中华人民共和国就业促进法》《中华人民共和国工会法》《中华人民共和国劳动合同法》《中华人民共和国社会保险法》《中华人民共和国劳动争议调解仲裁法》《中华人民共和国民事诉讼法》等实体法、程序法在内的一系列调整劳动关系、保护劳动者权益的法律制度体系。其中宪法作为国家的根本大法,是其他法律制定的依据,是制度体系的顶层设计;其他法律制度围绕劳动关系的产生、运行、消灭、纠纷解决等各个环节展开调整。

9.3.1 劳动法概述

我国一向重视保护劳动者的合法权益,宪法第四十二条规定:中华人民共和国公民有劳动的权利和义务。国家通过各种途径,创造劳动就业条件,加强劳动保护,改善劳动条件,并在发展生产的基础上,提高劳动报酬和福利待遇。劳动是一切有劳动能力的公民的光荣职责。国家对就业前的公民进行必要的劳动就业训练。宪法第四十三条规定：中华人民共和国劳动者有休息的权利。

劳动法是调整劳动关系以及与劳动关系密切联系的某些其他关系的法律规范的总称。广义的劳动法包括宪法规定的基本劳动制度及劳动关系主体的权利义务、劳动基本法以及与其实施相配套的一系列法律、行政法规、地方性法规及司法解释等。狭义的劳动法指劳动基本法，即《中华人民共和国劳动法》。

我国自1995年出台《中华人民共和国劳动法》以来，该法规已经经历了2009年和2018年两次修正。它作为基本法，旨在确立劳动关系的基本制度、基本原则，确立了向劳动者倾斜的基本原则。其中第一条就提到："为了保护劳动者的合法权益，调整劳动关系，建立和维护适应社会主义市场经济的劳动制度，促进经济发展和社会进步，根据宪法，制定本法"，这是其立法的宗旨和出发点。

1）劳动法的产生与发展

18世纪后期到19世纪前期，在西方世界，蓬勃发展的工业革命一方面使得资产阶级的力量增强，另一方面也产生了大量工人队伍。人类历史上首次大规模出现了劳动关系，成为资本主义生产方式的基础，但劳动法并未随之产生。这一时期，在资产阶级自由思想指导下，产生了与之相匹配的契约自由，劳动关系被视为两个平等人格者之间纯粹的债权关系。为了利益最大化，工厂主不断缩减成本，压迫劳动者，极力压低工资、延长工时、无视安全卫生，这些都被视为契约自由下雇主选择的结果。契约自由为雇主获取更高利润提供了正当性，工人面对工厂主处于弱势地位，导致工人的正当权利难以得到保障。在这样的情形下，西方各国无产阶级革命运动兴起，工人阶级提出废除原有的"工人法规"，限制工作时间、增加工资和禁止雇佣童工等要求，为保护自身利益进行不懈斗争。迫于压力，资产阶级政府不得不出面干预，逐步制定和颁布了一系列保护劳动者的相关法律，其中1802年英国下议院通过的主要限定童工劳动时间的《学徒健康与道德法》被视作劳动法产生的标志，它规定：纺织厂不能使用9岁以下的学徒，童工的工作时间每日不得超过12小时，且禁止从事夜工。这一法规为保护劳动者利益而制定，从此揭开了立法史上新的一页。这意味着契约自由不再成为用人单位凭借优势地位侵犯劳动者权益的理由，社会对具有"劳动者"身份的群体进行特殊保护。进入20世纪以后，西方主要国家大都相继颁布了劳动法规。从1802年以后的百余年间，西方国家劳动立法从民法中分离出来，成为独立的法律部门。

我国的第一部劳动立法是1923年北洋政府颁布的《暂行工厂规则》，它移植了当时国际上较为先进的立法，确立了诸多劳工保护原则，内容包括最低受雇年龄、工作与休息时间、对童工和女工工作限制等，影响了此后的工厂立法。

中华人民共和国成立后，"五四宪法"中对劳动作出专门规定，国家鼓励公民在劳动中提高积极性和创造性，对劳动者的休息权、获得物质帮助权等作出了规定。随着改革开放的不断深入，劳动法也随着经济社会的发展不断变迁。今天，我国已经形成了以《中华人民共和国劳动法》和《中华人民共和国劳动合同法》为中心的劳动法体系。

劳动法渊源体系举例

法律渊源	具体法律制度	目的	施行时间
宪法	第 42 条、第 43 条等		
法律	《中华人民共和国劳动法》	保护劳动者的合法权益,调整劳动关系	1995 年 1 月 1 日
	《中华人民共和国劳动合同法》	明确劳动合同的规定	2008 年 1 月 1 日
	《中华人民共和国就业促进法》	促进就业,促进经济发展与扩大就业相协调,促进社会和谐稳定	2008 年 1 月 1 日
	《中华人民共和国劳动争议调解仲裁法》	解决劳动争议,保护当事人合法权益,促进劳动关系和谐稳定	2008 年 5 月 1 日
	《中华人民共和国职业病防治法》	预防、控制和消除职业病危害,防治职业病,保护劳动者权益	2002 年 5 月
	《中华人民共和国矿山安全法》	保障矿山生产安全,防止矿山事故,保护矿山职工人身安全	1993 年 5 月 1 日
行政法规	《女职工劳动保护特别规定》	减少和解决女职工在劳动中因生理特点造成的特殊困难	2012 年 4 月 28 日
	《中华人民共和国劳动合同法实施条例》	贯彻实施《中华人民共和国劳动合同法》	2008 年 9 月 18 日
	《职工带薪年休假条例》	维护职工休息休假权利	2008 年 1 月 1 日
	《对外劳务合作管理条例》	规范对外劳务合作,保障劳务人员的合法权益	2012 年 8 月 1 日
地方性法规	各省劳动管理办法,如《上海市劳动合同条例》等		
司法解释	《最高人民法院关于审理劳动争议案件适用法律若干问题的解释》等	正确审理劳动争议案件	2021 年 1 月 1 日,此前原有的四个法释同期被废止

2)劳动法的调整对象

劳动法的调整对象主要是劳动关系。我国劳动法所调整的劳动关系,指用人单位招录劳动者为其成员,劳动者在用人单位的管理下提供劳动而产生的权利义务关系。

【辨一辨】在校打工的大学生是劳动者吗?

3)劳动者的权利

劳动者的权利是指劳动者依照劳动法律法规行使的权利和享受的利益。主要包含以下几种。

①就业权。《中华人民共和国劳动法》第三条规定"劳动者享有平等就业和选择职业的权利",劳动是人们生活的第一个基本条件,是创造物质财富和精神财富的源泉。劳动就业权是有劳动能力的公民获得参加社会劳动和切实保证按劳取酬的权利。公民的劳动就业权是公民享有其他各项权利的基础。如果公民的劳动就业权不能实现,其他一切权利也就失去了基础。

就业权包含三层含义:劳动者有获得职业的权利、劳动者有选择职业的权利和劳动者有平等就业的权利。劳动者能自由选择职业,有利于劳动者充分发挥自己的特长,促进社会生产力的发展。选择职业的权利是劳动者劳动权利的体现,是社会进步的一个标志。劳动者在就业时不因民族、性别、年龄、文化等受到歧视和限制,在应聘时,任何人都没有特权,也不得歧视任何人。

【拓展阅读】   招聘应该有限制吗?

2019年2月,人力资源和社会保障部、教育部、司法部、卫生健康委、国资委、医保局、全国总工会、全国妇联和最高人民法院印发《关于进一步规范招聘行为促进妇女就业的通知》,通知规定,依法禁止招聘环节中的就业性别歧视。各类单位在招聘中不得限定性别(国家规定的女职工禁忌劳动范围等情况除外)或性别优先,不得以性别为由限制妇女求职就业、拒绝录用妇女,不得询问妇女婚育情况,不得将妊娠测试作为入职体检项目,不得将限制生育作为录用条件,不得差别化地提高对妇女的录用标准。

2020年11月,教育部发布《关于做好2021届全国普通高校毕业生就业创业工作的通知》,通知要求,树立正确用人导向,要求党政机关、企事业单位、国有企业在招聘公告和实际操作中不得将毕业院校、国(境)外学习经历、学习方式(全日制和非全日制)作为限制性条件。

②劳动报酬权。随着劳动制度的改革,劳动报酬成为劳动者与用人单位所签订的劳动合同的必备条款。劳动者付出劳动,依照合同及国家有关法律规定取得报酬是劳动者的权利。而及时定额向劳动者支付工资,则是用人单位的义务。用人单位违反这些应尽的义务,劳动者有权依法要求有关部门追究其责任。获取劳动报酬是劳动者持续行使劳动权不可缺少的物质保证。

③休息权。我国宪法规定,劳动者有休息的权利。国家发展劳动者休息和休养的设施,规定职工的工作时间和休假制度。赋予劳动者休息权,其目的是保证劳动者的疲劳得以解除,体力和精神得以恢复和发展。

④劳动安全卫生保护的权利。这是保证劳动者在劳动中生命安全和身体健康,是对享受劳动权利的主体切身利益最直接的保护,包括防止工伤事故和职业病。如果企业单位劳动保护工作欠缺,其后果不仅是某些权益的丧失,而且是劳动者的健康和生命直接受到伤害。

⑤社会保险和福利的权利。疾病和年老是每一个劳动者都不可避免的。社会保险是劳动力再生产的一种客观需要。《中华人民共和国劳动法》规定劳动保险包括养老保险、医疗保险、工伤保险、失业保险、生育保险等。但目前我国的社会保险还存在一些问题,如社会保险基金制度不健全,国家负担过重;社会保险的实施范围不广泛、发展不平衡、社会化程度低,影响劳动力合理流动。

⑥接受职业技能培训的权利。我国宪法规定,公民有受教育的权利和义务。所谓受教育既包括受普通教育,也包括受职业教育。公民要实现自己的劳动权,必须拥有一定的职业技能,而要获得这些职业技能,越来越依赖于专门的职业培训。因此,劳动者若没有职业培训权利,劳动就业权利也就成为一句空话。

⑦提请劳动争议处理的权利。劳动争议指劳动关系当事人,因执行《中华人民共和国劳动法》或履行集体合同和劳动合同的规定引起的争议。劳动关系当事人,作为劳动关系的主体,各自存在着不同的利益,双方不可避免地会产生分歧。用人单位与劳动者发生劳动争议,劳动者可以依法申请调解、仲裁、提起诉讼。劳动争议调解委员会由用人单位、工会和职工代表组成。劳动仲裁委员会由劳动行政部门的代表、同级工会、用人单位代表组成。解决劳动争议应该贯彻合法、公正、及时处理的原则。

⑧法律规定的其他权利。法律规定的其他权利包括:依法参加和组织工会的权利,依法享有参与民主管理的权利,劳动者依法享有参加社会义务劳动的权利,从事科学研究、技术革新、发明创造的权利,依法解除劳动合同的权利,对用人单位管理人员违章指挥、强令冒险作业有拒绝执行的权利,对危害生命安全和身体健康的行为有权提出批评、举报和控告的权利,对违反劳动法的行为进行监督的权利等。

4)劳动者的义务

劳动者的劳动义务是指劳动者依据法律法规规定必须作出一定行为或不得作出一定行为的法律义务。权利和义务是相辅相成的,在任何一种法律关系中,没有无义务的权利,也没有无权利的义务,任何权利的实现总是以履行一定的义务为条件。

劳动者违反操作规程应承担相应责任

①完成劳动任务。这是劳动者最基本的义务,也是强制性的义务。

②提高职业技能。劳动者在享有接受职业技能培训的权利时,也有提高自身职业技能的义务,这是劳动者完成劳动任务的保障。

③执行劳动安全卫生规程。劳动者只有执行单位指定的劳动安全卫生规程,才能保证劳动任务的安全完成,如果劳动者违反用人单位的操作规程导致用人单位损失的,应承担赔偿责任。

④遵守劳动纪律。劳动纪律是用人单位为形成和维持生产经营秩序,保证劳动合同得

以履行,要求劳动者在共同劳动中必须遵守的规则和秩序。

⑤遵守职业道德。职业道德是劳动者在职业活动中应当遵守的道德,包括诚实守信、忠于职守、保守商业秘密等。

9.3.2 劳动基准法

劳动基准法是有关劳动报酬和劳动条件最低标准的法律规范的总称。劳动基准法与劳动合同法、工会法、安全生产法、社会保险法、劳动争议调解仲裁法等共同构成我国的劳动法体系。

我国的劳动基准法的主要规定在《中华人民共和国劳动法》第四章(工作时间和休息休假)、第五章(工资)、第六章(劳动安全卫生)、第七章(女职工和未成年工特殊保护)。

1)工作时间制度

工作时间指法律规定的、劳动者为履行劳动义务所需完成的时间。它具体包括:实际完成工作的时间、工作开始前的准备时间和工作结束时的整理时间、因用人单位的原因造成的等待工作的时间、参加与工作有直接联系并有法定义务性质的职业培训、教育的时间、从事连续性有害工作之间的间歇时间、因公外出或法规范围内消耗的其他时间、法律规定的其他的属于工作时间的非实际工作时间。

(1)工作时间制度种类

①标准工时制

标准工时制指在法律规定下正常情况一般职工从事工作的时间的制度,由立法确定一昼夜中工作时间长度、一周中工作日天数。标准工时制是劳动者工作时间的标准和基础,是其他特殊工时制度的计算依据和参照标准,因此它具有至关重要的意义。

我国劳动法对职工的工作时间作出了明确规定。劳动者的工作时间每日不超过 8 小时,平均每周不超过 40 小时。

②综合计算工时制

综合计算工时制指因工作性质特殊或者受季节及自然条件限制,需要在一段时间内连续作业,采取以周、月、季、年等为周期综合计算工作时间的一种工时制度。

并不是所有的企业都可以申请实行综合计算工时制,企业需提前向当地行政管理部门申请备案,获批后方可实行。综合计算工时制主要适用于从事自然条件或技术条件限制的劳动,比如交通、铁路、邮电、航空等需要连续作业的行业或地质、石油勘探、建筑、旅游等受季节和自然条件限制的行业。

③不定时工时制

不定时工时制指针对因生产特点、工作性质特殊需要或职责范围的关系,需要连续上班或难以按时上下班,无法适用标准工作时间或需要机动作业的职工而采用的一种工作时间制度。不定时工时制与标准工时制、综合计算工时制不同之处在于后两者都是以工作时间来计算员工的劳动量,而不定时工时制是不按照工作时间直接确定劳动量的工作制度,比如企业中的高级管理人员、销售人员、长途运输人员、铁路港口仓库的装卸人员等,这些劳动者的工作职责范围不能受固定工作时数限制。不定时工时制也需要企业提前向当地行政管理部门申请备案并得到批准。

（2）延长工作时间

延长工作时间指劳动者超出法定标准工作时间长度的工作时间，包括加班、加点两种形式。加班一般是指根据用人单位的要求，在法定节假日和公休日进行工作的时间，以天数作为计算单位；加点则是指在法定的日标准工作时间以外延长工作的时间，一般以小时作为计算单位。

《中华人民共和国劳动法》第四十四条规定，有下列情形之一的，用人单位应当按照下列标准支付高于劳动者正常工作时间工资的工资报酬：

（一）安排劳动者延长工作时间的，支付不低于工资的百分之一百五十的工资报酬。

（二）休息日安排劳动者工作又不能安排补休的，支付不低于工资的百分之两百的工资报酬。

（三）法定休假日安排劳动者工作的，支付不低于工资的百分之三百的工资报酬。

（3）工作天数的计算

我国明确规定了标准工时制下工作天数的计算方法。

①年工作日：365 天－104 天（休息日）－11 天（法定节假日）＝250 天

②季工作日：250 天÷4 季＝62.5 天

③月工作日：250 天÷12 月≈20.83 天

【想一想】综合计算工时制下，国庆 7 天加班的劳动报酬如何计算？

参考答案

2）休息休假制度

休息休假指劳动者在国家规定的法定工作时间外自行支配的时间，包括劳动者每天休息的时数，每周休息的天数，节假日以及各种假期等。

（1）休息日

休息日又称公休日，即劳动者在一周 7 日内享有的休息日。公休日一般为每周两日，安排在周六和周日休息。不能实行国家标准工时制度的企业和事业组织，可根据实际情况灵活安排，应当保证劳动者每周至少休息一日。

（2）法定节假日

根据《全国年节及纪念日放假办法》的规定，我国目前全体公民的节假日主要包括元旦、春节、清明节、劳动节、端午节、中秋节和国庆节。此外还有部分公民放假的节日，如妇女节、青年节、儿童节和建军节等。

（3）其他各类休假

①婚假。婚假指劳动者本人结婚依法享受的假期，婚假期间用人单位应如数支付工资。一般情况下，员工本人结婚可享受 1～3 天婚假。

"996"是福报吗？

②丧假。我国《劳动法》明确赋予了劳动者带薪休丧假的权利,一般为1~3天。

③产假。产假指在职妇女产期前后的休假待遇。按照《劳动法》和《女职工劳动保护特别规定》的规定,用人单位不得因女职工怀孕、生育、哺乳降低其工资、予以辞退或与其解除劳动合同。从法律上保证了女性的产假是带薪休假。

④探亲假。探亲假指与父母或配偶分居两地的职工,每年享有的与父母或配偶团聚的假期。

3)工资制度

工资是用人单位按照法定或约定的标准,以货币形式向劳动者支付的劳动报酬。我国的工资分配应当遵循按劳分配原则,实行同工同酬。国家实行最低工资保障制度,用人单位支付给劳动者的工资不得低于当地最低工资标准,不得克扣或者无故拖欠劳动者的工资。

(1)工资的构成

工资的构成与工资的形式都是工资制度的重要内容,只不过工资构成重在说明工资的组成内容,而工资形式则是对劳动者实际付出的劳动量和相应获得的劳动报酬量的具体计算与支付方法。

工资由不同的部分组成,而不同部分的工资都有其相对明确的法律含义,比如基本工资是相对固定的底薪,绩效工资取决于用人单位的经济效益和劳动者本人的岗位贡献,奖金补贴等则是在特定条件下的激励性补偿性的给付。现阶段最常见的工资构成有基本工资、绩效工资、奖金、津贴和补贴等内容。

①基本工资。基本工资是劳动者与用人单位在劳动合同中约定的,与工作岗位相适应的、相对固定的工资。劳动者在法定的工作时间内提供正常劳动的情况下,即可获得基本工资,基本工资具有基准性、固定性、等级性的特点。基准性指基本工资常常作为计算辅助工资单元数额的基准;固定性指只要劳动者提供了正常劳动,用人单位就应当按照劳动合同约定的标准支付报酬,而这个标准不应该低于当地最低工资标准;等级性指基本工资按据岗位以及职级的不同而设计不同的工资等级标准,应该反映劳动者岗位技能以及劳动熟练程度的差异。

②绩效工资。绩效工资是以对员工绩效的有效考核为基础,将工资和考核结果相挂钩的工资制度。在现实生活中,绩效工资被普遍采用,主要是对劳动过程进行调控,通过对绩优者和绩劣者的收入调节,激励员工积极主动和创造性地完成工作任务。

③奖金。奖金是用人单位对做出突出贡献的劳动者支付的奖励性的劳动报酬,是辅助工资的构成内容之一。按照不同的标准可以对奖金进行不同的分类。

④津贴。津贴指补偿劳动者在特殊条件下的额外的劳动消耗和生活费额外支出的工资补充形式。我国现行的津贴大体可以分为以下几类,第一类是为补偿劳动者额外的劳动消耗而设置的津贴,如高空作业,高温作业,夜班津贴等;第二类是为补偿职工特殊劳动和生活费额外支出的双重性而设置的津贴,如山区津贴、筑岛津贴、船员津贴、外勤工作津贴、铁路乘务津贴,以及为了鼓励职工到艰苦的地方去工作而设置的津贴;第三类是为了保障职工身体健康而设置的津贴,如对从事接触粉尘、高压有毒有害气体、接触放射性物质以及从事潜

水作业等工作的劳动者发放的保健津贴、医疗卫生津贴等;第四类是为鼓励职工钻研技术努力工作而设置的津贴,比如科研津贴、优秀运动员津贴等;第五类是为维护社会所需要的工作的正常进行而设置的津贴,比如环卫工人津贴等;第六类是为补偿职工的特殊贡献而设置的奖励性津贴,如对做出突出贡献的专家学者和科技人员设置的政府特殊津贴等。

⑤补贴。补贴是工资构成当中比较固定和稳定的单元,一般是针对特定条件下,由于物价变动影响而对劳动者所做的临时性的工资补助,它是保证劳动者生活水平免受较大的冲击的工资形式。

(2)标准工时日工资及小时工资的计算

按照《中华人民共和国劳动法》第五十一条规定,法定休假日用人单位应当依法支付劳动者工资,即折算日工资、小时工资时不剔除 11 天法定休假日,因此,日工资、小时工资的折算为:

日工资＝月工资收入÷月计薪天数

小时工资＝月工资收入÷(月计薪天数×8 小时)

年计薪天数＝365 天−104 天(即:52 周×2 天)＝261 天

月计薪天数＝(365 天−104 天)÷12 月＝21.75 天

4)职业安全健康制度

职业安全健康制度是实现劳动者职业安全权利的重要保障,国家有责任通过立法建立职业安全保障标准,保障劳动者生命安全和身体健康权利的实现。职业安全健康制度的核心是制定职业安全健康标准,它是劳动基准的重要组成部分,对保障劳动者的基本人权、实现劳动者体面劳动的目标具有重大的意义。

职业安全制度是伴随着工业革命而产生,以劳动者的职业安全权利为价值取向而构建的目标,它指国家以保护劳动者和协调社会生产秩序,预防和解决职工在职业活动过程当中发生各种伤亡事故为目的所建立的一系列法律规范标准体系。例如,我国于 1992 年通过第一部职业安全方面的专门法律《中华人民共和国矿山安全法》,1994 年出台《中华人民共和国劳动法》,此后又通过并修订了《中华人民共和国安全生产法》《中华人民共和国煤炭法》《中华人民共和国道路交通法》《中华人民共和国社会保险法》等,明确了安全责任方面的规范和职业安全制度的主要内容。

职业安全健康制度的目的主要是保护劳动者的身体健康,维护劳动力的生产和再生产。职业安全健康制度指国家为了保护劳动者在劳动的过程中的身体健康,防止有毒有害物质的危害和防止职业病的发生,而制定的法律规范和操作规范具体包括各种工业生产卫生医疗、预防职工健康检查等技术和组织管理措施的规定,如职业病危害事故报告、调查处理和统计制度等。

5)女职工和未成年工特殊劳动保护

女职工和未成年工是在生理上处于弱势的群体,因此我国颁布了相关规定文件对其劳动权益进行特殊保护。

（1）女职工特殊劳动保护

①禁忌劳动。禁止安排女职工从事矿山、井下、国家规定的第四级体力劳动强度的劳动和其他禁忌从事的劳动。不得安排女职工在经期从事高处、低温、冷水和国家规定的第三级体力劳动强度的劳动。

②"四期"保护。"四期"保护是指对妇女生理机能变化过程中的保护，一般指女职工的经期、孕期、产期、哺乳期的保护。这种保护，不仅是对女职工本身，也是对下一代安全和健康的保护。

③特殊保护设施。用人单位应当按照有关规定，设置女职工卫生室、孕妇休息室和哺乳室等设施。

（2）未成年工特殊劳动保护

我国的未成年工指年满 16 周岁、未满 18 周岁，与用人单位建立劳动关系的劳动者。

①禁忌劳动。不得安排未成年工从事矿山井下、有毒有害、国家规定的第四级体力劳动强度的劳动和未成年工禁忌劳动范围的劳动等。

②定期健康检查制度。用人单位应按下列要求对未成年工进行健康检查：安排工作岗位之前；工作满一年；年满 18 周岁，距前一次体检时间已超过半年。

③未成年工使用和特殊保护的登记制度。

9.3.3　劳动合同

在市场经济中，用人单位和劳动者之间的劳动关系一般是通过劳动合同这种特殊的现代契约制的形式来确认的。在建立社会主义市场经济体制过程中，劳动合同法是我国建立和维护劳动关系协调机制的基础性劳动法律规范。劳动合同指劳动者与用人单位之间确立劳动关系，明确双方权利和义务的协议。订立和变更劳动合同，应当遵循平等自愿、协商一致的原则，不得违反法律、行政法规的规定。劳动合同依法订立即具有法律约束力，当事人必须履行劳动合同规定的义务。

1）劳动合同的种类

（1）固定期限劳动合同、无固定期限劳动合同和以完成一定的工作为期限的劳动合同

①固定期限劳动合同。用人单位与劳动者明确约定合同终止时间的劳动合同，可以满足用人单位灵活用工的需要。

②无固定期限劳动合同。用人单位与劳动者约定无确定终止时间，或者没有明确约定终止时间的劳动合同。除非劳动关系被依法解除，劳动关系可以持续到劳动者依法退休或用人单位不复存在。无固定期限劳动合同的就业保障和稳定劳动关系的功能是强于固定期限劳动合同的。

我国对无固定期限劳动合同作出法定选择的规定，如《中华人民共和国劳动合同法》第十四条规定，有下列情形之一，劳动者提出或者同意续订、订立劳动合同的，除劳动者提出订立固定期限劳动合同外，应当订立无固定期限劳动合同。

（一）劳动者在该用人单位连续工作满十年的；

（二）用人单位初次实行劳动合同制度或者国有企业改制重新订立劳动合同时，劳动者

在该用人单位连续工作满十年且距法定退休年龄不足十年的；

（三）连续订立二次固定期限劳动合同，且劳动者没有本法第三十九条和第四十条第一项、第二项规定的情形，续订劳动合同的。

用人单位自用工之日起满一年不与劳动者订立书面劳动合同的，视为用人单位与劳动者已订立无固定期限劳动合同。

③以完成一定的工作为期限的劳动合同。用人单位与劳动者约定以某项工作的完成为合同期限的劳动合同。一定工作的完成被约定为劳动合同终止的条件或时间。这类合同一般适用于建筑业、铁路交通业等。

（2）书面合同和口头合同

劳动合同有书面和口头两种形式，书面合同是双方当事人达成的协议，用文字形式固定下来，并经双方签字作为凭证。口头合同是经双方当事人口头承诺即宣告成立的合同。在我国，一般要求订立书面劳动合同。

参考答案

【辨一辨】未签订书面劳动合同，劳动关系无效吗？

（3）个人劳动合同和集体劳动合同

个人劳动合同一般由劳动者个人与用人单位签订。

集体劳动合同指三个或三个以上劳动者（派代表）与用人单位签订的劳动合同，集体劳动合同是经全体职工或者职工代表大会讨论同意后，由工会或者职工委托的代表与用人单位为规范劳动关系订立的，就劳动报酬、工作时间、休息休假、劳动安全卫生、职业培训、保险福利等事项为主要内容的协议。集体劳动合同中，劳动报酬和劳动条件等标准不得低于当地人民政府规定的最低标准，用人单位违反集体合同，侵犯职工劳动权益的，工会可以依法要求用人单位承担责任，因履行集体合同发生争议，经协商解决不成的，工会可以依法申请仲裁，提起诉讼。

2）劳动合同的内容

劳动合同的条款是由法定必备条款和约定条款构成的。约定条款可以约定试用期、培训服务期、保守秘密、竞业限制等。约定条款只要内容合法，就和必备条款一样，对当事人具有法律效力。

（1）法定必备条款。法定必备条款是指依据法律规定合同必须具备的条款。根据《中华人民共和国劳动合同法》第十七条的规定，劳动合同应当具备以下条款：

（一）用人单位的名称、住所和法定代表人或者主要负责人；

（二）劳动者的姓名、住址和居民身份证或者其他有效身份证件号码；

（三）劳动合同期限；

（四）工作内容和工作地点；

（五）工作时间和休息休假；

（六）劳动报酬；

（七）社会保险；

（八）劳动保护、劳动条件和职业危害防护；

（九）法律、法规规定应当纳入劳动合同的其他事项。

（2）试用期

试用期指用人单位和劳动者相互约定的，包含在劳动合同期限内，但劳动关系还处于非正式状态，用人单位考核劳动者是否合格，劳动者了解用人单位是否适合自己要求，以便确定劳动关系是否进入正式状态的短暂的实验性期限。

试用期对当事人双方都有利，为了实现试用期的目的和防范试用期被滥用，劳动法规定试用期需与劳动合同期限同时开始，且短于劳动合同期限。

劳动合同期限在三个月以上的，可以约定试用期。劳动合同期限三个月以上不满一年的，试用期不得超过一个月；劳动合同期限一年以上不满三年的，试用期不得超过两个月；三年以上固定期限和无固定期限的劳动合同，试用期不得超过六个月。同一用人单位与同一劳动者只能约定一次试用期。

劳动者在试用期的工资不得低于本单位同岗位最低档工资或者劳动合同约定工资的百分之八十，并重申试用期工资不得低于用人单位所在地的最低工资标准。试用期内用人单位也需要为劳动者缴纳社会保险。

《中华人民共和国劳动合同法》规定试用期内用人单位可解除劳动合同仅限于劳动者有下列情形之一：①在试用期间被证明不符合录用条件的；②严重违反用人单位的规章制度的；③严重失职，营私舞弊，给用人单位造成重大损害的；④劳动者同时与其他用人单位建立劳动关系，对完成本单位的工作任务造成严重影响，或者经用人单位提出，拒不改正的；⑤因本法第二十六条第一款第一项规定的情形致使劳动合同无效的；⑥被依法追究刑事责任的；⑦劳动者患病或者非因工负伤，在规定的医疗期满后不能从事原工作，也不能从事由用人单位另行安排的工作的；⑧劳动者不能胜任工作，经过培训或者调整工作岗位，仍不能胜任工作的。除上述情形外，用人单位不得在试用期内解除劳动合同。

（3）培训服务期

如果用人单位提供专项培训费用，对劳动者进行专项技术培训，那么用人单位有权约定服务期，并且服务期的长度应当与用人单位提供的培训费用相对称。如果劳动者违反服务期约定，应当按照约定向用人单位支付违约金，但支付的违约金不得超过用人单位提供的培训费用，且不得超过服务期尚未履行部分所应分摊的培训费用。

（4）保密义务

劳动者承担保密义务，主要是因为劳动关系中劳动者的忠实义务也是对商业秘密和知识产权的保护。为防范用人单位滥用保密权，对承担保密义务的主体，只限于由于职务或工作原因而可能知悉用人单位商业秘密和与知识产权相关的保密事项的劳动者，用人单位只可要求设立岗位的劳动者与其约定保密条款。用人单位不能在保密协议中约定违约金，劳动者违反保密义务，给用人单位造成损失的，根据实际损害要求其承担赔偿责任。

（5）竞业限制条款

竞业限制条款指依据法律规定或合同约定与特定营业主体有特定法律关系的主体，在一定的时空范围内,不得在与该特定营业主体有竞争关系的用人单位就业,也不得从事与该特定营业主体有竞争关系的业务活动。劳动法中的竞业限制可以分为在职竞业限制和离职竞业限制,但竞业限制年限最长不超过两年,超过两年的,超过部分无效。《中华人民共和国劳动合同法》允许就违反竞业限制义务约定违约金。

3)劳动合同的订立、解除和终止

(1)劳动合同的订立

劳动合同的订立指作为劳动合同主体双方的劳动者和用人单位就各自的权利、义务进行协商谈判,使双方的意志协调一致从而签订对双方具有约束力的劳动合同的法律行为。

劳动合同订立的原则:平等、自愿、协商一致、合法。

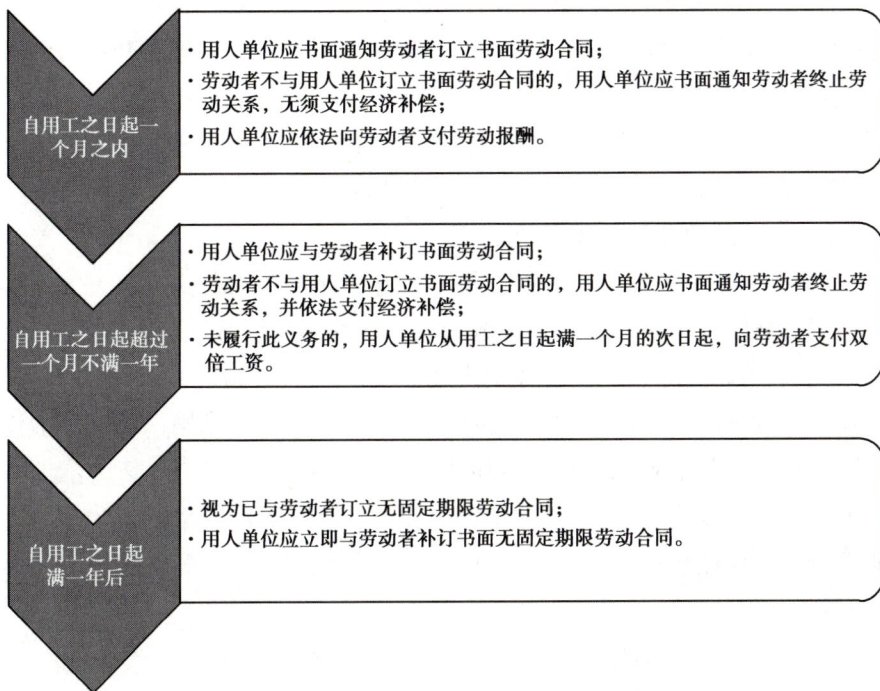

自用工之日起一个月之内	·用人单位应书面通知劳动者订立书面劳动合同; ·劳动者不与用人单位订立书面劳动合同的,用人单位应书面通知劳动者终止劳动关系,无须支付经济补偿; ·用人单位应依法向劳动者支付劳动报酬。
自用工之日起超过一个月不满一年	·用人单位应与劳动者补订书面劳动合同; ·劳动者不与用人单位订立书面劳动合同的,用人单位应书面通知劳动者终止劳动关系,并依法支付经济补偿; ·未履行此义务的,用人单位从用工之日起满一个月的次日起,向劳动者支付双倍工资。
自用工之日起满一年后	·视为已与劳动者订立无固定期限劳动合同; ·用人单位应立即与劳动者补订书面无固定期限劳动合同。

用人单位先用工后签订书面劳动合同的法律后果

在员工入职后一个月签订书面劳动合同是用人单位的法定义务。《中华人民共和国劳动合同法》第十条规定:建立劳动关系,应当订立书面劳动合同。已建立劳动关系,未同时订立书面劳动合同的,应当自用工之日起一个月内订立书面劳动合同。用人单位与劳动者在用工前订立劳动合同的,劳动关系自用工之日起建立。

劳动关系的建立不等于劳动合同的成立,双方在劳动合同上签字或者盖章代表劳动合同成立。劳动合同虽然成立,如果用人单位与劳动者之间并没有实际用工,劳动关系就没有建立;若劳动者已经加入用人单位,成为该单位的一员,并参加单位的生产劳动,遵守单位内部的劳动规则,即使没有签订劳动合同,也依然与用人单位建立了事实上的劳动关系。

(2)劳动合同的解除和终止

劳动关系的终结是劳动关系运行的最后一个环节。劳动合同解除和终止,是劳动合同效力和劳动合同关系消灭的两种形式。

①劳动合同解除

劳动合同解除主要指劳动合同订立后、尚未完全履行完毕以前,由于各种原因导致双方或一方当事人提前消灭劳动关系的法律行为。当事人提前消灭劳动合同关系其法律后果是使已生效或成立的劳动合同在劳动合同期限届满之前或当事人丧失主体资格之前向后失去效力。

劳动合同的解除可以分为单方解除和协商解除。其中,单方解除又分为劳动者单方解除和用人单位单方解除。

劳动者单方解除劳动合同。劳动者单方解除劳动合同分为预告性和即时性两种情况:

第一,预告性。《中华人民共和国劳动合同法》第三十七条规定:"劳动者提前三十日以书面形式通知用人单位,可以解除劳动合同。劳动者在试用期内提前三日通知用人单位,可以解除劳动合同。"本条规定了劳动者通过预告的方式解除劳动合同的权利,即辞职权。此种情况解除劳动合同,劳动者无须说明任何理由,也无须征得用人单位同意,只要提前 30 日以书面形式将解除劳动合同的决定通知用人单位即可。超过 30 日劳动者向用人单位提出办理解除劳动合同手续的,用人单位应予办理。

第二,即时性。《中华人民共和国劳动合同法》第三十八条规定:用人单位有下列情形之一的,劳动者可以解除劳动合同。a. 未按照劳动合同约定提供劳动保护或者劳动条件的;b. 未及时足额支付劳动报酬的;c. 未依法为劳动者缴纳社会保险费的;d. 用人单位的规章制度违反法律、法规的规定,损害劳动者权益的;e. 因本法第二十六条第一款规定的情形致使劳动合同无效的;f. 法律、行政法规规定劳动者可以解除劳动合同的其他情形。

用人单位以暴力、威胁或者非法限制人身自由的手段强迫劳动者劳动的,或者用人单位违章指挥、强令冒险作业危及劳动者人身安全的,劳动者可以立即解除劳动合同,不需事先告知用人单位。

用人单位单方解除劳动合同。法律对用人单位单方解除权进行了严格的法律规制,用人单位解除劳动合同分为即时性和预告性两种情况:

第一,用人单位即时性解除劳动合同(过失性辞退)。根据《中华人民共和国劳动合同法》第三十九条的规定,劳动者有下列情形之一的,用人单位可以解除劳动合同:a. 在试用期间被证明不符合录用条件的;b. 严重违反用人单位的规章制度的;c. 严重失职,营私舞弊,给用人单位造成重大损害的;d. 劳动者同时与其他用人单位建立劳动关系,对完成本单位的工作任务造成严重影响,或者经用人单位提出,拒不改正的;e. 因本法第二十六条第一款第一项规定的情形致使劳动合同无效的;f. 被依法追究刑事责任的。用人单位在此情况下解除合同,无须提前 30 天通知劳动者,且不受《中华人民共和国劳动合同法》第四十二条规定的对劳动者解雇保护的法律限制,也无须向劳动者支付经济补偿金。

第二,用人单位预告性解除劳动合同(非过失性辞退),有下列情形之一的,用人单位应提前 30 天以书面形式通知劳动者本人或者额外支付劳动者一个月工资后,可以解除劳动合同:a. 劳动者患病或者非因工负伤,在规定的医疗期满后不能从事原工作,也不能从事由用人单位另行安排的工作的;b.劳动者不能胜任工作,经过培训或者调整工作岗位,仍不能胜任工作的;c.劳动合同订立时所依据的客观情况发生重大变化,致使劳动合同无法履行,经用人单位与劳动者协商,未能就变更劳动合同内容达成协议的。

②劳动合同终止

劳动合同终止指劳动合同的期限届满或者当事人的主体资格消失,合同约定的权利义务即行消失,劳动合同自行终止,劳动关系终结的一种制度。

劳动合同解除和终止都能导致劳动关系的结束,但两者又有所不同:解除是劳动合同的提前消灭,即提前终止;终止是劳动合同因期满、目的实现或当事人资格丧失而消灭;劳动合同解除须当事人依法作出提前消灭劳动合同关系的意思表示,劳动合同终止只需当事人在具备终止的法定事由时无延续劳动关系的意思表示即可。

《中华人民共和国劳动合同法》第四十四条规定了劳动合同终止的情形:a.劳动合同期满;b.劳动者开始依法享受基本养老保险待遇;c.劳动者死亡,或者被人民法院宣告死亡或者宣告失踪;d.用人单位被依法宣告破产、被吊销营业执照、责令关闭、撤销或者用人单位决定提前解散;e.法律、行政法规规定的其他情形。

③劳动合同解除和终止的经济补偿

a.经济补偿的情形。《中华人民共和国劳动合同法》第四十六条规定有下列情形之一的,用人单位应当向劳动者支付经济补偿:第一,劳动者依照本法第三十八条规定解除劳动合同的;第二,用人单位依照本法第三十六条规定向劳动者提出解除劳动合同并与劳动者协商一致解除劳动合同的;第三,用人单位依照本法第四十条规定解除劳动合同的;第四,用人单位依照本法第四十一条第一款规定解除劳动合同的;第五,除用人单位维持或者提高劳动合同约定条件续订劳动合同,劳动者不同意续订的情形外,依照本法第四十四条第一项规定终止固定期限劳动合同的;第六,依照本法第四十四条第四项、第五项规定终止劳动合同的;第七,法律、行政法规规定的其他情形。

b.经济补偿的标准。经济补偿按劳动者在本单位工作的年限,每满1年支付1个月工资的标准向劳动者支付。6个月以上不满1年的,按1年计算;不满6个月的,向劳动者支付半个月工资的经济补偿。

劳动者月工资高于用人单位所在直辖市、设区的市级人民政府公布的本地区上年度职工月平均工资三倍的,向其支付经济补偿的标准按职工月平均工资三倍的数额支付,向其支付经济补偿的年限最高不超过12年。月工资是指劳动者在劳动合同解除或者终止前12个月的平均工资。

4)特殊劳动合同关系制度

(1)劳务派遣

劳务派遣指派遣单位按照用工单位或劳动力市场的需要招收劳动者并与之订立劳动合同,按照其与用工单位订立的劳务派遣协议将劳动者派遣到用工单位劳动。

劳务派遣中,劳动者的劳动过程由用工单位管理,工资和社会保险费由用工单位提供给派遣单位,再由派遣单位支付给劳动者,并为劳动者办理社会保险登记和缴费等事项。劳务派遣涉及派遣单位、用工单位、劳动者三方主体,因此法律关系更为复杂。

劳动派遣用工只是劳动合同用工的补充形式,只能在临时性、辅助性或者替代性的工作岗位上实施。被派遣劳动者享有与用工单位的劳动者同工同酬的权利。

参考答案

【辨一辨】劳务派遣员工发生工伤意外时,谁来承担责任?

(2)非全日制用工

非全日制用工指以小时计酬为主,劳动者在同一用人单位一般平均每日工作时间不超过 4 小时,每周工作时间累计不超过 24 小时的用工形式。

非全日制用工可以不签订书面劳动合同,任何一方都可以随时终止非全日制用工,用人单位终止用工也无需支付经济补偿,双方不得约定试用期,非全日制用工劳动报酬支付周期最长不得超过 15 日。

9.3.4 劳动与就业促进

就业是民生之本和安邦之策,就业就是最大的民生。就业权是劳动者的一项基本人权,是公民劳动权实现的逻辑起点,是经济社会可持续发展的原动力。我国是世界上第一人口大国,也是世界上第一就业大国,就业促进在我国具有特殊的意义及艰巨性。扩大就业、减少失业,提高就业质量,不仅是我国当前的一项紧迫工作,更是一项长远的战略任务。劳动就业从社会角度能够为社会创造财富或有益于社会的劳动,劳动就业从个体角度能够让劳动者获得劳动报酬或经营收入,保障了其生存权与发展权等功能。

目前,我国关于就业促进的法律法规正逐步完善。《中华人民共和国宪法》明确规定国家促进就业数量和提高就业质量的责任。《中华人民共和国劳动法》对政府促进就业的具体措施做出了明确规定。2008 年 1 月 1 日起施行的《中华人民共和国就业促进法》详细规定了政策支持、公平就业、就业服务和管理、职业教育和培训、就业援助等内容。此外,《中华人民共和国职业教育法》《中华人民共和国民办教育促进法》《中华人民共和国妇女权益保障法》《中华人民共和国残疾人保障法》等法律对就业促进也做了专门规定。

1)劳动就业的概念及形式

劳动就业是指具有劳动能力的公民在法定劳动年龄内,自愿从事有一定劳动报酬或经营收入的社会劳动。法学视角的劳动就业是以劳动权或就业权为核心、与其权利相对应的,是政府承担的就业促进责任。

从劳动就业的概念来看:第一,劳动就业的主体是特定的,需要相应的年龄条件。我国劳动法规定,除国家另有规定外,年满 16 周岁的公民具有劳动就业资格。第二,劳动就业是自愿的,劳动者具有主观求职愿望,禁止强迫劳动。第三,劳动就业的结果是提供了有益于社会的劳动,并获得了一定的劳动报酬或经营收入。

劳动就业的形式是灵活多样的,如标准就业和灵活就业,相对于传统劳动就业标准而言,灵活就业在工作时间、工作地点、工作方式等方面呈现多样化特色。在我国现有的劳动力市场中,灵活就业日益兴起,越来越普遍,更能满足用人单位和劳动者的多样化需求,有助于缓解就业压力。我国常见的灵活就业形式主要有三类,一是非全日制就业,主要是指以小时计酬为主,一般平均每天的工作时间不超过4小时,每周工作时间累计不超过24小时的用工形式;二是季节性就业,某些行业的生产经营受季节影响较大,例如渔业、旅游业、冷饮业等,这些行业的用人需求呈周期性变化,适合采取季节性而非全年制就业;三是自营就业,劳动者按照法律规定自主经营,独立核算,自负盈亏。

2)就业促进的内容

建立和完善就业,促进法律制度,离不开就业政策,就业政策属于社会公共政策。就业政策的不同源自不同发展时期、不同的经济环境和就业目标。中华人民共和国自成立以来,就业政策大致经历了从计划经济时期统包统配的就业政策到市场经济背景下市场配置劳动力与积极就业政策,再到新时期促进城乡统筹就业与深化积极就业政策等。新时期我国促进就业的目标定位于促进充分就业与保障公平就业,就是要把保障就业数量与质量并举,为新时期高质量发展提供匹配的人力资源支撑。

(1)充分就业和公平就业

①概念。

充分就业指在一定的工资水平之下,所有愿意接受工作的人都获得了就业机会。充分就业并不等于全部就业或者完全就业,仍然会存在一定程度上的失业,我们通常把失业率等于自然失业率时的就业水平称为充分就业。

公平就业指劳动就业不因民族、种族、性别、宗教信仰的不同而受到歧视,因此和公平就业对应的就是反就业歧视。根据1958年国际劳工组织的《消除就业和职业歧视公约》第一条第一款的规定,就业歧视指基于种族,肤色,性别,宗教,政治见解,民族血统或社会出身的任何区别、排斥或优惠,其效果是取消或损害了就业或职业方面的机会平等或待遇平等。

我国劳动法规定了民族歧视、种族歧视、性别歧视、宗教信仰歧视共4种就业歧视类型,《中华人民共和国就业促进法》则在以上4种就业歧视类型的基础上,增加了健康歧视和户籍歧视两类。从现实情况来看,我国的就业歧视主要表现为以下6个方面:第一,性别歧视,用人单位在招聘、任用、晋升和待遇上,对女性实施不合理的差别待遇;第二,户籍和地域歧视,指用人单位在招聘、任用、晋升和待遇上对待特定户籍或地域的劳动者实施不合理的差别待遇;第三,年龄歧视,指对特定年龄的劳动者实施不合理的差别待遇;第四,健康歧视,用人单位针对一些足以胜任工作条件、不会危害公共卫生安全的劳动者,在聘用和待遇上实行差别对待;第五,残疾歧视,主要指用人单位直接拒绝录用残疾人,或者是通过一定的体检标准来排斥那些实际上完全具备工作岗位胜任能力的残疾人;第六,身体歧视,用人单位会设定一些与工作岗位所需能力无关的条件如说身高相貌上的规定,对求职者进行差别对待。除此之外,我国就业领域中还现实存在如婚育状况歧视等其他歧视现象。

②公平就业保障。

公平就业保障不仅需要政府创造公平就业环境,还需要用人单位积极践行公平就业的要求,从制度设计到最终落实都不得实施就业歧视。没有就业公平,就没有高质量就业。"公与平者,即国之基址也",推行公开招聘、消除各种歧视,让真正的英才脱颖而出,让更多劳动者享有平等的就业权利和平等的就业机会,让所有人站在公平的起跑线上,通过公平竞争踏上职业道路、施展个人才华,这才是社会所期待的。

就业歧视对劳动权构成了直接的威胁,但由于它的隐蔽性和弹性的判断标准,使得反就业歧视成为法律治理的难点。我们国家十分重视立法保护劳动者的公平就业权利,通过立法确立劳动者的公平就业权,减少和消除就业歧视,包括平等就业权的保护、选择职业的权利保护,还有非法定情由不失去劳动机会的权利保护。同时在司法救济方面,《中华人民共和国就业促进法》规定了劳动者在受到就业歧视时的司法救济。

（2）就业服务和管理

就业服务,主要指由特定的机构提供一系列的服务措施,以满足劳动者求职就业或用人单位招用人员需求的行为。就业管理主要是指人力资源市场管理。

就业服务的内容包括职业指导,职业介绍,就业训练,人事和劳动保障,事务代理等服务。就业管理的主要内容有培育和完善人力资源市场,依法保障平等就业权并反就业歧视,规范职业中介机构的行为,开展劳动力调查统计工作,建立就业登记与失业预警机制,建立全国人力资源市场信息网络等。

当下,随着经济增长方式的转变、产业结构的升级调整,解决结构性就业矛盾、完善公共就业服务和管理体系的构建尤为重要。政府应该整合社会资源,加强对公共就业服务和职业中介服务的指导和监督,逐步完善覆盖城乡的就业服务体系,建立健全人力资源市场的信息服务体系和公共就业服务体系。

（3）职业教育和培训

促进就业的途径,一方面是扩大就业机会,但更重要的是另一方面——提高劳动者的就业能力。提高劳动者的素质和能力,关键在于职业教育和培训。

国家提供职业教育和培训服务主要在以下方面:

①加强统筹协调,鼓励和支持各类职业院校、职业技能培训机构和用人单位依法开展就业前培训、在职培训、再就业培训和创业培训;鼓励劳动者参加各种形式的培训。地方各级人民政府鼓励和支持开展就业培训,帮助失业人员提高职业技能,增强其就业能力和创业能力。失业人员参加就业培训的,按照有关规定享受政府培训补贴。

②建立健全劳动预备制度。县级以上地方人民政府对有就业要求的初高中毕业生实行一定期限的职业教育和培训,使其取得相应的职业资格或者掌握一定的职业技能。

③组织和引导进城就业的农村劳动者参加技能培训,鼓励各类培训机构为进城就业的农村劳动者提供技能培训,增强其就业能力和创业能力。

④对从事涉及公共安全、人身健康、生命财产安全等特殊工种的劳动者,实行职业资格证书制度。

（4）就业援助

就业援助指国家采取措施,对就业困难人员实行优先扶持和重点帮助。就业困难人员指因身体状况、技能水平、家庭因素、失去土地等原因难以实现就业,以及连续失业一定时间仍未能实现就业的人员。

《中华人民共和国就业促进法》第五十二条规定,各级人民政府建立健全就业援助制度,采取税费减免、贷款贴息、社会保险补贴、岗位补贴等办法,通过公益性岗位安置等途径,对就业困难人员实行优先扶持和重点帮助。

地方各级人民政府加强基层就业援助服务工作,对就业困难人员实施重点帮助,提供有针对性的就业服务和公益性岗位援助。地方各级人民政府鼓励和支持社会各方面为就业困难人员提供技能培训、岗位信息等服务。

县级以上地方人民政府采取多种就业形式,拓宽公益性岗位范围,开发就业岗位,确保城市有就业需求的家庭至少有一人实现就业。

9.3.5 劳动争议处理

劳动争议是劳动关系当事人之间因实现劳动权利、履行劳动义务而发生的纠纷或争议。劳动争议处理方面的法律制度通过解决劳动争议,维护劳资双方的合法权益,来保障劳动关系的和谐稳定。

我国劳动争议处理的专门制度有《中华人民共和国劳动争议调解仲裁法》《劳动人事争议仲裁办案规则》等,另外在《中华人民共和国劳动法》《中华人民共和国劳动合同法》《最高人民法院关于审理劳动争议案件适用法律问题的解释》中的部分条款对劳动争议的处理也作出了规定。

按照我国法律规定,发生劳动争议的处理方式主要有以下 4 种。

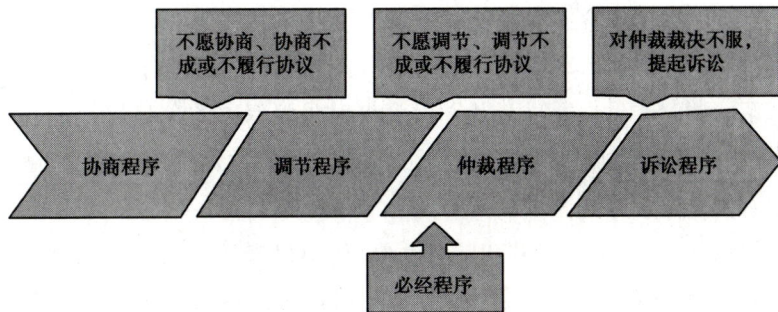

劳动争议解决途径

当前我国的劳动争议处理机构有 3 种类型:企业劳动争议调解委员会、劳动争议仲裁委员会、人民法院。

1)劳动争议调解

(1)劳动争议调解的概念及原则

劳动争议调解指由第三方(专门的调解组织)对企业和员工在薪资、福利等方面发生的争议进行的调解。

劳动争议调解是解决劳动争议的主要手段。我国在 2007 年颁布《中华人民共和国劳动争议调解仲裁法》,其中第三条规定:解决劳动争议,应当根据事实,遵循合法、公正、及时、着重调解的原则,依法保护当事人的合法权益。

着重调解原则是处理劳动争议最重要的原则,该原则贯穿整个劳动争议纠纷解决的全过程。劳动调解相对于劳动仲裁和劳动诉讼来说更加节约人力成本和时间成本。劳动者本人在律师等专业人员的协助下,通过调解的方式,能更快速地解决纠纷,拿到经济补偿。调解未果的,再及时申请劳动仲裁。

(2)调解组织

《中华人民共和国劳动争议调解仲裁法》第十条规定了当发生劳动争议时,当事人可以到下列调解组织申请调解:

①企业劳动争议调解委员会;

②依法设立的基层人民调解组织;

③在乡镇、街道设立的具有劳动争议调解职能的组织。

企业劳动争议调解委员会由职工代表和企业代表组成。职工代表由工会成员担任或者由全体职工推举产生,企业代表由企业负责人指定。企业劳动争议调解委员会主任由工会成员或者双方推举的人员担任。

(3)调解的程序

①调解申请。当事人申请劳动争议调解本着自愿的原则,可以以书面形式,也可以是口头形式。

②调解受理。调解委员会收到当事人的调解申请书之后,才能受理并且行使调解。调解的受理主要是审查调解申请人的资格,以及案件是否属于劳动争议案例,案件是否属于调解委员会受理的范围。

③展开调查。调查的内容主要包括双方发生争议的事实以及对调解申请提出的意见和依据。需要查看和翻阅有关劳动法规以及争议双方订立的劳动合同或集体合同等。

④实施调解。调解委员会通过召开调解会议对争议双方的分歧进行调解,调解达成协议的,双方要依法制作调解协议书;调解达不成协议的,要做好刻录,制作调解处理意见书,提出对争议的有关处理意见。

⑤调解协议执行。《中华人民共和国劳动争议调解仲裁法》第十四条规定:经调解达成协议的,应当制作调解协议书。调解协议书由双方当事人签名或者盖章,经调解员签名并加盖调解组织印章后生效,对双方当事人具有约束力,当事人应当履行。自劳动争议调解组织收到调解申请之日起十五日内未达成调解协议的,当事人可以依法申请仲裁。达成调解协议后,一方当事人在协议约定期限内不履行调解协议的,另一方当事人可以依法申请仲裁。

由此可见,调解协议书一般并不具有强制执行的法律效力,主要靠当事人自觉履行。但为了保障对劳动者具有重要的生存意义的争议事项,《中华人民共和国劳动争议调解仲裁法》第十六条规定:因支付拖欠劳动报酬、工伤医疗费、经济补偿或者赔偿金事项达成调解协议,用人单位在协议约定期限内不履行的,劳动者可以持调解协议书依法向人民法院申请支付令。人民法院应当依法发出支付令。

2)劳动争议仲裁

(1)劳动争议仲裁概述

劳动争议仲裁指依法成立的劳动争议仲裁委员会作为中立的第三方,根据当事人的申请,依法对劳动关系双方发生的劳动争议在事实上作出判断、在权利义务上作出裁决的一种法律制度。

劳动争议调解不是万能的,调解程序也不是解决争议的必经程序。如果当事人之间不能达成调解协议或者当事人不愿意申请调解,能否直接向人民法院提起诉讼? 答案是否定的。我国法律规定了劳动争议仲裁前置于诉讼的基本制度。除个别情形外,所有劳动争议必须经过劳动仲裁前置程序,对裁决不服的才能向人民法院提起诉讼。因此,劳动争议仲裁是劳动争议案件进入司法审理的前提和必经程序。与调解相比,仲裁具有更强的权威性和强制力,但比诉讼省时省力。

劳动争议仲裁的管辖制度。劳动争议由劳动合同履行地或者用人单位所在地的劳动争议仲裁委员会管辖。双方当事人分别向劳动合同履行地和用人单位所在地的劳动争议仲裁委员会申请仲裁的,由劳动合同履行地的劳动争议仲裁委员会管辖。

劳动争议申请仲裁的时效有两种,一种为一般时效,时长是一年;另一种为特别时效。仲裁时效期间从当事人知道或者应当知道其权利受侵害之日起开始计算。仲裁时效有中止、中断的情况,因劳动关系存续期间拖欠劳动报酬发生争议的,劳动者申请仲裁是不受一般时效的限制,适用的是第二种特别时效。对于劳动者与用人单位的劳动关系已经终止的情况,则没有维系劳动关系的顾虑,因此劳动关系终止的,应当自劳动关系终止之日起,在一年内提出仲裁申请。

劳动争议仲裁不收费,劳动争议仲裁委员会的经费由财政予以保障,无论是劳动者还是用人单位提起仲裁,均无须承担任何费用。

（2）仲裁组织

劳动争议仲裁委员会是依法设立的,经国家授权独立仲裁处理劳动争议案件的专门机构。

劳动争议仲裁委员会按照统筹规划、合理布局和适应实际需要的原则设立。省、自治区人民政府可以决定在市、县设立,直辖市人民政府可以决定在区、县设立。直辖市、设区的市也可以设立一个或者若干个劳动争议仲裁委员会。劳动争议仲裁委员会不按行政区划层层设立。劳动争议仲裁委员会按"三方原则"组建,其成员由劳动行政部门代表、工会代表和企业方面代表组成,组成人数应当为单数。

（3）仲裁的程序

①申请。劳动争议仲裁实行不告不理原则,即仲裁程序因当事人提出申请而启动。申请人申请仲裁应当提交书面仲裁申请,书写仲裁申请确有困难的,可以口头申请,由劳动争议仲裁委员会记入笔录,并告知对方当事人。

②受理。《中华人民共和国劳动争议调解仲裁法》第二十九条规定:劳动争议仲裁委员会收到仲裁申请之日起五日内,认为符合受理条件的,应当受理,并通知申请人;认为不符合受理条件的,应当书面通知申请人不予受理,并说明理由。对劳动争议仲裁委员会不予受理或者逾期未作出决定的,申请人可以就该劳动争议事项向人民法院提起诉讼。

③调解和裁决。仲裁庭在作出裁决前,可以根据当事人意愿先行调解,调解可以在仲裁

庭的主持下进行。当事人不愿意调解或调解达不成一致的,劳动争议仲裁委员会应当依法作出裁决。裁决应当按照多数仲裁员的意见作出,少数仲裁员的不同意见应当记入笔录。仲裁庭不能形成多数意见时,裁决应当按照首席仲裁员的意见作出。

仲裁庭裁决劳动争议案件,应当自劳动争议仲裁委员会受理仲裁申请之日起四十五日内结束。案情复杂需要延期的,经劳动争议仲裁委员会主任批准,可以延期并书面通知当事人,但是延长期限不得超过十五日。逾期未作出仲裁裁决的,当事人可以就该劳动争议事项向人民法院提起诉讼。仲裁庭裁决劳动争议案件时,若其中一部分事实已经清楚,可以就该部分先行裁决。

【辨一辨】如果王某与某企业发生劳动争议,向劳动争议仲裁委员会提起仲裁,在裁决之前双方有了调解的想法,那么劳动争议仲裁委员会能否开展调解呢?

参考答案

3)劳动争议诉讼

劳动争议诉讼指劳动争议当事人不服劳动争议仲裁委员会的裁决,在规定的期限内向人民法院起诉,人民法院依法受理后,依法对劳动争议案件进行审理的活动。此外,劳动争议诉讼还包括当事人一方不履行仲裁委员会已发生法律效力的裁决书或调解书,另一方申请人民法院强制执行的活动。诉讼当事人只能是用人单位和劳动者,有明确被告,不能以劳动仲裁机构为被告。

劳动争议仲裁
申请书（范本）

人民法院审理劳动争议案件适用《中华人民共和国民事诉讼法》所规定的诉讼程序。

（1）仲裁与诉讼

我国劳动争议案件实行的是仲裁前置、两审终审制度,也就是说不经过仲裁,劳动争议案件是不能进入诉讼程序的。劳动争议诉讼的作用在于确保当事人获得司法救济,保障当事人的合法权益,并对劳动争议仲裁裁决进行监督。只有仲裁与诉讼两者联动、协同运行,才能建立高质高效的劳动争议处理机制。

（2）诉讼的条件

①劳动争议案件必须已经经过仲裁程序,且仲裁裁决不属于终局裁决。

②必须在法律规定的时限内起诉,即自收到仲裁裁决书之日起15日内向人民法院提起诉讼。

民法典实施后
民法与劳动法的关系

（3）诉讼的结果

诉讼是劳动争议处理的最后程序。最终的结果根据诉讼程序的进展情况分为以下几种。

①诉讼程序以当事人申请撤诉结案,则仲裁裁决在法定期限届满后生效。

②诉讼程序以调解或者判决结案,则仲裁裁决不生效,最终具有法律效力的是法院生效的调解书或判决书。

9.3.6　大学生的劳动权益保护

顶岗实习是大学生从学校走向社会的桥梁,也是高校人才培养理论与实践衔接的重要环节。它可以为大学生提供提升各方面能力的机会,同时增加企业人才储备,缓解社会就业压力。顶岗实习生受大学生与劳动者双重身份的影响,顶岗实习权益有时会处于工与读的夹缝中。大学生是顶岗实习权益的主体,提高维权意识、维权能力是保障自身实习权益的根本。大学生在进入顶岗实习前应学习国家与地方有关实习的政策方针及法律法规,明确自身的权利与义务。大学生同时要理解实习协议签订的重要性,掌握侵权行为发生时的维权技巧与途径,如合法取证方式、调解申诉仲裁与诉讼途径等,在权益受到损害时正确认识与面对,及时采取有效的法律手段,避免忍气吞声甚至纵容侵权行为的进一步发展。

1)勤工助学和实习实训

教育部、财政部在 2018 年 8 月颁布的《高等学校学生勤工助学管理办法(2018 年修订)》里明确了勤工助学和实习实训的法律保障。

2)兼职劳动

大学生在校期间的兼职劳动可理解为"在本职外兼任其他职务"的活动,应与在校期间的实训、顶岗实习区分开,具体指"未经学校组织、非教学环节、发生于在校期间的自发受雇劳动",此种兼职具有时间短期性、偶发性、工作地点非固定化、付酬方式灵活化、解雇自由化、无休息权、无社会保险等特点。不少大学生在兼职过程中遭遇了权益侵害,如被延长工作时间、被安排高强度工作等。大学生兼职固有的弱势地位与兼职用工单位并不平等,难以拥有公平协商的权利,因此大学生如何保护兼职劳动的正当权益甚为复杂和困难。

(1)兼职劳动的法律适用

《高等学校勤工助学管理办法(2018 年修订)》中第六条规定:学生私自在校外兼职的行为,不在本办法规定之列。因此,校外的兼职行为不适用于《高等学校学生勤工助学管理办法(2018 年修订)》。

在现实中,大学生参与勤工俭学,无论是否由学校统一组织和管理,一般不作为适用劳动法的相关问题来处理,而是按照民法对民事关系的规定来处理。在实际的法律实践中,用人单位为了避免法律责任,降低劳动成本,不会与大学生建立劳动关系。如果将大学生纳入《中华人民共和国劳动法》的调整范围,首先必须调整一系列政策,会涉及很多问题,比如最低工资、最高工作时间、劳动纪律、社会保险、劳动保护、福利待遇等如何适用。在立法无法解决如此复杂的问题之前,将勤工俭学纳入《中华人民共和国劳动法》调整范围是不合适的。

(2)校外勤工助学的风险防范

在大学生兼职灵活用工的保障方面,可以参考以下措施,提高维权意识和能力。

①提高警惕性。警惕兼职中可能存在的诈骗或侵权行为,如非法收取押金、拖欠克扣劳动报酬、强迫加入非法传销组织、通过网络途径实施诈骗的行为等。

②提高风险应对能力。第一,自觉培养自己的法律意识,知道维权、懂得维权、善于维权;第二,主动了解用人单位的基本情况;第三,主动要求签订劳动合同并注意收集书面证据;第四,了解各种维护自身权益的途径,如及时报警、寻求法律援助机构、向劳动行政部门

举报、寻求新闻媒体介入。

9.4　劳动与社会保障

我们为什么需要社会保障？

在儒家经典文献《礼记·礼运》篇里，孔子在阐述自己的社会政治理想时这样描述道："大道之行也，天下为公，选贤与能，讲信修睦。故人不独亲其亲，不独子其子，使老有所终，壮有所用，幼有所长，矜、寡、孤、独、废疾者皆有所养，男有分，女有归。"这段话为人们刻画和描绘了最理想而崇高的政治目标、最远大而美好的社会愿景，其中提到的社会保障观念是重要的一部分。

我国宪法第四十五条规定：中华人民共和国公民在年老、疾病或者丧失劳动能力的情况下，有从国家和社会获得物质帮助的权利。

9.4.1　社会保障概述

1）社会保障产生的背景

认识和理解社会保障，需要从认识风险和风险社会开始，因为正是人们对于风险的恐惧，才有了社会保障行为的产生。自从有了人类社会，人就生活在各种各样的风险之中，这些风险既包括自然风险，也包括经济风险。现代社会更是一个风险社会，人们可能要遭遇年老、疾病、伤残、失业、生育、贫困、死亡、自然灾害等一系列风险。自然风险和经济风险的交织，有可能影响到作为社会成员的个体的经济保障乃至基本生存能力，甚至进一步引发社会风险。

社会保障在以制度化、法制化的形式确定以前，是以非制度化的救济形式存在的。互济互助的思想观念和行为自古就有，最早可以追溯到几千年前的古代文明。人类很早就意识到单凭个人是无法生存的，所以人类这一社会性的动物结成群体，一方面通过分工劳动达到更高效的生产状态，另一方面在结成群体的过程中可以相互帮助以更好地应对风险。当有人受到饥饿或疾病的威胁时，其他人会为他们提供食物、衣服、住所等。这种相互帮助是人类社会繁衍生存的条件。后来，互济互助的行为以成文或者不成文的习惯、规范确定下来，就有了慈善救济。

15世纪末到17世纪，英国的"圈地运动"使大批农民被迫同赖以生存的土地分离，成为背井离乡的乞丐、流浪者和无依无靠的无产者。由此，偷盗、乞讨、抢劫等影响社会稳定的事件不断发生。流浪、贫困、生活没有着落成为亟待解决的社会问题。为了缓和社会矛盾，英国政府于1601年颁布《济贫法》

《伊丽莎白济贫法》

（《伊丽莎白济贫法》）。这是英国第一个重要的济贫法，也是世界上最早的社会保障法。它具有里程碑式的意义，明确了政府在社会救助中的责任，确立了国家政府承担社会保障制度的最终责任。为阻止工人运动的发展，赢得工人对政府的支持，1883年5月31日，德国俾斯麦主持颁布了世界上第一部《疾病社会保险法》，标志着社会保障制度的产生，也标志着医疗保险制度的产生。1884年，德国政府颁布的《工伤事故保险法》，标志着工伤保险制度的产生；1889年，德国政府颁布的《老年和残障保险法》，标志着养老保险制度的产生。从此，社

会保障的权利和义务有了明确的法律、法规的依据。社会保障能够向社会成员提供一种安全保护来缓解缓冲社会运行所造成的冲突和不适,从而促进社会的有序稳定和协调发展。

综上,导致社会保障制度产生的原因主要有三个方面。

①生产工业化和社会化是社会保障制度产生的根本原因。在现代经济中,大规模的社会生产取代了传统的自给自足的家庭小农经济,生产工业化使大多数被剥夺了土地的农民、小生产者转化为雇佣工人,转化为依靠出卖劳动维持生存的劳动者。而资本主义市场经济的资源配置结果并不能保证社会公平正义,社会成员之间收入差距较大,使得我们有必要为社会弱势成员提供保障和增加他们的利益以此维护社会的稳定。同时生产力的发展为社会的再分配提供了物质基础,使政府能够运用工业化带来的丰厚财富来保障劳动者的基本生活,这是建立社会保障制度的物质基础。

②传统家庭小农经济的解体是社会保障制度产生的社会原因。随着资本主义经济的发展,依靠传统宗法观念维系的家庭逐步失去原有的作用,家庭具有的教育、养老、生育、保障的功能弱化。随着人口迁移流动越来越频繁,传统家庭作为社会最基本的细胞之一,结构逐步缩小。因此我们有必要从整个社会的角度来构建一个风险保障体系,依靠政府的强制力量建立社会保障制度势在必行。

③社会保障制度产生的思想基础。19世纪末,雇员反对雇主的斗争日益高涨,社会改良主义思潮不断涌现。在马克思主义思想指导下的德国工人运动已经成为政府必须正视的政治力量。社会保障思想的存在也促进了社会保障制度的产生和发展,当这些条件都满足时,社会保障应运而生。

2)社会保障的概念

“社会保障”一词最早出现在1935年美国罗斯福政府在“罗斯福新政”时期颁布的《社会保障法案》。1944年,国际劳工组织在第26届国际劳工大会上发表的《费城宣言》正式使用了“社会保障”概念。社会保障成为国家和社会为保障社会成员的基本生存需要而实施的各项制度和政策的统称。

国际劳工组织认为,社会保障指社会通过采取一系列的公共措施来向其成员提供保护,以便与由于疾病、生育、工伤、失业、伤残、年老和死亡等原因造成停薪或大幅度减少工资所引起的经济和社会贫困进行斗争,并提供医疗和对有子女的家庭实施补贴。社会保障从本质来说就是国家应对各种社会风险而建立的一系列制度,是一种当社会成员遭遇风险的时候为社会成员提供基本生存保障的社会机制。而国家和政府作为主体的社会保障形式,是抵御社会风险机制发展到最高级阶段的一种形式。

社会保障制度是政府或者社会依照法律、法规的规定,在公民暂时或者永久丧失劳动能力以及由于遭遇各种风险、生活发生困难时,提供福利或者给予物质帮助的制度。社会保障制度是同我们每个人的日常生活密切相关的制度。公平是社会保障制度的核心理念和基本价值目标。

9.4.2 我国的社会保障制度

改革开放以来,我国社会保障制度建设取得了巨大的成就,覆盖城乡居民的社会保障体系基本建立,社会保障已经成为民生之本。当前,我国的社会保障制度正由计划经济体制下的国家—单位保障制向市场经济条件下的国家—社会保障制发展。社会保障与我们每一个人的生活息息相关。

1)我国的社会保障体系

社会保障体系指各社会保障项目、法律法规、管理制度等构成的有机整体。社会保障各保障项目之间既是相互独立的,又是相互联系的。

狭义的社会保障体系主要由社会保险、社会福利、社会优抚和社会救助四部分构成。此外,我国将军人保障以社会优抚的形式单独设立。广义的社会保障体系不仅包括社会保险、社会福利、社会救助、社会优抚制度,而且还包括补充保险计划和商业保险计划。

随着多层次社会保障体系的建立,我国的社会保障体系正在向着三支柱的方向发展。在三支柱体系中,社会保险制度是社会保障体系的核心,是政府以立法的形式对面临年老、疾病、生育、伤残、失能、失业等风险因素而暂时、永久丧失劳动能力或者失去生活来源的劳动者及其家属,给付一定程度经济补偿的制度。我国社会保险制度主要包括养老保险、医疗保险、工伤保险、失业保险、生育保险5项制度。

军人配偶免费医疗

社会福利制度是政府或社会在法律、法规允许的范围内向全体公民提供的资金帮助和优化服务,主要包括未成年人福利、老人福利、残疾人福利、社区福利和职工福利。社会福利是社会保障体系中最高层次的保障,是为提高保障而设立的社会保障项目。

社会救助制度是政府通过国民收入的再分配,对因自然灾害或者其他经济、社会原因而无法维持最低生活水平的社会成员给予救助的制度,主要包括城市居民最低生活保障、救灾救济、扶贫救助、失业救助、医疗救助、司法救助等。社会救助是社会保障体系中最低层次的保障,是社会保障安全网的最后一道防线。

社会优抚制度是对军人及其眷属的褒扬和优待赈恤性质的社会保障措施,主要包括现役军人优抚、军人转业安置、烈属抚恤、残疾军人抚恤、军人社会保险等。社会优抚是一项特殊的社会保障制度。

2)我国的社会保险制度

社会保险制度,即我们通常所说的"五险",它保障的是与用人单位建立正式劳动关系的劳动者,因此与我们每个劳动者息息相关。"五险"包括职工基本养老保险、职工基本医疗保险、失业保险、工伤保险和生育保险。它实施的法律依据是《中华人民共和国社会保险法》。因此,"五险"的实施具有明显的强制性,劳动者是否参加和如何缴费是由法律规定并由政府强制执行,而不是建立在个人自愿选择的基础上的。

职工社会保险体系

保险性质	强制性					非强制性
保险类别	职工基本养老保险	职工基本医疗保险	失业保险	工伤保险	生育保险	补充医疗保险
筹资	劳资双方			用人单位		自定

（1）基本养老保险

老有所养是一个现代化国家的重要标志,有着"市场经济之父之称"的路德维希·艾哈德主张在第二次世界大战后的德国实行"经济人道主义",在《哥德斯堡纲领》里明确提出要建立符合"人的尊严"的社会保障制度。德国采取的责任分担型的社会保障制度,为许多国家提供了借鉴和参考。第七次全国人口普查结果显示,我国 60 岁及以上人口的比重达到 18.70%,其中 65 岁及以上人口比重达到 13.50%,人口老龄化情况显著。在我们中国的传统中,"家有一老,如有一宝",老人是一个家庭智慧的化身,家风传承的纽带。每个人都会变老,每个家庭都有老人,养老权是每个公民都应平等享有的一种生存权,它是对市场法则的矫正,是"优胜劣存"的体现,而不是优胜劣汰。

养老保险是国家和社会根据一定的法律,通过向企业、个人征收养老保险费形成养老基金,用以解决劳动者退休后或因年老丧失劳动能力退出劳动岗位后的基本生活而强制实施的一种社会保险制度。我国社会保险法第十一条规定:职工应当参加基本养老保险,由用人单位和职工共同缴纳基本养老保险费。无雇工的个体工商户、未在用人单位参加基本养老保险的非全日制从业人员以及其他灵活就业人员可以参加基本养老保险,由个人缴纳基本养老保险费。

我国的养老保险制度总体分为两类:城镇职工基本养老保险和城乡居民基本养老保险。2020 年年末全国参加基本养老保险人数为 99 865 万人,比上年末增加 3 111 万人。其中城镇职工基本养老保险人数为 45 621 万人,城乡居民基本养老保险参保人数为 54 244 万人。

①职工基本养老保险缴费。职工基本养老保险由用人单位和职工共同缴纳。我国政府规定,用人单位按照缴费基数的一定比例缴纳,缴纳金额存入社保基础养老金账户;劳动者按照缴费基数的一定比例缴纳,缴纳金额存入个人账户,存入个人账户的养老金不得提前支取。2019 年 4 月 1 日,为减轻企业负担,国务院发布了《降低社会保险费率综合方案》。方案明确规定,自 2019 年 5 月 1 日起,降低城镇职工基本养老保险的单位缴费比例,目前单位缴费比例高于 16% 的省份可降至 16%。

②企业职工基本养老保险账户模式。

基本养老金　＝　基础养老金　＋　个人账户养老金

社会统筹账户（企业缴纳）　　个人账户（个人缴纳）

③职工基本养老保险待遇领取条件：

a.达到法定退休年龄。目前我国政府规定，男性年满60周岁，女工人年满50周岁，女干部年满55周岁，就达到法定退休年龄。

b.累计缴费满15年。参加城镇职工基本养老保险的个人，达到法定退休年龄时累计缴费满15年的，按月领取基本养老金。参加基本养老保险的个人，达到法定退休年龄时累计缴费不足15年的，可以逐年补缴至满15年后，按月领取基本养老金；也可以转入城乡居民社会养老保险，按照国务院规定享受相应的养老保险待遇。

④其他相关待遇。因病或者非因工死亡的，其遗属可以领取丧葬补助金和抚恤金；在未达到法定退休年龄时因病或者非因工致残完全丧失劳动能力的，可以领取病残津贴。所需资金从基本养老保险基金中支付。

国家建立基本养老金正常调整机制，养老金会随着经济社会的发展而增长，目的是共享社会经济发展成果。根据职工平均工资增长、物价上涨情况，适时提高基本养老保险待遇水平。我国退休人员养老金自2005年以后，处于持续增长状态。

（2）基本医疗保险

基本医疗保险是为了补偿劳动者因疾病风险造成的经济损失而建立的一项社会保险制度。从1998年到2009年，短短的11年，我国基本医疗保险完成了从0到1的史诗般的跳跃，我国多年医疗保障改革的最大成就就是基本建立起了全民医疗保障体系，即制度的全覆盖和人群的全覆盖。根据国家2021年的统计数据，2020年参加全国基本医疗保险人数为13.61亿人，参保率稳定在95%以上。

劳动者承诺放弃纳社会保险无效

我国医疗保障改革情况

时间	保障对象	建立制度	保障文件
1998年	城镇职工	城镇职工基本医疗保险制度	《关于建立城镇职工基本医疗保险制度的决定》
2003年	农村人口	新型农村合作医疗制度	《关于建立新型农村合作医疗制度的意见》
2009年	城镇居民	城镇居民医疗保险制度	《关于开展城镇居民基本医疗保险试点的指导意见》
2014年	城乡居民	新型农村合作医疗制度与城镇居民医保合并为城乡居民医保	《关于整合城乡居民基本医疗保险制度的意见》

①职工基本医疗保险缴费费额。基本医疗保险费由用人单位和职工共同缴纳。用人单位按照职工工资总额的6%缴费，职工按照本人工资收入的2%缴费。

②基本医疗保险统筹基金和个人账户。基本医疗保险基金由统筹基金和个人账户构成。职工个人缴纳的基本医疗保险费，全部计入个人账户。用人单位缴纳的基本医疗保险费分为两部分，一部分用于建立统筹基金，另一部分划入个人账户。社会统筹基金和个人账

户基金要划定各自支付的范围,分别核算,不得互相挤占。社会统筹资金用于补偿住院医疗费用支出,个人账户基金用于补偿门诊医疗费用支出。

③医疗保险待遇。参保人员符合基本医疗保险药品目录、诊疗项目、医疗服务设施标准以及急诊、抢救的医疗费用,按照国家规定从基本医疗保险基金中支付。

2020年,在前所未有的新冠肺炎疫情考验面前,我国创新性地发挥医保在应对重大公共卫生事件中的作用,对新冠肺炎患者实现了国家兜底保障,免费治疗,同时党中央决定由医保基金和财政共同负担,确保疫苗上市后,人民群众免费接种疫苗。这是有史以来全球最大的免疫接种计划,人民的生命安全得到了最充分的保障,我国的医保制度发挥了互助共济的作用。

（3）失业保险

就业是安身立命之本,失业意味着没有了生存的根本。失业和就业关乎我们每个人的生存和生活,也是世界各国政府关注的重要话题。

人类进入工业革命之后的发展历史,令国家政府和广大民众意识到,失业是客观存在的,它是市场经济社会的产物。失业保险指国家通过立法强制建立失业保险基金,对因失业而中断生活来源的劳动者在法定期间内提供失业保险待遇以维持其基本生活,促进其再就业,并积极预防或避免失业人员产生的一项社会保险制度。失业保险能有效地保障失业人员在失业期内的基本生活,维护社会稳定,促进失业人员再就业,减少、防止失业问题所产生的种种弊端。

①失业保险缴费费额。失业保险费由用人单位和职工共同缴纳,根据1999年颁布的《失业保险条例》的规定,城镇企业事业单位按照本单位工资总额的2%缴纳失业保险费,职工按照本人工资的1%缴纳失业保险费。从2016年5月1日起,失业保险总费率在2015年已降低1个百分点基础上可以阶段性降至1%～1.5%,其中个人费率不超过0.5%,降低费率的期限暂按两年执行。

②申领失业保险条件。第一,失业前用人单位和本人已经缴纳失业保险费满一年的;第二,非因本人意愿中断就业的;第三,已经进行失业登记,并有求职要求的。因此,无正当理由,拒不接受当地人民政府指定部门或者机构介绍的适当工作或者提供的培训的,将被取消失业保险金待遇。失业保险金的标准,不得低于城市居民最低生活标准,这是就失业保险对生活最基本的保障功能而言的。

③失业保险金的领取期限。失业人员失业前用人单位和本人累计缴费满一年不足五年的,领取失业保险金的期限最长为十二个月;累计缴费满五年不足十年的,领取失业保险金的期限最长为十八个月;累计缴费十年以上的,领取失业保险金的期限最长为二十四个月。重新就业后,再次失业的,缴费时间重新计算,领取失业保险金的期限与前次失业应当领取而尚未领取的失业保险金的期限合并计算,最长不超过二十四个月。

（4）生育保险

生育保险是通过国家立法规定，在劳动者因生育子女而导致劳动能力暂时中断时，由国家和社会及时给予物质帮助的一项社会保险制度。职工未就业配偶按照国家规定享受生育医疗费用津贴待遇。我国各个地区的生育保险覆盖范围是有区别的，具体覆盖范围以当地人力资源和社会保障局公布信息为准。

①生育保险缴费费额。生育保险由用人单位按照国家规定缴纳，职工自己不缴纳生育保险。

②生育保险待遇。生育保险待遇包括生育医疗费用和生育津贴。产假期间的生育津贴按照本企业上年度职工月平均工资计发，由生育保险基金支付。

（5）工伤保险

工伤保险是世界上最早的一项社会保险类型。工伤保险是指劳动者在工作中所发生的或在规定的某些情况下，遭受意外伤害、职业病以及因这两种情况造成劳动者暂时或永久丧失劳动能力以及死亡时，劳动者或其遗属能够从国家、社会获得物质帮助的一种社会保障制度。

工伤保险最重要的一个特征是无过错补偿原则：劳动者在发生工伤事故时，无论事故责任是否属于劳动者本人，劳动者均应无条件地得到一定的经济补偿。

①工伤保险缴费费额。工伤保险费由用人单位缴纳，职工不缴纳。国家根据不同行业的工伤风险程度确定了行业的差别费率，工伤保险费的数额=本单位职工工资总额×差别费率。

②工伤认定的标准。根据我国《工伤保险条例》第十四条，职工有下列情形之一的，应当认定为工伤：

a. 在工作时间和工作场所内，因工作原因受到事故伤害的；

b. 工作时间前后在工作场所内，从事与工作有关的预备性或者收尾性工作受到事故伤害的；

c. 在工作时间和工作场所内，因履行工作职责受到暴力等意外伤害的；

d. 患职业病的；

e. 因工外出期间，由于工作原因受到伤害或者发生事故下落不明的；

f. 在上下班途中，受到非本人主要责任的交通事故或者城市轨道交通、客运轮渡、火车事故伤害的；

g. 法律、行政法规规定应当认定为工伤的其他情形。

③工伤认定申请。

a. 用人单位应当在 30 日内提出工伤认定申请。

b. 用人单位不提出申请的，工伤职工或者其近亲属、工会组织在 1 年内提出工伤认定申请。

c. 用人单位违反这一义务期间发生的工伤待遇等有关费用由该用人单位负担。

④劳动能力鉴定。职工发生工伤，经治疗伤情相对稳定后存在残疾、影响劳动能力的，

应当进行劳动能力鉴定。

a. 劳动功能障碍鉴定。评估残疾对劳动者劳动能力的影响,根据影响的大小分为一到十级伤残,一级最重,十级最轻。

b. 生活自理能力障碍鉴定。评估残疾对劳动者生活自理能力的影响,从进食、翻身、大小便、穿衣洗漱、独立活动五项功能的受损程度,分为生活完全不能自理、生活大部分不能自理以及生活部分不能自理。

⑤工伤保险待遇。

a. 工伤保险基金支付范围。工伤医疗费,住院伙食补助费,到统筹地区以外就医所需的交通、食宿费用,辅助器具费,工伤康复费用,一次性伤残补助金,评残以后的护理费用,1～4级伤残的伤残津贴,一次性工伤医疗补助金,丧葬补助金,一次性工亡补助金以及供养亲属抚恤金等。

b. 用人单位支付范围。劳动者停工留薪期的工资待遇、停工留薪期的护理费用、5～6级的伤残津贴、一次性伤残就业补助金。

9.5　劳动安全

【案例链接】

昆山××金属公司"8·2"爆炸事故

2014年8月2日7时34分,位于江苏省苏州市昆山市的昆山××金属制品有限公司抛光二车间发生特别重大铝粉尘爆炸事故,当天造成75人死亡、185人受伤。事故发生后30日报告期,共有97人死亡、163人受伤(事故报告期后,经全力抢救医治无效陆续死亡49人,尚有95名伤员在医院治疗,病情基本稳定),直接经济损失3.51亿元。

经查明,事故的直接原因是事故车间除尘系统较长时间未按规定清理,铝粉尘集聚。除尘系统风机开启后,打磨过程产生的高温颗粒在集尘桶上方形成粉尘云。1号除尘器集尘桶锈蚀破损,桶内铝粉受潮,发生氧化放热反应,达到粉尘云的引燃温度,引发除尘系统及车间的系列爆炸。因没有泄爆装置,爆炸产生的高温气体和燃烧物瞬间经除尘管道从各吸尘口喷出,导致全车间所有工位操作人员直接受到爆炸冲击,造成群死群伤。

××公司无视国家法律,违法违规组织项目建设和生产;苏州市、昆山市和昆山开发区对安全生产重视不够,安全监管责任不落实。国务院对此起事故作出批复,认定这是一起生产安全责任事故,同意对事故责任人员及责任单位的处理建议,依照有关法律法规,对涉嫌犯罪的18名责任人已移送司法机关采取措施,对其他35名责任人给予党纪、政纪处分。

严重的爆炸事故,再次提醒企业,安全警钟必须长鸣,企业自身必须加强安全管理,监管部门在任何时候都不能放松,及时发现企业的违法生产行为并对其进行约束和处罚,保证劳动者的人身和财产安全。

(来源:中国广播网,2014年12月30日;记者:满朝旭;有删改)

劳动安全事关广大劳动人民群众的根本利益保护,也是对于劳动者的最大利益保护。根据国际劳工组织(ILO)的估算,全球因职业事故和与工作相关的疾病而死亡的人数每年有278万人。这意味着,每天有近7 700人死于与工作有关的疾病或伤害。在我国,近十年平均每年发生各类事故70多万起,死亡10多万人、伤残70多万人。

保护劳动者在劳动生产过程中的生命与健康,是我国始终坚持的一项基本方针政策,是新时代中国特色社会主义的本质要求,是发展生产、促进经济建设的重要内容,是建成社会主义现代化国家的重要保障。

劳动安全指在生产劳动过程中,防止中毒、车祸、触电、爆炸、火灾、机械外伤等危及劳动者人身安全的事故发生。劳动安全主要目的在于保护生产力,即保护劳动者在劳动生产过程中改造自然和创造物质资料的能力。比较劳动者、劳动资料和劳动对象这三个生产力要素,其中最为重要、最为活跃和最为根本的要素是人,是具有生产经验和生产技能的劳动者。因此,劳动安全的首要任务是保护劳动者在生产劳动过程中的健康和生命安全,同时兼顾保护生产资料和劳动对象的安全,促进生产力的发展。

广义上看,劳动安全既包括劳动者的人身安全,也包括劳动者的身体和精神健康。本书所指的劳动安全针对的是劳动者的人身安全。对大学生来说,劳动安全是大学生在科研试验、创业竞赛、社会实践、志愿者服务等生产劳动和服务性劳动中所涉及的各种潜在危险和事故风险。

劳动安全影响重大,我国在劳动安全、劳动卫生和职业健康领域形成了比较完善的法律法规体系,劳动者在生产生活过程中,应该熟悉法律法规赋予的权利和规定的义务,保障劳动过程中的人身和财产安全。我国宪法第四十二条规定,国家通过各种途径,创造劳动就业条件,加强劳动保护,改善劳动条件。我国的劳动法、安全生产法、职业病防治法、劳动合同法、工会法等法律法规都有对劳动者在劳动过程中的人身和财产安全保障的规定。

1)危险与危险源

危险指某一系统、产品或设备与操作的内部和外部的一种潜在的不安全状态,是可能发生财产损失、劳动环境损坏甚至人员伤亡的状态。危险的关键特征在于其发生可能性的大小与劳动环境的安全条件、劳动者的安全意识和避险训练等因素显著相关。危险发生所造成的损失严重程度也大小不一,其严重程度取决于危险发生的场所、时间、原因和种类等因素。例如触电,分为弱电触电和强电触电两种,1.5伏的电压,不会对人体造成伤害,但若是2万伏的高压电,人们触碰后会立即毙命。

海因里希法则

《职业健康安全管理体系要求》(GB/T 28001—2011)将危险源定义为可能导致人身伤害和(或)健康损害的根源、状态或行为、或其组合,可分为第一类危险源和第二类危险源。

第一类危险源是在生产过程中存在的,可能意外释放的能量,通常指危险的物质或能量。第一类危险源是事故产生的根源和根本原因,例如,加油站汽油储油罐或高速行驶的汽车都属于第一类危险源,虽然它们可能造成的危险极大,但我们不能因此禁止汽车上路。

第二类危险源指造成约束和限制危险物质措施无效的各种不安全因素,主要包括人的不安全行为、物的不安全状态和管理缺陷。例如,储油罐年久失修有腐蚀,这属于物的不安

全状态和管理上的缺陷;酒后驾车或者开车打电话则属于人的不安全行为。

第一类危险源是事故发生的前提,决定事故的严重程度;第二类危险源是事故发生的必要条件,决定事故发生的可能性大小。例如,汽车的速度越大则能量越大,可能造成的事故危害就越大;开车看手机等不安全行为越多,则意味着发生事故的概率就越大。因此,对危险源的管理,重点是通过对人的行为控制、技术控制、管理控制去消除第二类危险源,从而避免第一类危险源发生事故。

2)事故

事故指劳动过程中出现的导致人员伤亡、职业病、财产损失或者其他损失的意外事件。《企业职工伤亡事故分类标准》(GB 6441—86)将事故分为 20 大类,分别为物体打击、车辆伤害、机械伤害、起重伤害、触电、淹溺、灼烫、火灾、高处坠落、坍塌、冒顶片帮、透水、放炮、火药爆炸、瓦斯爆炸、锅炉爆炸、容器爆炸、其他爆炸、中毒和窒息、其他伤害。该分类适用于企业职工伤亡事故统计工作。

3)安全设施

在安全生产领域,安全设施指企业在生产经营活动中,将危险、有害因素控制在安全范围内,以及减少、预防和消除危害所配备的装置、设备和采取的措施。日常生活中经常能够见到的灭火装置、消防应急照明、安全疏散指示标志、安全护栏等都属于安全设施。

安全设施分为三类:一是预防事故设施,包括检测、报警设施(例如感烟器)、设备的安全防护(如防护罩)、作业场所的防护(如防护栏、防护网)、防爆设施、安全警示标志等;二是控制事故设施,包括泄压和止逆设施(如泄压阀、止逆阀)、紧急处理设施(如备用电源、紧急停车装置);三是减少与消除事故影响的设施,包括防火设施(如防火门)、灭火设施、应急救援设施、逃生避难设施、劳动防护用品和装备。

4)职业健康

职业健康是职业卫生和职业医疗的统称,通常两者是可以互换使用的概念。职业健康是对工作场所内产生或存在的职业性有害因素及其健康损害进行识别、评估、预测和控制的一门学科。

认识安全标志

职业病指企业、事业单位和个体经济组织的劳动者在职业活动中,因接触粉尘、放射性物质和其他有毒、有害物质等因素而引起的疾病。根据《职业病分类和目录》,职业病分为10 大类共 132 种,常见的有尘肺病、噪声听障、中暑、一氧化碳中毒、甲醛中毒等。

根据国家统计局数据及我国卫生健康事业发展统计公报数据,2021 年我国生产安全事故共死亡 2.63 万人,比上年下降约 4%;2020 年我国共报告各类职业病新病例 17 064 例。从统计数据上看,我国安全生产形势和职业病防治情况均有好转,但整体形势依然严峻。劳动工伤和职业病威胁劳动者生命与健康,会给劳动者本人及其家庭带来巨大的风险,也可能给企业带来致命打击。因此,只有注重安全生产与职业病防护,强调对劳动者加强劳动保护,才能保障劳动者生命安全和健康的权益。

思考题：

1. 大学生可以从哪些方面进行创新创业实践？你会怎么做？

2. 除了本书中介绍的，日常生活中、校园中的劳动还包含哪些方面？你希望能参与哪些劳动？

3. 结合异化劳动和体面劳动的概念，谈谈你对两者的理解。

4. 构建中国特色和谐劳动关系，政府、企业、工会、劳动者各自应发挥什么样的作用？

5. 为什么说劳动既是公民的权利，也是公民的义务？

推荐资源：

1. 书籍：王全兴，《劳动法》（第 4 版），法律出版社，2017 年。

2. 书籍：常凯，《劳动关系学》，中国劳动社会保障出版社，2005 年。

3. 书籍：周建文，《体面劳动：和谐劳动关系》，中国民主法制出版社，2016 年。

第四部分　劳动在建筑中

【章节导语】

　　建筑和劳动有异曲同工之妙,它们共同见证了人类的发展历史。人类最初的建筑是为了躲避野兽,为了挡风避雨,为了生活和生产劳动。随着生产力的发展,当语言和文字出现后,建筑又开始担当起人类精神上的任务。正如黑格尔所说,建筑作为艺术的开端,是最原始的存在,它是人类对外在自然世界的加工,所以必然与人的心灵结合。于是,我们在自己所创造的建筑环境里生长起来,我们在潜意识中蕴含着对建筑的深深热爱。

　　建筑技术世代传承,在劳动的实践和实际使用中不断成熟和提高。建筑是一个民族伟大的工匠和人民集体创造的结晶。家乡的每一条街道、每一座楼房、每一座桥梁,无论新旧,对于每一个人来说都是那么的记忆深刻、那么的饱含深意、那么的可爱。因为它们就是我们生活和思想的一部分,蕴含着我们内心不可遗忘的情感。

　　认识建筑中的劳动,明白建筑的过去和未来,也是我们对自我寻根和展望的过程,由此我们才能知道如何去学习和承继中国建筑的优良传统和那些甚至不知名的工匠的劳作精神,才能更好地推动未来建筑的健康发展,让建筑和人类继续和谐相伴。

专题十　中国古建筑中的劳动

【专题学习目标】

　　①掌握建筑的概念及中国古代建筑发展史。

　　②了解中国古代建筑的劳动成就。

【专题引入】

　　恩格斯指出:"科学的发生和发展一开始就是由生产决定的。"随着社会主义现代化建设的发展,建筑也在不断地发展,今天的高楼大厦,就是从原始社会的巢居、地穴、半地穴式房屋逐步演变来的。那些经得起历史检验的经典建筑,是一座城市、一个国家的财富,也自然成为这个城市历史中令人骄傲的一部分。建筑对其使用者的影响更是深远。建筑在功能和空间上的变化,制约着人的生活方式和行为模式。而作为人一天逗留时间最长的工作和生活空间的建筑,对人类的影响无疑也是很大的。例如故宫,既是中国古代建筑理念的集大成者,也是中国古代城市建设和宫殿营造思想的集中体现。

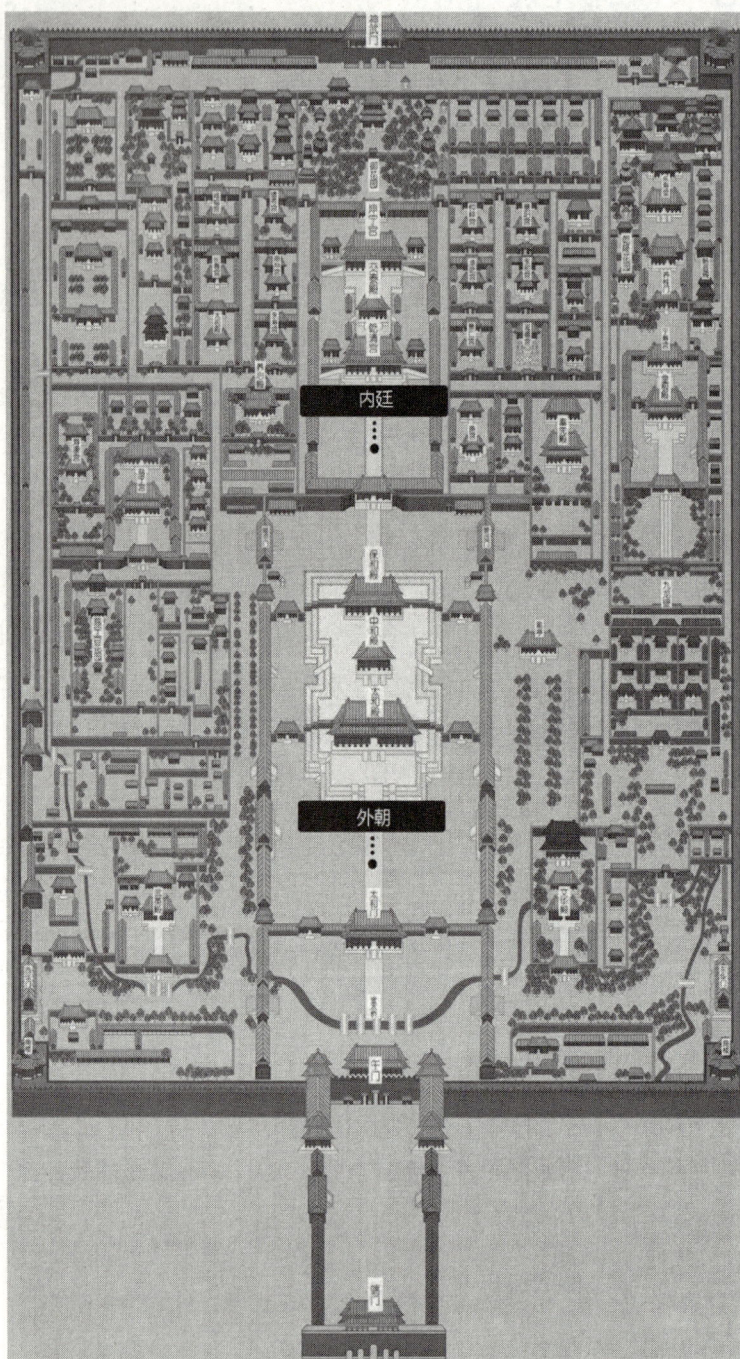

故宫"外朝内廷"布局(来源:故宫博物院官网)

10.1 建筑是什么

10.1.1 建筑概述

建筑是什么？建筑是人盖的房子，为的是解决"住"的问题。人类生存是本能所趋，而要更好地生存、生活、发展则是人类智慧所趋。人类为了追求更好的居住环境，通过自身的体力劳动和脑力劳动，将最初的"洞穴""木巢"发展为土、木、石等材料建造的房屋。进入奴隶社会后，居住建筑出现了宫殿、府邸、庄园、别墅，以及灵魂"住"的陵墓和神"住"的庙宇，建筑也不再局限于住所，开始为公共活动、生产活动提供场所。尤其是进入 20 世纪后，建筑行业快速发展以满足人类越来越多的生产生活需求。人类活动越有活力的地方，建筑也越多，建筑已经成为人类劳动和智慧最直接的外在展示方式，房屋建筑作为生活的容器，可以反映人们的社会生活和观念认知。

①建筑是人类在生产活动中克服自然、改变自然的斗争的记录。这个建筑活动过程记录了人类掌握自然规律和发展自然科学的能力发展过程。如从认识各种木材、泥沙、石块入手掌握了材料之间的联系和一些化学规律，在劳动过程中发明了水搅、火烧等操作程序，发明了砖、石灰等最基本的建筑材料。

②建筑是艺术创造。人除了温饱与安全的需求外，还有强烈的审美需求，一些建筑如果不能给人带来"心灵上的静逸"，就可能是失败的建筑。在建筑过程中，总会有反映人们美的需要的加工，而这种加工不仅是对美的追求和表达，也是文化的体现。

③建筑活动反映当时的社会生活和政治经济制度。纵观国外历史，我们可以从埃及金字塔的庞大窥知上古君主专权时代帝王的绝对权威；从古希腊神殿力学与视觉的规范协调窥知古希腊时代人们自由自治的精神及对艺术的执着追求；从教堂建筑"高"而"尖"的特色窥知 12—16 世纪西方基督教的勃兴；从 17 世纪华丽的宫室建筑窥知王权中心时代的奢华浮夸；从现代新奇的高层建筑窥知商业的繁荣。中国古代建筑有些是直接为生产服务，有些则是被统治阶级用于巩固政权或显示他们的权威，高高的城墙被用来保护统治阶级的财富，高坛、陵墓则是显示统治阶级尊贵的地位的。

④建筑是人类造物中最庞大、最持久的。人类的建筑是人类所创造的东西中体积最大的，例如中国古代的大工程，既有长城绵亘两千多公里，也有阿房宫"前殿阿房，东西五百步，南北五十丈，上可以坐万人，下可以建五丈旗"。同时建筑因为体积大，建造起来并不容易，因此一旦建成，人们不愿轻易拆除它，所以它的使用期限相对很长。那些能够经受风吹雨淋，又未被人为破坏的建筑得以留存下来，成为珍贵的历史文物，见证了各个时期劳动人民的智慧和技术。

孔子堕三都

新世纪环球中心

（世界上最大的单体建筑，位于四川省成都市，建筑面积约 176 万平方米）

【识他】梁思成（1901—1972 年），广东新会人，中国建筑史学家、建筑师、城市规划师和建筑教育家，是中国建筑学科的开拓者和奠基者，毕生致力于中国古代建筑和文化遗产，被誉为"中国近代建筑之父"。他主持设计了中华人民共和国国徽和人民英雄纪念碑，主要著作有《清式营造则例》《中国建筑史》等。

梁思成

10.1.2 中国古代建筑发展史

人类发展的过程就是建设的过程，历史上曾经有过的各种文明无一例外地把建筑作为其文明的外在载体。建筑在各种不同文明的历史发展过程中始终默默扮演着重要的承载角色，忠实地记载和展现着人类文明的发展进程。考古资料显示，人类历史上最重要和持续最久的文明都必定包括建筑的同步协调发展，并能在建筑的各个方面创造出完美服务于人类生活的伟大作品。认识了解建筑的历史，我们才能认识到中国建筑发展史是由我国劳动人民创造的，原始房屋是由原始人的双手创造的，社会主义社会的现代建筑是由建筑工人的双手创造的，包括"建筑人"在内的广大劳动人民，推动着社会历史的前进。

在氏族社会之前，人类祖先以采集和狩猎为生，居无定所。后来，人类开始转向农牧生活，人类的居家生活开始形成。人类的原始居家形式主要有巢居和穴居两种形式。早期人们为躲避野兽及洪水侵袭，多是"构木为巢"，即居住在树上。巢居是在低洼潮湿而多虫蛇的地区，人类采用过的一种原始居家方式，我国长江中下游地区的原始人类多采用巢居方式。但巢居上下树极为不便，还不能扩大空间，于是人们从树上搬下来，寻找自然的山洞，就如我们今天熟知的周口店人。但是，在山洞里居住地势不平又阴冷潮湿，人们又从山洞里走出来寻找居所，其中黄河中下游的土地广阔而肥沃，适合发展农耕经济，而且气候干燥、土质细腻，适于挖制洞穴，因此人们利用地形和土质的隔热性能开始挖穴而居。我们华夏祖先穴居实践甚久，从安阳的袋形穴到后来华北、西北的窑洞，都是不同水平的穴居的实例。但穴居出入不便，采光和通风也是问题。进入奴隶社会后，我们的祖先逐渐走出地洞，从穴居逐步升至地面，成为半穴居，最终将房屋建造在了地面上，满足了人们基本的生活需求。在陕西仰韶文化遗址（距今五六千年）发掘的原始氏族村落，发现不少小房子，房屋的墙壁多用木柱作骨干，两边抹草泥，屋顶用木椽密集排列，上盖茅草，再铺很厚的混草泥土。虽然相当简陋，但这就是最原始的地面房屋。

奴隶社会时期，早期的城市已经开始出现，为满足奴隶主贵族的奢侈生活，宫室、宗庙和别馆等建筑相继出现。春秋时期，建筑上的重要发展是瓦的普遍使用和作为诸侯宫室用的高台建筑，"高台榭，美宫室"。春秋战国时期，建筑的种类增加了，建筑技术也有很大提高，在各诸侯国互相发起战争的情况下，当时的建筑活动多为在主要城市修筑城垣以及在边界上修筑防御性长城和关塞。

公元前221年，秦始皇统一六国，建立第一个中央集权的封建集权，建筑也相应发展到空前的规模，秦代的建筑主要是以木材结构配合极大的夯土高台建成，如著名的阿房宫，此外，还修建了闻名世界的长城。在秦末农民起义中，汉高祖颁发了"以有功劳行田宅"的法令，这样，房屋可以奖给有功的将士，大量的房屋开始建造，促进了建筑技术的发展。从战国到西汉中期，建筑技术和建筑材料都发展到了一定高度，木构架建筑日趋成熟，初步形成封建社会木构架建筑的许多共同特点。西汉初期，工匠发明了重要的建筑结构材料——砖，从此砖被大量应用于建筑物上，出现了砖石结构和砖木混合结构的建筑物。这个时期，基本上形成了我国古代建筑的布局和特征。两晋南北朝时期，佛教得到极大推崇和发展，这个时期最突出的建筑类型是佛寺、佛塔和石窟，但这种外来文化的艺术影响并没有改变中国建筑原有的结构方法，佛教建筑只是将中国原有的建筑结构加以转化和发展来解决新问题。

到了隋唐两代，木结构建筑和民用砖瓦建筑已达到相当成熟的水平，居于世界前列。唐代在建筑方面的首要成就，就是城市开始做有计划的布局，如我们熟知的长安城、洛阳城，劳动人民投入了他们杰出、蓬勃的创造力量。唐朝是中国建筑史最辉煌的一个阶段，对朝鲜和日本建筑也有重大的影响。

宋代建筑是在唐代已经取得的辉煌成就上发展起来的，同时充分利用了手工业生产的成就，如木构建筑上利用木雕装饰，砖石建筑上用标准化琉璃瓦和面砖，造纸业的发展导致门窗上开始大量糊纸等。这些细致的改进不但改变了当时建筑的面貌，而且对后世建筑有普遍影响。宋代已经积累了不少建筑经验，出现了一些专门记述建筑方面的著作，如喻皓的《木经》、李诫的《营造法式》等。

明朝建立之后不久，在一切建筑中都表现了民族复兴和封建帝国中央集权的力量，特别是在官式建筑的布局、结构上，今天北京的故宫大体就是明初的建置。明代官匠制度增加了熟练技术工人，大大促进了手工艺技术水平。明朝末年，西洋传教士来到中国，带来了西洋的自然科学、艺术和建筑，这对后来中国的建筑也有一定影响。

清朝建立后几乎承继了明朝的所有制度，包括工部的《工程做法则例》，这是一本记录清代官造建筑制度和样式的书籍，对研究清代的建筑具有宝贵的参考价值。

回顾古代建筑几千年的发展历史,在每个不同阶段,随着生产力的发展,新技术、新材料的发明和使用,历代的匠师也不断贡献自己的聪明才智和发明创造,推动着中国的建筑不断地向前发展。建筑随着整个社会的发展而发展,它和整个社会的经济、政治、思想紧密相关。在今天的社会主义中国,建筑必须以满足劳动人民的物质生活和精神生活需要为目标。

中国建筑的特征

10.2 中国古代建筑的劳动成就

10.2.1 耀眼夺目的建筑之巅

1)长城

长城是世界文化遗产,是古代中国为抵御北方游牧民族的侵袭而修筑的国家军事性防御工程,延续不断修筑了2 000多年,总长度为21 196.18千米。长城是人类文明史上最巨大的单一建筑物,也是修缮时间持续最久的建筑物。如此浩大的工程,在世界上也是绝无仅有的,与古罗马斗兽场、比萨斜塔等被称为"世界八大奇迹"。长城凝聚着我们祖先的血汗和智慧,已经成为中华文明的代表性符号。

中国筑城向来强调因地制宜、就地取材,这一点在长城的建造上体现得淋漓尽致。长城根据其经过地段的自然条件,或以土筑,或以石砌,或土石结合建造,综合了中国平原筑城和山地筑城的条件。长城的建筑体量大、工程技术难度高、砖块材料制作标准严苛、糯米复合砂浆具有原创性……这些无不展现出当时劳动人民的智慧和能力。

2)故宫

故宫,旧称紫禁城,是世界上现存规模最大、保存最完整的木质结构的古建筑群,是中国古代建筑匠师高超智慧和卓越才能的伟大结晶,被誉为"世界五大宫"(北京故宫、法国凡尔赛宫、英国白金汉宫、美国白宫、俄罗斯克里姆林宫)之一。

故宫始建于明成祖永乐四年(1406年),清代重建重修,是明清两代的皇家宫殿,是帝王居住和议事的场所。故宫位于北京中轴线的中心,是把中心、中正的思想引入建筑的体现,建筑群沿中轴线由南而北依次排列着，严格按照《考工记》中"前朝后市，左祖右社"的格局分布，前朝以太和、保和、中和三大殿为中心，以文华、武英两殿为两翼，是皇帝处理朝政的区域；后寝以乾清宫、交泰殿、坤宁宫为中心，左右辅以东西六宫皇帝和嫔妃居住的区域。对于这条7.8千米长的"线"，著名建筑学家梁思成称，"北京独有的壮美秩序就由这条中轴的建立而产生"。

【名词解释】

中轴线

《中国建筑史》把中国古代大建筑群平面中统率全局的轴线称为中轴线，并且指出"世界各国唯独我国对此最强调，成就也最突出"。

【拓展阅读】

"样式雷"

清代康熙年间，江南木工雷发达被征调到京参加清宫建设，其中包括故宫三大殿的设计和建造。从此时到清朝末年一共八代，主要的皇室建筑如宫殿、皇陵、圆明园、颐和园等都是雷氏负责的。

之后，雷发达及其后人以精湛的建筑技艺被后人尊称为"样式雷"。据介绍，包括圆明园、承德避暑山庄、北京故宫、天坛、颐和园及清东陵和西陵等这些列入世界文化遗产的建筑设计都出自这个家族。他们是我国古代建筑设计史上成就卓著的杰出代表和传奇。

3）应县木塔

应县佛宫寺释迦塔，位于山西省朔州市应县，因塔身为木构，俗称应县木塔。塔建于1056年，是我国唯一一座纯木的多层结构木塔，也是世界现存最高的古代木构建筑。应县木塔极尽中国古代匠师们登峰造极的木材使用技术水平。1423年，明成祖见此塔巍峨雄壮，挥笔书写了"峻极神工"四字,四字匾额至今仍然在宝塔之上悬挂。木塔迄今已屹立于世近千年,历经风雨、地震和战火而不毁,其优秀的工程设计和建造技术可见一斑。

应县木塔

木塔高 67.3 米,为八角五层结构,其设计全靠斗拱、柱梁镶嵌穿插吻合,全塔共用斗拱 54 种,是我国古建筑中使用斗拱种类最多、造型设计最精妙的建筑,堪称一座斗拱博物馆。

木构建筑在中国古代极具影响,应县木塔是集精工品质、巧思创造和耐久性能为一体的伟大工程,堪称伟大的文化遗产。

10.2.2　不可多得的建筑书籍

我国古建筑著作较少,正如梁思成所言:"建筑在我国素称匠学,非士大夫之事,盖建筑之术,已臻繁复,非受实际训练,毕生役其事者,无能为力,非若其它文艺,为士人子弟茶余酒后所得而兼也。然匠人每暗于文字,故赖口授实习,传其衣钵,而不重书籍。数千年来古籍中,传世术书,惟宋、清两朝官刊各一部耳。此类术书编纂之动机,盖因各家匠法不免分歧,功限、料例满屋准则,故制为皇室、官府营造标准。"建筑之术,多由师徒口头传授,不重视书籍记载,梁思成所言宋、清官刊各一部,即《营造法式》和清朝雍正十二年(1734 年)由清工部颁布的《工程做法》。《工程做法》的编纂者是果郡王爱新觉罗·胤礼。胤礼自雍正九年(1731 年)开始"详拟做法工料,访查物价",历时三年编成《工程做法》,其目的在于统一建筑营造标准,加强工程管理制度,控制工程造价预算,同时也为工程审查、验收以及核对工料经费提供了依据。下面介绍三部古代建筑书稿,着重介绍《营造法式》。

1)《营造法式》

著名史学家陈寅恪曾言:"华夏民族之文化,历数千载之演进,造极于赵宋之世。"宋代是中国古代建筑发展的一个重要时期,崇宁年间编修的《营造法式》是古建筑领域最重要的文献遗存之一,是我国古代第一部以官方名义刊行的最为系统完整的建筑营造规范典籍,被梁思成誉为中国建筑的"文法课本"。

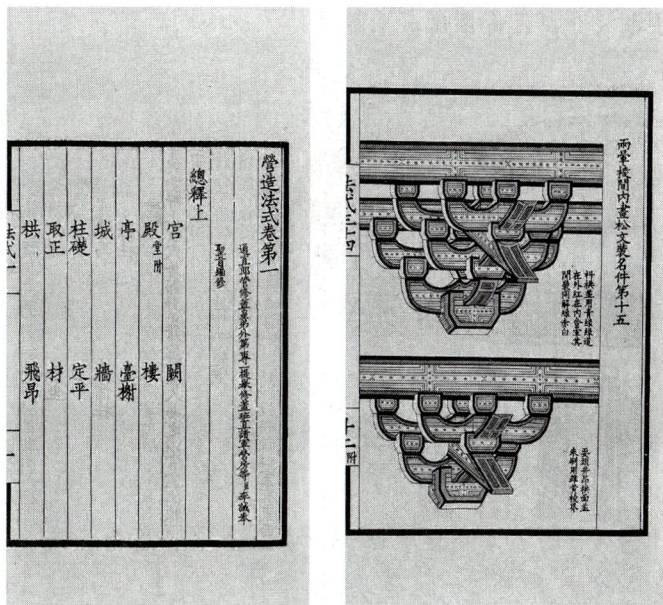

《营造法式》内页

营造,在古代泛指土木建筑工程,范围更广则包括土木彩绘、雕塑、染织、髹漆、铸冶、砖埴等一切考工之事与相关艺术,就是建筑营建的意思;"法式"在宋代则是指政府制定的法令与成规。

编修者李诫是我国宋代著名的建筑家,具有丰富的营造实践经验。他负责主持大量新建或重建的工程有五王邸、辟雍、尚书省、龙德宫、朱雀门、景龙门、九成殿、开封府廨、太庙、钦慈太后佛寺等。此外,李诫还是一位书画兼长的饱学之士,著有《续山海经》十卷、《续同姓名录》二卷、《马经》三卷、《古篆说文》十卷。"诫本博洽之士,故所撰述具有条理",其渊博的知识加上丰富的实践经历,为《营造法式》编修成果的权威性奠定了坚实的基础。此书于北宋崇宁三年(1104年)奉敕镂版海行全国后,对北宋以后的建筑营造活动起到了重要的指南作用。部分学者研究后认为,《营造法式》属于"设计手册加上建筑规范"(梁思成)或"建筑工程预算定额"。

作为中国古代重要法典性质的建筑手册,《营造法式》对不同材质的做法有详细规则及图样描述,其内容涵盖石作、砖作、大小木作、雕木作、彩画作等,相关条纹、图样等记录非常详细,充分展现了宋代建筑艺术形象及雕刻装饰加工工艺,尤其是对于柱、梁、木斗、木拱等构件的尺寸大小、构造方式、艺术加工等都有明确的说明及规定,比唐代更加成熟,系统性更强。装饰融于建筑,是宋代建筑学发展的重要突破,是中国古代木构架建筑的重要特征,《营造法式》将这种独特的建筑理念充分、鲜明地反映出来。

《营造法式》注重建筑技术的研究和传承,其内容主要分为制度、工限、料例、图样四个部分,全面剖析了宋代建筑学的发展脉络及特征,反映了当时劳动人民在建筑学上的创新,并对大量建筑实践进行了经验总结,创作完成后迅速成为当时建筑行业技术发展的重要参考依据。

宋代建筑物均风格杂糅，在保留部分唐辽建筑风格的同时，又开创了崭新的建筑模式，引领了明清建筑的发展方向。作为集时代之大成的建筑著作，《营造法式》被誉为中古时期全球内容最完备的建筑学著作之一，具有相当程度的史学价值和建筑价值。书中详细记录了宋代建筑珍贵的第一手资料，对中国古代建筑技术、建筑理念等研究方向有极高的研究价值。书中详细记录部分不仅对结构、用料、装饰等娓娓道来，而且在雕刻、制作、工艺方面均有较强的艺术指导性，字里行间充分反映了中国古代的建筑智慧。

《营造法式》充分体现了建筑制图学、模数、力学及系统工程层面建筑的智慧，为我国宋代建筑理论与工艺的最高成就。

2)《考工记》

《考工记》与《营造法式》是古代中国建筑技术的两部经典文本。《考工记》是我国迄今为止最早的记述当时社会手工业生产各工种的制造工艺和质量规格的官书。它成书于春秋末、战国初，作者不详。全文约7 000字，较为系统地描绘了早期社会多种行业的工艺技术，大量记载了先秦木工、金工、皮革、设色、刮摩、陶器等生产工艺，具体涉及建筑、车辆、服饰、兵器、礼器、生活器皿等工艺门类，现存篇目虽遗缺不整，但依然体现了先秦时期高超的工艺水准。其参考文献价值非常大，在中国工艺美术史、科技史和文化史上占有非常重要的地位。

《考工记》中的《匠人建国》和《匠人营国》这两节全面记述了周代城邑的规划体制和建设体制。其中的《匠人营国》系统地描述了当时的规划建筑思想，是留存至今最早的建筑文献之一。

《考工记》是最早对中国古代建筑设计观念的系统表述。中国以后历朝历代的官书和民间著作凡涉及建筑设计方面的，基本上完整地或在某一范畴内保持着总体的设计观念。

汉朝以后，《考工记》成了《周礼》的一部分，从这以后《考工记》就伴随儒家思想把器物设计的观点和工艺理论流传了下来，同时对我国古代建筑的风格和特色构成也产生了极大的影响。《考工记》提出的"天有时，地有气，材有美，工有巧，合此四者，然后可以为良"是中国古代造物思想的重要原则。造物应该顺应天时，适应地气，材料上佳，工艺精巧，合此四项条件才能制造出精良的器物，这充分体现了"天人合一"的造物思想。

3)《鲁班经》

《鲁班经》是明代以后，我国江南民间唯一流传的一本记载民舍、家具、农业和手工业工具制作工艺的民间建筑书籍，它以历代匠师在实际工作过程中口授和抄本的形式相传。此书先以口诀的形式在工匠中广为流传，如强调校正柱础与地面，使建筑保持水平："世间万物得其平，全仗权衡及准绳。创造先量基阔狭，均分内外两相停。石磉切须安得正，地盘先要镇中心。定将真尺分平正，良匠当依此法真。"《鲁班经》在数百年间不断增补内容，明万历刻本易名为《鲁班经匠家镜》，"匠家镜"是形容它像工匠家的一面镜子。它服务于民间的建筑工匠，是工匠实际的操作手册，影响面广，有很好的群众性，总结了不少官书中找不到的建筑经验，是研究和理解古代民间建筑的上好资料。

《鲁班经》从画样到规定各类建筑的尺寸，再到取材、施工，记录了许多施工工艺。《鲁班经》记录的工艺技术，隐含着古代工匠对科学真理的探索。我国明代以前，北宋初年著名木工喻皓的《木经》，是一部真正的建筑设计方面的设计手册，可惜已经失传，仅有少量资料保存于《梦溪笔谈》；宋代《营造法式》、清代《匠作则例》只记录官式建筑。从记载民间木工工艺和反映民风民俗的角度看，无一能与图文并茂的《鲁班经》相比。虽然《鲁班经》里有迷信思想，但其也反映出贯穿我国古代营造工程的独特的民风民尚，折射出我国古代"天人合一"的造物思想。

10.2.3 独树一帜的营造精神

一座古代建筑，不仅是建筑构造、建筑材料、建筑技术、体力劳动和脑力劳动相结合的成果，更重要的是，它的建成经过了众人的思考，体现了一种意识形态和思维方式，是体力劳动和脑力劳动的结晶。因此，建筑就是人根据自己的尺度、意志及情感进行的建构，无论是古希腊伊瑞克提翁神庙的女像柱，还是象征了皇权和等级制的构件斗拱，无不"体量"了人的精神的尺度和意志的外化。中国的古建筑就是一张张巍峨不动的中华名片，彰显了中华文明的态度。每一座古代建筑都是美学、文学、艺术、历史和文化等的综合艺术体现。

1）礼制贯穿

中国历来是礼仪之邦，古建筑不仅承载了古代劳动人民的建造智慧，还表现出了中华民族礼制的特点。

儒家思想在古时具备较高的地位，城市规划受儒家思想影响颇深，是儒学思想的重要外在表现形式。例如隋唐长安古城、明清北京城市等，都有一条中轴线沿皇宫正门一直延伸到城外，主要建筑都安排在中轴线上。中轴线左右建筑依次排列，左祖右社，前朝后寝，这种对建筑的规定，久而久之，也就成为后人必然遵守的一种礼制。中轴线的设计诞生于《周礼》，"择中而居"这种对称的布局与设计方法，融合了古代帝王的政治主张、儒家"居中不偏"的伦理思想、中华文明"中正和合"的文化传统，成为国家礼仪秩序的物质缩影。例如，北京的中轴线，以宫城为基点，居北面南，展现中国从古至今城市规划建设对于礼仪与秩序的尊崇。时至今日，北京中轴线仍在生长，大兴国际机场、鸟巢水立方等北京奥运会场馆，都在这条线的南北延长线上。

中国的城市营建也是如此，从一开始就有秩序和规则，这在《考工记·匠人》中有所记载："匠人营国，方九里，旁三门。国中九经九纬，经涂九轨，左祖右社，面朝后市，市朝一夫……"方九里，就是九里见方，这是国都的规模；旁三门，四面城墙每一面开三个门；九经九纬，道路横九条竖九条；左祖右社，在宫城的左边建太庙，右边建社稷坛，用于祭祀祖先和土地神、粮食神，以建筑布局体现"尊祖、重农"理念。面朝后市，前面是朝，后面是市。这种城市营建的制度，对中国历代帝王的都城建设产生了重要的影响，也是中国传统思想和礼仪的一个重要体现。又如我们传统的四合院式建筑，这种布局适合中国古代社会的宗法和礼教制度，便于安排家庭成员的住所，使尊卑、长幼、男女、主仆之间有明显的区别。

2）顺应自然

中国自古以自给自足的自然农业经济为基础，因此人与自然的联系非常紧密，古人观察日出日落,春夏秋冬,人类的智慧史上从而有了对日出而作日落而息,冬去春来顺应天时和轮回。所以,中国传统造物观念注重自然界的性能与特质,与自然界保持融洽。古人以顺应天时与地气作为造物原则,讲究万物轮回、循环往复、生生不息的原则,就连造物的主体材料也常选用具有"生性"的再生物质材料,如木料。

从建筑理念的角度来说,著名建筑大师梁思成就提出过"不求原物长存"之说:"盖中国自始即未有如古埃及刻意求永久不灭之工程,欲以人工与自然物体竞久存之实,且既安于新陈代谢之理,以自然生灭为定律;视建筑且如被服舆马,时得而更换之;未尝患原物之久暂,无使其永不残破之野心。如失慎焚毁亦视为灾异天谴,非材料工程之过。"梁思成指出没有什么材料永垂不朽,与其追求原物长存,不如顺应自然生灭,古代在建筑方面多用木材,少用石料,偏好重建,不耐修葺,旧去新来,周而复始,生生不息。屡建屡毁、屡毁屡建,是中国古代建筑的普遍现象。譬如江南三大名楼,黄鹤楼、岳阳楼与滕王阁均经历多次重建。

中国传统文化喜爱用木质材料作为造物的基本元素。木材不但品种丰富,受自然条件限制较小,又有地域的土质、风水、气候所造就木质的密度、韧性、色泽各不相同等特点。木材在造物实践活动的运用中,还形成了与自然和谐的普遍情结。《诗经》中就有"其桐其椅"的诗句。"椅"和"桐"都是一种树木的名称。择木是因为木材这种"再生"的生命物质的特质与人的生命内在相同,这种观念与中华民族天人和谐的文化精神相弥合,使古代工匠对木情有独钟。

漫长的耕作实践,又使人们对木的品质有了更深刻、更细化的认识,逐渐形成对木质材料独特的审美评价。将木质在自然中形成的特殊质地等品性,如肌理、木纹、密度、韧性、色泽、气味等,均作为审美价值的取向,建立起了对事物普遍性的审美认识,进而构造了造物审美的哲学。中国传统的阴与阳的观念,在木质材料中得到了最充分的展现。传统建筑中的榫卯,不用一钉一铁,而是运用榫卯结构固定与连接。榫卯结构就是阴阳关系,使造物在阴阳关系中完成,暗合了中国传统的"道"的思想。

3)严谨预算

完成于宋徽宗崇宁二年(1103年)的《营造法式》在北宋刊行的最现实的意义是严格的工料限定。在当时的官方建筑业中,负责工程的官员常会夸大预算费用,在施工中偷工减料,中饱私囊。为杜绝此类腐败贪污现象,该书在王安石变法期间制订了各种财政、经济的有关条例,以大量篇幅叙述工限和料例。具体的做法就是让主管官方营造的部门"将做监"编一套法式来管控工程预算,负责具体工程的官员只要在设计阶段定好一个建筑所需各部件的种类、数量和尺寸,就能计算出合理预算。这些规定为编造预算和组织施工制订了严格的标准,既便于生产,也便于检查,有效地杜绝了土木工程中贪污盗窃之现象。

10.2.4 技道合一的传统工艺

工艺是构成中国传统建筑的重要内容,也是全面认识和了解中国古代建筑的一把钥匙。传统建筑工艺是指工匠在意匠支配下,用相应的工具或器械,按世代相沿袭的手法完成从原材料采集、构件加工制作到安装成型,再到后期装修的一套完整技术过程,涉及工匠、制作材料、制作工具、制作技术、制作过程和设计思想。其涵盖的范围广泛,以材料划分可以分为木作、石作、砖作、土作、瓦作、玻璃、油漆等;以建筑装饰划分可以分为石雕、木雕、砖雕、陶塑、灰塑、彩画等;从功能上还可以分为排水、防潮、防火、防腐、防盗等。

工艺是文化和生产力水平的共同反映,是科学技术发展的见证,是劳动成果的直接体现。工艺具有时代性、地域性和民族性的特征,有时还有技能的个性特征。中国传统建筑工艺经过数千年的传承发展,从单层建筑到高层楼阁、从简单构架到精雕细琢,传统建筑工艺在不断提升,其内涵也在不断丰富。今天,即使我们在先进的建筑工艺技术、新建筑材料、新结构等方面取得了很大的进步,但传统建筑工艺是建筑遗产保护中不可或缺的组成部分,是千百年来建筑工匠的智慧结晶,是中华民族的文化瑰宝。认识和保护传统建筑工艺不仅是对祖师爷流传下来的技术工艺的传承,更是对传统工匠精神的传承。

紫禁城,这座现存的以木结构为主的古代宫殿建筑群,在其建造和修缮的过程中,形成了一套完整的、具有严格形制的传统宫殿建筑施工技艺,即官式古建筑营造技艺,俗称"八大作":瓦作、石作、木作、土作、搭材作、油漆作、彩画作和裱糊作,简称为"瓦木扎石土、油漆彩画糊",这种类似工种的分类沿用至今。

1)木作

中国传统建筑多以木结构为主体,因此木作成为营缮中最重要的主作,木匠更有"百艺之首"的美誉。木作分为大木作和小木作,大木作主要指木构建筑最基本的构造体系,如紫禁城就凝聚了木作营造技艺的精华。大木作的构件规格多样,大部分都是预先加工制作,再运到现场组装,所有构件之间通过榫卯连接,十分牢固。榫卯,是凹凸部位相结合的一种连接方式,凸出是榫,凹进是卯。在宫殿建筑木构架中,最引人注目的就是屋檐下的斗栱。斗栱承载起紫禁城的飞檐高卷之势,它最初是梁、柱之间的过渡层,用来把屋顶的荷载均匀地传到立柱上,但后期力学作用逐渐削弱,装饰作用逐渐增强。小木作主要负责室内外装修,就是那些制作精美的落地花罩和槅扇门窗。紫禁城皇家宫殿的室内装修采用的材料极为丰富,工艺也因此更加复杂、细腻。木作是建筑营造中最重要的一个种类,它成就了中国古建筑在世界建筑中独树一帜的地位。精巧的斗栱,深远的出檐,绝妙的榫卯,无不诉说着木作技艺的精妙。规矩和口诀是木作的精髓。只要确定斗口宽,就可以根据口诀推算出各个构件甚至房屋的尺寸。可以说,木作技术不仅在匠人手上,更在他们心里。

2)瓦作

瓦作主要是指古建屋顶、墙体、砖地面等黏土类材料的施工,大体内容分为砌砖基础、砌砖墙、屋顶苫背、墁砖地面、墙垣抹饰、刷浆以及调制灰泥浆、砍磨细砖、雕砖和工前的抄平放线等工序。其中最不起眼的要数"灰"的使用。瓦作中,处处用灰,处处不同。虽然主要材料都是石灰,人们却在瓦作的口诀中总结出"九浆十八灰",细细区别了各种灰、浆的配制和适用范围,足以显示用灰技艺的复杂。

3)搭材作

搭材作原名扎材作,主要包含架木搭设、扎彩、棚匠的工作内容,也同时起到了建筑施工中脚手架的功能。清光绪十四年(1888年),紫禁城内一场大火将太和门、贞度门、昭德门等多处化为灰烬。正值光绪大婚之际,原样重建根本来不及,慈禧太后召集技艺最高超的搭材匠人们临时在太和门基址上搭设了一座彩棚应急。《清宫述闻》中对彩棚记载："高卑广狭无少差至，榱桷之花、鸱吻之雕镂、瓦沟之广狭，无不克肖，虽久执事内廷者，不能辨其真伪。而且高踰十丈，栗冽之风不少动摇。"今天，传统的搭材作材料已逐渐被取代，从木材变成了现代的金属管件，但其盘互交错、相辅而成的样式，依然见证着中国传统建筑的智慧。

4）石作

石作主要是指古建的石构件部分的施工，如台明、地面、桥体、石碑等。石作工艺是古代土木建筑营造中的一个重要组成部分，从采石、石料的分割、石料的平整等方面形成了一套比较完整的工序。通过石作工艺，糙石变成须弥石座，稳承着木建筑巍峨耸立的职责。目前石作工艺受到机械自动化的严重冲击，技艺正在逐渐衰落。

5）土作

土作就是对地基处理的工艺，是指古建筑基础从挖土到夯土、填土、土层处理等各个环节的施工。故宫的地基是土作技术的优秀代表，故宫建成至今，没有因地面雨水的浸泡而下沉，也没有因冬天的冰冷而变形，历经多次地震至今仍完整保存，坚固耐用。但随着当代机械化进程，土作逐步衰落，目前土作工艺已濒临失传。

6）油漆作

油漆作是紫禁城中为保护木构件而施以地仗油饰的营造技艺。油作在我国发展源远流长，《营造法式》中油漆与彩画合为油彩作，《工程做法则例》始将其分成油漆与彩画两作。主要是指对门窗、柱子、大门等木构件的油饰施工。油漆作主要内容分为地仗和油皮两项。油作最重要的是功底，让紫禁城经受住了千百年的风吹日晒。由内及外，由外观内，这是中国古建筑适形而止的底蕴。

7）彩画作

彩画作主要是指对古建筑梁架和木构件进行装饰的技艺。彩画通常包裹在木结构表面，不仅美观，而且有一定的防水性，能增加建筑物寿命。彩画的种类大体分为三种：和玺彩画（等级最高）、旋子彩画和苏式彩画（主要用于园林建筑中）。但无论哪种彩画，其工序都基本相似，有起谱子、落墨、扎孔、纹饰、沥粉、贴金、刷色、细部等。在相似的工序下要展现不同风貌的彩画，其关键就在于工匠的双手。彩画作的存在，让厚重威严的木建筑顿时轻盈灵动起来。

8）裱糊作

裱糊作是在室内如顶棚、墙面、门窗或隔扇上施以纸张裱糊的营造技艺。裱糊不仅为庄重的宫殿增添了清雅别致的美感，还起到了防潮、防尘、保温的作用。裱糊工艺做法工序包括制糊、除尘、底纸、盘布、鱼鳞、盖面等步骤。裱糊时，按顶屉分格糊纸，四格、六格或八格一糊，将纸糊到屉上，四边翻卷到格眼以内为止。裱糊，柔外而韧内，演绎着中国独有的营造智慧。

10.2.5 心系百姓的能工巧匠

中国自古以来就是一个匠人的国度。早在原始社会，先民就发明了石斧、石凿、石刀、锯齿刀等原始生产工具。《周易·系辞下》记载："神农氏作，斫木为耜，揉木为耒，耒耜之利，以教天下,盖取诸益。"人类有了生产工具,便开始筑构自己的栖身之所。从原始部落的人类穴居方式,到土木混合结构的房屋,勤劳智慧的先民凭着自己的双手,打造出方便使用的器物。出色的匠人应运而生。

《考工记》中写道:"国有六职,百工与居一焉……审曲面执,以饬五材,以辨民器,谓之百工。"《论语·子张》中有"百工居肆,以成其事"的说法。《墨子》中除了"百工",多有提及"巧工"与"匠人"。

春秋战国时期,手工业者从奴隶转为自由职业的匠人,巧匠是很被推崇的人物,尤其是木匠。梁思成在《中国建筑史》中评价中国的木匠:"尽木材应用之能事,以臻实际之需要,而同时完成其木身完美之形体。"可见梁思成非常认可木匠对材料的把握、对生活实践的了解及其手艺的精湛程度。与西方不同,中国传统建筑在建造时主要依赖营造工匠依据师传口授的口诀等营造法则和多年练就的精湛技艺完成,因此匠人自身的技艺和技道毫无保留地体现在其作品中。

1)墨子

墨子是中国古代的思想家、教育家、科学家、军事家,是墨家学派的创始人,还是一个技艺高超的匠人。

墨子在技艺的应用问题上尤其注重实用性,墨子主张只有利民的东西才是有价值的。墨子在少年时代学过木工。他曾用三年时间造成了一个"木鸢",在天上飞一天才落下来,故事载于《韩非子·外储说左上篇》:"墨子为木鸢,三年而成,飞一日而败。"不过墨子发现这个"木鸢"虽好玩却于百姓无益,就转而研究交通运输工具"车辖"了。墨子认为精巧的木鸟的功用不如能承重的车轴,重视技术工具对人的价值,即"利于人谓之巧,不利于人谓之拙"。

墨子发明的工具主要集中在几何学、力学以及机械制造等方面,其主要原因就在于这些学科与生产实践的关系最为密切。无论是发展几何学用于建筑和手工业制作,还是研制杠杆、滑轮、桔槔等使用广泛的生产工具,目的都是提高劳动效率,增加社会财富,以获取实利。如桔槔这种汲水工具虽简单,但它使劳动人民的劳动强度得以减轻,相应地促进了古代中国的科技进步,提高了社会生产力。

为纪念墨子,我国于2016年8月16日发射的量子科学实验卫星被命名为"墨子号"。潘建伟院士说:"墨子最早提出光线沿直线传播,设计了小孔成像实验,奠定了光通信、量子通信的基础。以中国古代伟大科学家的名字命名量子卫星,将提升我们的文化自信。"

2)鲁班

鲁班姓"公输",名"般",是中国建筑鼻祖和木匠鼻祖。鲁班生活在我国春秋末战国初社会变革、生产发展的年代,正是奴隶制向封建制过渡的社会变革时期。据文献记载,当时土木建筑空前兴旺,我国古代传统建筑的风格与技术特征已初具雏形。鲁班是当时许多高超匠师中的典型代表,在他身上集中反映了工匠的智慧和才华。神话、传奇中的"鲁班"之名更像是中国古代广大手工业劳动者表达美好愿望的一个范本。

鲁班出生于世代工匠的家庭中,从小跟家人从事木匠修建活动,他勤于钻研、善于钻研,因此鲁班一生的发明创造很多。据《事物绀珠》《物原》《古史考》等古籍记载,木工使用的不少工具器械都是他创造的,如曲尺(也叫鲁班尺)、墨斗、刨子、钻子,以及凿子、铲子、锯子等工具。精巧实用的工具对木匠来说是尤为重要的。借助工具,工匠们可以减轻繁重的体力劳动,缩短劳动时间,工作效率得到显著提高。《世本》记载鲁班将两块比较坚硬的圆石各凿成密布的浅槽,合在一起,用人力或畜力使其转动,就把米磨成粉了,这就是我们今天的磨。在此之前,人们加工粮食是把谷物放在石臼里用杵来舂捣,而磨的发明把杵臼的上下运动变为旋转运动,大大减轻了劳动人民的劳动强度,提高了生产效率。

每一件工具的发明,都是鲁班在生产实践中得到启发,经过反复研究、试验出来的,鲁班也因此成为一个跨越历史时代、跨行业,集我国古代能工巧匠之大成的典型人物,是中华民族古代劳动人民的智慧、才干和美德的化身。

3)李冰

作为世界文化、自然与灌溉工程三项遗产的获得者,都江堰水利工程虽历经2 000多年却依然发挥着高效功能,这在世界水利工程中是绝无仅有的。公元前256年,蜀郡守李冰主持修建都江堰水利工程,使成都平原从"水旱从人,不知饥馑,时无荒年",成为沃野千里的天府之国。

李冰,战国时代著名的水利工程专家。公元前256年—公元前251年被秦昭王任为蜀郡(今四川成都一带)太守。李冰在修筑都江堰时因地制宜,在当时生产力仍比较落后的情况下,大胆运用多种新型施工方法,通过修建鱼嘴分水堤、飞沙堰溢洪道、宝瓶口进水口等工程,科学地解决了江水自动分流(鱼嘴分水堤四六分水)、自动排沙(鱼嘴分水堤二八分沙)、控制进水流量(宝瓶口与飞沙堰)等问题,消除了水患。

为了尽可能不让大型工程伤到百姓元气,李冰始终贯穿"因势利导"理念。都江堰这一水利工程体系的修建,实际上蕴含着从大禹时代再到李冰时代蜀地广大人民群众的辛勤付出,是中国人民智慧的集中展现。

4)李春

李春,隋代著名桥梁匠师,现河北邢台人,隋开皇十五年至大业初(595—605年)建造赵州桥,被梁思成誉为"天才石匠"。赵州桥存世1 400多年,历经无数次洪水和车压人行的考验,堪称中国建筑史上的奇迹之一。历史悠久、结构奇特、造型美观的赵州桥凝聚了李春的汗水和心血,李春也因此成为中国乃至世界建筑史上第一位桥梁专家。

赵州桥是安济桥的俗称,位于今河北省赵县城南五里的洨河。赵州桥长51米、宽9米,是中国现存最早的大型石拱桥,也是世界上现存最古老、跨度最长的敞肩圆弧拱桥。全桥全部用石块建成,共用石块1 000多块,每块石块重达1吨。赵州桥设计独特,首创敞肩拱结构形式,把以往桥梁建筑中采用的实肩拱改为敞肩拱,这是李春对拱肩进行的重大改进。其次,李春在设计大桥的时候,采取了单孔长跨的形式,河心不立桥墩,使石拱跨径长达37米之多。这是中国桥梁史上的空前创举,西方在14世纪才出现敞肩圆弧石拱桥,比中国晚了600多年。英国著名科学技术史专家李约瑟博士在《中国科学技术史》中曾经列举了26项从1世纪到18世纪先后由中国传到欧洲和其他地区的科学技术成果,其中的第18项就是弧形拱桥。

李春作为隋朝时期的著名桥梁建筑设计师,在桥梁建筑设计中使用的各种施工技巧不仅得益于他自身的独有设计思想,更来源于对桥梁建筑的喜爱与实践。此举不仅促进了当时隋朝的经济发展,方便了民众,还为以后的桥梁建筑设计师提供了典型的设计实例。

赵州桥

5）喻皓

喻皓，北宋初年建筑工匠，被誉为"木工第一人"，祖居浙东，在北宋初年当过都料匠（掌管设计、施工的木工）。喻皓出身卑微，在长期的建筑实践中，他勤于思索，善于向他人学习，因此在木结构建造技术方面积累了丰富的经验，尤其擅长多层宝塔和阁楼的建造。欧阳修在《归田录》中曾称赞他为"国朝以来木工一人而已"。喻皓著有《木经》三卷，是中国古代重要的建筑学专著，《木经》对北宋重要的建筑著作《营造法式》有重大影响。

公元989年，宋太宗想在京城汴梁建造开宝寺木塔，从全国各地抽调了一批能工巧匠，喻皓受命主持这项工程。喻皓先做模型，然后施工。历经数年，开宝寺木塔建成了。因当地多刮西北风，喻皓在建造时使塔略向西北方向倾斜，日后塔渐归正直，喻皓还指出不到100年塔就能被风吹正。可见喻皓不仅考虑到了工程本身的技术问题，还注意到周围环境以及气候对建筑物的影响。在当时的条件下，喻皓能够设计得如此细致周密，是很了不起的。可惜的是，这座塔在后来的一次火灾中被烧毁，没有保存下来。

【劳动认知单】

走近古建筑

参观欣赏一处古建筑，了解有哪些与古建筑有关的文化现象，认真记录并分析它的形式、特征、产生的原因，以及其具有的社会文化意义。

专题十一　建筑业的行业精神

港珠澳大桥

（全长 55 千米，2018 年竣工，预计使用年限 120 年）

广州新电视塔

（总高度 600 米，2009 年竣工，设计使用年限超 100 年）

成都天府国际机场

(4F 级国际机场,2021 年通航)

【专题学习目标】

①了解建筑业行业精神的内涵,以建筑业行业精神作为职业道德标准。

②学习建筑业行业精神和劳模精神相关案例。

【专题导入】

　　建筑和其他产品有很大的不同。建筑投入高且不可逆,建筑的自然寿命很长,一般在50 年以上,超过 100 年的情况也很多。建筑的建造成本比一般产品要高得多,建筑的这种特性使它从建成起就对城市的发展和生活在城市的人产生着巨大的影响。

　　建筑是城市历史的有机组成部分,是城市形象和文化的表征,和城市的文化一脉相承。在一个规划的城市里,每一栋建筑并不是相互独立的,更不是孤立于城市历史文化之外的另类。一栋建筑加一栋建筑并不只等于两栋建筑,它们形成的是整个室外空间。建筑个体以及所有建筑作为一个整体所体现出来的特色,极大地影响着这个城市的吸引力和活力。

　　大学生将来要投身社会主义建设的各个行业,从事各种具体职业。大学生要胜任未来的社会使命,不仅需要过硬的专业素质,还需要良好的职业道德素质和行业精神。这就需要大学生立足职业岗位,理解行业精神和职业道德要求,树立行业自觉和行业自信,弘扬行业精神,在奉献社会中践行社会主义核心价值观,为实现中华民族伟大复兴的中国梦作出贡献。

　　1)质量为本,安全第一

　　"百年大计,质量第一"是建筑业的基本规范,也是建筑行业职业道德的基本原则。按照质量第一的原则,每一座建筑物必须在安全、功能和美观等方面经得起历史的考验。对质量的追求,不仅是对建筑作为"物"本身的基本要求,也是建筑人在完善个人技艺中的道德升华。建筑是为人服务的,我国社会主义道德的根本要求,就是要在建筑过程和最后的建筑物中体现把人民的利益和需要放在首位。考虑到建筑业的社会效益应高于经济效益,建筑业"质量第一"的内涵就更加深刻了。这里的质量不仅仅是建筑物本身的质量,还包括建筑物周遭的环境质量和影响。如每一项建设工程,必须要考虑建筑物对周围环境的影响、周围环境对建筑物使用者的影响、是否对古建筑和城市风格带来不利影响等。

工程质量关乎国计民生,无论何时我们都要谨记。尤其是在国民经济结构转型升级的关键时期,我们正面对着过去十多年高速增长所带来和积累的问题的集中爆发,又必须应对业务模式转型、国际化发展带来的新挑战、新问题。现阶段,强调质量第一是党和国家的明确要求,也是人民群众的期待和福祉。工程质量不仅关乎着人民的生命和财产安危,也代表了一个国家的形象,反映了一个民族的素质。

因工程质量问题和施工质量问题引发的事故,无不给建筑从业者敲响了警钟。建筑工程的施工过程中有很多环节是隐蔽工程,因此建筑工程的质量很大程度上与工程技术人员高度自觉的职业操守密不可分,施工现场第一线的操作者和组织者需要严格遵守现场施工操作规程,具备高度的责任意识和安全第一的意识。建筑行业作为一个高危行业,时常要进行高空作业和野外作业,因此,从业者提高劳动安全意识也是一种自我保护的需要。

【案例链接】 人民英雄纪念碑

人民英雄纪念碑位于北京天安门广场中心,在天安门南约463米,正阳门北约440米的南北中轴线上,是为纪念中国近现代史上的革命烈士而修建的纪念碑。人民英雄纪念碑通高37.94米,正面碑心是一整块花岗岩,长14.7米、宽2.9米、厚1米、重60.23吨,上面镌刻着毛泽东同志所题写的"人民英雄永垂不朽"八个金箔大字。人民英雄纪念碑从1949年9月30日奠基,1952年8月1日开工,1958年4月22日建成,到1958年5月1日揭幕,前后历时近十年。

人民英雄纪念碑是新中国成立后首个国家级公共工程,也是中国历史上最大的纪念碑,汇聚了魏长青、郑振铎、吴作人、梁思成、刘开渠等一大批当时中国最优秀的文史专家、建筑家、艺术家和一大批能工巧匠。

(1)力排众议的设计方案

人民英雄纪念碑在设计上参照了当时建筑家力主的中国传统碑的造型,用高大挺拔的形象来表达人民英雄的崇高形象和伟大功勋。在此基础上有三个设计方案得到了专家认可,梁思成作为人民英雄纪念碑总体设计的主要负责人,卧病在床时看到三个方案已经趋向成熟,连忙给中央领导人写信。他认为,人民英雄纪念碑是一座矗立在天安门广场正中央的历史丰碑,它和天安门都是中华人民共和国最为重要的象征性建筑物。既然天安门是典型的木结构城楼,且稳健地坐落在雄厚的城台上,那么,人民英雄纪念碑作为石质建筑,就应该是挺拔敦实、根基稳固地立于地上。而且人民英雄纪念碑作为新中国的第一个标志性建筑,要保证纪念碑的造型简洁、质朴、庄严,不仅要区别于西方纪念碑和中国传统碑碣的设计,而且不应与任何类似的碑体重复。现在看来,梁思成写给中央领导人的这封信,对人民英雄纪念碑的设计起到了决定性的作用,梁思成为人民英雄纪念碑的建造作出了历史性的贡献。

(2)堪称史诗的采石运输

"共和国第一碑"的建造,最主要的是选好碑心石,既要硬度高,又要颜色好看,还要具备韧性。兴建委员会为此进行了三个多月的实地考察,专家走遍全国各地,最终认为青岛崂山最西端山峰浮山大金顶上的花岗石石料石质均匀、耐风化,是制作碑心石的首选。选好石材后,新的问题又来了。为了让碑心石上的题字不断开,所以碑心石要由一整块石头构成。再考虑到其他的耗损,因此首次开采需要完整开采300多吨大石。当时我国的科学技术并不发达,采石工艺也比较落后,要开采出这样一块大石头,难度超乎想象。从南京、上海等地招募来的技术工人也无计可施,开采工作遇到阻力。但是采石团队并没有气馁,在目标石料的周围,挖出5米多深的沟槽,然后从下面一点点将它撬上来。

参与人民英雄纪念碑的部分工匠

从采石场到火车站15千米路程,这块大石材挪了30多天才到,因为没有如此庞大的运输工具,几千名工人只有在它身下垫上滚木,一点点往前滚,其间对石头进行了"瘦身"。到了火车站后,由于我国铁路运力上限也只有99吨,工人们只有再次对其瘦身,减至94吨以后终于搬运上了去北京的火车。碑心石从开采到运抵天安门广场工地历时7个半月,共计 7 116 名工人参与其中。

(3)能工巧匠的一雕一刻

为保证人民英雄纪念碑的尽善尽美,兴建委员会集中了当时全国最优秀的规划、建筑、美术人才。但当时中国并没有完全可以胜任现代雕刻的石刻人才,有人提议从国外如苏联、法国这些国家聘请专家来华参加雕刻,但当时面临如资金紧张等诸多困难,因此大家转而在国内寻找合适的石刻工。从 1952 年到 1955 年,经过严格挑选,全国各地 200 多名能工巧匠被急召进京,这件事改变了他们一生的命运。这批匠人虽然长期从事中国民间雕刻,传统雕刻技艺很高,但对西方雕刻技术并不了解,也没有形成比较统一的风格。如果每人的风格不同,会对人民英雄纪念碑浮雕的刻制产生不利影响。为此,从 1953 年到 1955 年,雕塑家刘开渠带领工匠们开始进行培训。由于浮雕所采用的汉白玉开采于北京房山,完整的大料不容易取得,为确保石料不被损毁,工匠们在反复练习人像雕塑的基础上再进行纪念碑人物试刻。经过一年多的练习,工匠们通过一道道考验,熟悉了从粗刻到细雕的方法,有力地保证了纪念碑浮雕石刻的完成,他们也在扎实学习和实践中成长为新中国第一代兼通东西方雕刻技术的优秀石雕匠人,最终成为一代大国工匠。

2)艰苦奋斗,吃苦耐劳

要从事建筑业,就必须有艰苦奋斗的心理准备,这种艰苦性是由建筑行业本身的性质决定的。这世上本没有建筑,"建筑"这个词本身就包含着开拓的意思。随着一座座高楼拔地而起,从事建筑行业的建设者又要流动到新的地方去继续开拓。因此,每一个建筑物,每一座城市的建成都浸透着建筑行业劳动者的辛勤汗水。

建筑业工作环境恶劣,户外露天和高空作业时间较多,时时要与危险打交道。建筑行业中不少专业,如道路桥梁工程,需要长时间生活和工作在荒无人烟的地区,需要有"开路先锋"的开拓责任感。与其他行业相比,建筑业居住和饮食条件差,一线施工人员一般居住在临时搭建的工棚,设施简陋,条件艰苦。建筑行业施工的时间性和季节性很强,如在北方地区,一年内有效施工时间比南方少,为了抢工期,建筑施工人员几乎全年无休,有时还要昼夜奋战,与家人聚少离多。建筑工程施工现场工作环境恶劣,劳动强度大,需要从业人员具有较强的心理承受能力。这种艰苦生活并不是暂时的考验,而是对意志长期的磨炼。大学生要树立艰苦奋斗精神,首先要确立基层观,积极投身于第一线的建筑工程生产之中,主动到艰苦的地区去,到国家需要的地方去。

3)严谨求实,恪守规定

(1)对工程责任求实

建筑行业劳动的产品建筑物是要为人服务的,所以首要的任务就是保证人的安全。而且一座建筑物的建成,少则半年一年、多则几年甚至十几年,而建筑物一旦投入使用,往往是连续的几十年,因此,建筑工程的勘测、设计、施工、监察,几十个环节、上百道工序,任何一个地方出了问题,都波及整个工程,影响人民群众的安全和公共利益。因此,保障施工工程从过程到结果严格按照施工的标准和规范执行,在这一点上没有任何妥协和迂回的余地。

（2）对个人技术严谨

一方面，建筑工程施工现场的许多工作需要从业人员具备过硬的专业技术能力，无论是勘探、设计、施工还是招投标等环节都具有较高技术含量。另一方面，建筑行业有一个特点，其所需要的劳动工具相对于其他行业来说并不复杂。从事建筑设计的人员，一盒绘图仪器、一把丁字尺，摊开一张图纸就可以工作。从事建筑施工的人员，除了运输和搅拌等大型机械之外，第一线施工人员所持工具大多很简单，比如，抹墙面就是一个技术性很强的活，但直接使用的工具也就是一个泥板、一把抹子。利用相对比较简单的工具要干出很复杂的活来，就需要从业人员苦练基本功，这样才能成为建筑行业的行家。所以，每一个建筑技术工人都需要按照规范，规规矩矩地做事情，一丝不苟。图要一笔一笔地画，每一笔都要准确、精细、表达清楚；砖要一块一块地砌，每一块都要整齐、坚固、合乎要求。只有这样严格要求，才能像古代工匠那样在炉火纯青的技艺中追求"道"，做到技道合一。

4）真诚奉献，服务民众

一座建筑物要存在数百年甚至上千年，而我们每个人的生命不过寥寥几十年，相较于建筑设计者和施工者在建造时付出的劳动时间和个体生命时间，每一座建筑物都可能服务人民更长时间，因此建筑工程从业人员在设计和施工建造时就要确立让建筑能够更好地为人民生活服务的宗旨。

作为世界上每年新建建筑量最大的国家，我国每年新建面积达 20 亿平方米，建筑平均寿命仅 25～30 年，许多建筑并非因质量问题而拆除。造成"短命建筑"的原因主要有城市建设上的急功近利，重速度、轻质量，以及开发商过于追求商业利益，大量不该拆的房屋被拆除。对于随意拆除可正常使用建筑物的行为，政府部门要进行严格限制和规范，做到权责统一，对工程建设项目实行决策终身追究制，对官员决策失误、虚假工程和劣质工程导致的浪费社会财富的行为，要运用法律手段严肃追究，对上级监督不到位、审批验收不严格等行为，也要一查到底，严肃问责。

每一座建筑的生产者，不论是勾勒其雏形的建筑师还是用砖瓦建造它的施工人员，在劳动的过程中都把自己的技艺毫无保留地印入劳动中，把自己对美好生活的期待和对人民群众的热爱融入其中。古有大禹治水，三过家门而不入；蜀郡守李冰恪尽职守，务实创新，治理水难，为民造福；2018 年港珠澳大桥建成通车后，原来珠海、澳门与香港间的车程从 3 小时缩短至 30 分钟，大大方便了民众，港珠澳大桥集桥梁、隧道和人工岛于一体，因为其建设难度之大，被业界誉为桥梁界的"珠穆朗玛峰"，被英国《卫报》评为"新的世界七大奇迹"之一。2020 年武汉疫情时，每一个建筑人在数以千万的"云监工"的注视下，用常人难以想象的速度完成了火神山和雷神山医院的建设，他们与时间赛跑，与疫情战斗，以往需要至少几个月才能完成的工程仅用十余天便建成，因为每一个建筑人的心里都牵挂着被疫情影响的群众。所以，这世上哪有什么"基建狂魔"，就是这么一群朴实勇敢的人，把人民群众的利益放在心中，用自己的努力工作，奋力跑出了"中国速度"。

5）创新驱动，绿色发展

随着时代发展，人们对建筑物使用功能的需求不断增长。人类的需求不断增长，建筑行业就要不断创新。没有创新,就没有中国古代灿烂的建筑文化;没有创新,也就没有我们现在所拥有的现代世界。建筑工程虽然是传统行业,却是极具生命力的行业。人类居住的环境从洞穴到木屋再到今天由钢筋水泥搭建的房屋,正是建筑设计理念和技术应用不断创新的结果。

过去几十年,我国的建筑技术已经有了很大进步。一方面,建筑业生产方式仍然比较粗放,与高质量发展要求相比还有很大差距,为了实现建筑业工业化、数字化、智能化升级,加快建造方式转变,推动建筑业高质量发展,需要勇于尝试,创新突破;另一方面,传统的建筑行业是高耗能、高污染的行业,发展绿色建筑,是促使房地产和建筑业充分发挥其经济效用、创建资源节约型和环境友好型社会的必然选择。尤其当下基于大国责任担当,我国提出"碳达峰、碳中和"的"双碳"目标,各行业都面临着严峻的减排压力。建筑业碳排放占全国碳排放近一半,因此,推广绿色建筑刻不容缓。绿色建筑是指建筑物在全寿命期内,最大程度地节约资源、保护环境、减少污染,为人们提供健康、适用、高效的使用空间,实现人与自然和谐共生。但由于绿色建筑标准对社会的节能减排技术、建筑方的施工技术要求都较高,目前技术支撑能力不强,创新技术发展能力仍待提高。

在建筑行业,每一项新的设计和创造,都不可能被人们马上接受,越是意义重大的创新,所引起的争议就越大。巴黎的埃菲尔铁塔今日已经成为这个城市的象征,可是在这座建筑诞生之初,有人称之为"巴黎的耻辱"。有人认为建造这样丑陋的巨大钢铁建筑会毁坏整个巴黎的风貌,还有人认为铁塔高达 300 多米,比巴黎圣母院、凯旋门和自由女神像叠起来还高,会破坏巴黎原有的古老建筑群那错落有致的风景。但这一切都没有阻止铁塔建造的脚步,随着铁塔拔地而起且越来越高,那些反对的声音渐渐消失了,赞美声日益增多,人们对这座高耸入云的铁塔发出由衷的赞叹,觉得这将是巴黎有史以来最伟大的建筑。因此,今天个人要发挥创新精神,不仅需要勇于拼搏,更需要懂得坚守。

【劳动认知单】

那些年,他们走过的地方

活动内容:以小组形式完成,选择一个建筑工程公司进行调研,根据以下问题收集信息(问题仅供参考,可自行增加),信息收集完成后,将所调查的建筑工程公司的项目完成情况标注在地图上。完成后与同学分享地图内容和对此次练习的感受。

问题提纲:公司完成的项目总数是多少? 每一个项目的完成时间是多久? 每一个项目从设计到施工涉及的人数是多少? 每一个项目的具体地点在哪里? 哪些项目令你印象深刻,原因是什么?

【案例学习】　　　全国劳动模范刘中华　荣誉是不断累积的成果

为弘扬劳动模范和劳动精神,2020 年 11 月 24 日,全国劳动模范和先进工作者表彰大会在北京人民大会堂召开。中国建筑金属结构协会钢结构专家委员会专家,精工钢构集团高级副总裁、总工程师刘中华荣获"全国劳动模范"荣誉称号并接受表彰。

（1）有一种成就叫尊严

随着我国钢结构建筑的飞速发展和5G时代的到来，建筑钢结构行业的发展面临越来越多的机遇和挑战，诸多结构复杂、加工要求高、施工难度空前的钢结构项目摆在了钢结构行业人的面前。面对困难和挑战，刘中华不畏艰难，潜心钻研，坚持创新，创造了一个个令国人骄傲、值得铭记的第一：他先后参与了世界最复杂钢结构工程——国家体育场"鸟巢"、国内第一个悬挂式张弦结构——郑州国际会展中心、国内单体面积最大的异形曲面网架——首都机场T3航站楼、世界跨度最大双向张弦结构——国家体育馆、国内第一个可开闭体育场——南通体育场、世界悬挑最大单层网壳——上海世博轴阳光谷、世界跨度最大的弦支穹顶——济南奥体中心体育馆、世界最大机场——北京大兴机场等一大批重、大、难、新的国家重点工程建设。

勇于创新，直面挑战，刘中华迈着坚韧的步伐走出了中国建筑金属结构的成就与尊严。在前进的路上，刘中华冲锋在前，一次又一次告捷，用权威的战果书写出新时代行业领域的传奇和尊严！

除此之外，刘中华研发的很多技术填补了国内空白，达到国际先进水平，部分技术达到国际领先地位。显著的成果有力保障了2008年北京奥运会、2010年上海世博会、2016年广州亚运会及多届全运会等大型国际、国内活动场馆的顺利建设，部分技术成果已被纳入多本国家、行业和地方规范。

（2）有一种担当叫责任

追求探索不是一句口号，这是一个用科技捍卫事业的过程。随着计算机、网络和数字技术的飞速发展，BIM（建筑信息模型）技术也必将给建筑行业的发展带来一场革命。虽然这场革命每走一步都充满了未知与艰辛，要承担巨大的压力与挑战。刘中华受命组建精工钢构BIM中心，他引进了海归博士领衔的BIM团队，短短4年时间，就带领BIM团队取得了丰硕成果。团队先后申请国家发明专利20余项，取得国家发明专利授权3项；获国际先进水平科技成果6项，获软件著作权及外观专利授权6项。BIM中心近3年累计创造经济效益达1 012万元。

BIM中心负责开发的"精筑BIM+管理平台"App被国家工业和信息化部评为"2018年工业互联网App优秀解决方案"，其中"精筑BIM+项目管理平台"还获评"2018年度浙江省云计算大数据创新应用案例"，工业和信息化部被评为"2019年制造业'双创'平台试点示范项目"，是钢结构行业唯一获奖单位。

团队申请的"一种基于VB插件的虚拟预拼装算法及应用"专利荣获2019年度中国发明专利优秀奖。团队负责完成的"北京新机场航站楼钢结构工程BIM技术应用"荣获2018年度全国BIM大赛一等奖。团队开发完成的"数字化预拼装技术"荣获"2019年度浙江省建设科学技术二等奖"，被中国施工企业管理协会评为"2019年工程建设行业科技创新十项新技术"，是唯一获奖的民营企业和唯一获奖的钢结构企业。

（3）有一种磨砺叫财富

2002 年 6 月，刘中华从郑州大学结构工程专业硕士毕业加入精工钢构。多年来，他专注于建筑钢结构的设计、制造与施工技术研究，工作中他善于思考、注重积累与总结，先后在国内核心期刊及学术会议上发表论文近 20 篇，参与行业规范《高层建筑钢结构技术规程》（JGJ 99—2015）和《开合屋盖结构技术标准》（JGJ/T 442—2019）、地方标准《高层钢结构住宅设计规范》（DB33/T 113—2017）和《建筑结构用索应用技术规程》（DG/TJ 08—019—2005）的编制。他与公司专家合作编著的《国家体育场"鸟巢"钢结构工程施工技术》一书，深受钢结构技术工作者欢迎。刘中华先后获得国家级工法 4 项，省级工法 8 项。

刘中华的诸多技术成果的应用不仅提高了企业钢构件的品质、降低了施工过程中的风险、降低了工人的劳动强度、增强了企业的市场竞争力，而且响应了国家供给侧改革的号召，大大提高了对钢铁过剩产能的消化，践行了国家对绿色建筑的倡导。

通过在钢结构技术方面的潜心研发与不懈创新，刘中华团队的成果不仅保障了国家重点工程的顺利建成，还通过技术创新攻克了多项技术难题，有力地推动了预应力大跨钢结构、曲面弯扭型复杂钢结构、异形高层钢结构、大型开闭屋盖结构在我国钢结构行业的应用，促进了建筑钢结构在设计、制造、施工及监测等方面的技术进步。

（4）有一种人才叫栋梁

肩负着时代的使命，用青春谱写建筑钢结构学科的精彩华章，是刘中华这位劳模最好的笔墨。2013 年，经过中国钢结构协会专家委员会一致投票表决通过，38 岁的刘中华被接纳为该组织的专家委员，成为该组织最年轻的专家委员。

2018 年，刘中华被评为绍兴市特聘专家和绍兴市优秀科技工作者先进典型。2019 年 4 月 30 日，浙江省庆祝"五一"国际劳动节暨表彰劳模先进大会在省人民大会堂召开。大会表彰了 2019 年浙江省劳动模范、省模范集体与浙江省 2019 年全国五一劳动奖状、奖章获得者及 2017—2018 年建设"两美"浙江立功竞赛浙江省劳动模范。时隔四年，精工钢构集团执行总工程师刘中华再获"浙江省劳动模范"称号。

荣誉满载的榜单实力印证了刘中华这个精工钢构乃至钢结构行业技术领域劳动模范的优秀代表。他是优秀精工人的代表，也是建筑金属结构行业的栋梁之材。

（来源：《中国建筑金属结构》，2021 年第 1 期；作者：王建超；有改动）

专题十二 建筑业的劳动要求

【专题学习目标】

①了解建筑业的职业准入内容。

②了解建筑业的职业能力构成和从业标准,掌握相关劳动技术。

③学习建筑业的劳动安全要求。

【专题引入】

2021 年全国职业院校技能大赛高职组建筑装饰技术应用赛项

2021 年 6 月,全国职业院校技能大赛高职组建筑装饰技术应用赛项在山东城市建设职业学院举办。

大赛形式为团体赛,以院校为单位组队参赛,每支参赛队伍有 2 名选手 2 名指导教师。竞赛内容以一个典型的建筑装饰工程项目为载体,以国家专业教学标准、现行国家规范标准、行业标准、企业用人要求为依据,以企业技术工作岗位的综合核心工作任务为驱动,要求参赛团队在规定时间内完成建筑装饰施工图设计、工程量清单编制、指令深化设计、施工项目管理与实务四个竞赛模块任务,综合考察参赛团队的信息领会、方案设计、施工图设计与项目管理等综合能力。

大赛遵从"还原真实情景,体现完整任务,考核综合技能,突出应变能力"的指导思想,通过"赛训融合"的方式,旨在对标建筑装饰产业发展以及相应的技术、技能型人才培养需求。

(来源:中国山东网,2021 年 6 月 22 日;记者:刘自锐;有删改)

12.1 职业准入

12.1.1 建设行业执业资格制度

20 世纪 90 年代,我国建设行业执业资格制度开始建立。执业资格制度是政府对某些社会责任较大、社会通用性比较强、关系公共利益的专业技术人员实行的一个准入把控,是专业技术人员依法独立开展或者独立从事某项专业技术必备的一个标准。在建设行业推行执业资格制度,一是为了适应社会主义市场经济体制和改革开放的需要,建立规范、负责的建筑行业管理体系,落实工程质量主体责任,强化执业人员的法律责任,保障工程质量安全、维护公共利益和建筑市场秩序,确保国家财产安全和人民生命健康;二是为了提高建设工程勘察、设计质量与水平,通过建立完善的人才评价机制和注册师标准体系,促使专业人员不断调整知识结构,丰富职业素养,提升行业专业人才队伍整体水平。

最先推行的执业资格制度是注册监理工程师,是在 1990 年 7 月以考核认定方式确认了第一批监理工程师,这标志着建设行业执业资格制度开始建立,建设行业执业资格制度从此进入了快速发展期：1994年建立注册建筑师执业资格制度；1995年建立房地产估价师执业资格制度；1996年建立造价工程师执业资格制度；2001年建立勘察设计注册工程师执业资格制度；2002年建立建造师执业资格制度。

经过30多年的发展，建设行业职业资格制度涵盖专业教育评估、资格考试、注册执业、继续教育等环节，形成了一套完整体系，确保制度有效实施。

1）执业资格类别

2021年11月，人力资源和社会保障部公布了最新的《国家职业资格目录（2021年版）》，目录共计72项职业资格，其中含金量最高的就是33项准入类的专业技术人员职业资格，而与土木建筑工程相关的职业资格，都在这33项准入类之中。

除了注册建筑师由全国注册建筑师管理委员会负责实施审批，由住房和城乡建设部负责实施准入类专业技术人员的职业资格为5项。

土木专业相关注册工程师类别

执业资格		执业范围	实施部门	级别分类
注册建造师		从事建设工程项目总承包和施工管理	住房和城乡建设部、人力资源和社会保障部	一级、二级
注册监理工程师		从事建设工程监理、工程经济与技术咨询、工程招标与采购咨询、工程项目管理服务等	住房和城乡建设部、交通运输部、水利部、人力资源和社会保障部	
注册造价工程师		工程造价的计价、定价及管理业务	住房和城乡建设部、交通运输部、水利部、人力资源和社会保障部	一级、二级
注册房地产估价师		从事房地产估价活动	住房和城乡建设部、自然资源部	一级、二级
注册勘察设计工程师	注册结构工程师	结构工程设计；结构工程设计咨询；建筑物、构筑物、工程设施等调查和鉴定；对本人主持设计的项目进行施工指导和监督	住房和城乡建设部、人力资源和社会保障部	一级、二级
	注册土木工程师	从事土木工程工作，分为岩土、港口与航道工程、水利水电工程、道路工程四个专业	住房和城乡建设部、交通运输部、水利部、人力资源和社会保障部	
注册建筑师		从事建筑设计及相关业务活动	全国注册建筑师管理委员会及省级注册建筑师管理委员会	一级、二级

2）资格考试

这是取得职业资格的主要方式，目的是对申请者的专业理论技术水平、执业实践能力、职业道德等作出评价。职业资格报考不仅需要报考人员有该专业或相关专业教育的基础，还有从业年限的最低要求。考试分为基础考试和专业考试,分别有其报考条件。

一级注册结构工程师基础考试报考条件

类别	专业名称	学位或学历	实践最少时间
本专业	结构工程、防灾减灾工程及防护工程、桥梁与隧道工程、建筑与土木工程	工学硕士、工程硕士或研究生毕业及以上学位	
		评估通过并在合格有效期内的工学学士学位	
	工业与民用建筑、建筑工程、土木工程、土木工程(建筑工程方向)	未通过评估的工学学士学位	1年
		专科毕业	1年
相近专业	土木工程(非建筑工程方向)、交通土建工程、矿井建设、水利水电建筑工程、港口航道及治河工程、海岸与海洋工程、农业建筑与环境工程、建筑学、工程力学	工学硕士、工程硕士或研究生毕业及以上学位	
		工学学士或本科毕业	
		专科毕业	1年
	其他工科专业	工学学士或本科毕业及以上学位	1年

3)注册执业和继续教育

注册执业是制度设立的根本目的,也是核心内容,注册是通过国家统一考试取得资格证书的人,经注册机关审核资格后,颁发注册证书并被允许以相应的名义开展执业。注册管理是一个动态化的过程,其中涉及从业人员的工作业绩、与服务机构关系和职业道德的情况,一般有效期为2~4年,在有效的注册期内要保持继续教育学习,这是保证执业人员知识更新的重要手段。继续教育一般要求在规定时间内完成相关专业内容、时事政策、大政方针等相关内容学习以满足执业需要,同时是续期注册并开展执业的必要条件。取得继续教育培训资格之后才能进行再一次的注册。

人员行政审批事项

造价工程师　　监理工程师　　勘察设计工程师　　建造师　　房地产估价师　　注册建筑师

· 一级造价工程师执业资格认定(初始注册)

· 一级造价工程师执业资格认定(变更注册)

· 一级造价工程师执业资格认定(挂失补证)

· 一级造价工程师执业资格认定(恢复注册)

· 一级造价工程师执业资格认定(信息更正)

住房和城乡建设部政务服务平台专业技术人员行政审批事项(示例)

4)权利义务

每一类执业的人员都有其相应的执业范围和权利义务,执业人员要严格遵守其权利和义务。对于不同专业的工程师,有不同的职业规范和要求。下面以注册结构工程师为例,介绍其执业权利和执业义务。

注册结构工程师的执业权利和执业义务

执业权利	有权以注册结构工程师的名义执行注册结构工程师的业务
	非注册结构工程师不得以注册结构工程师的名义执行注册结构工程师的业务
	国家规定的一定跨度、跨径和高度以上的房屋建筑,应当由注册结构工程师主持设计
	任何单位和个人修改注册结构工程师的设计图纸,应当征得该注册结构工程师同意,因特殊情况不能征得该注册结构工程师同意的除外
执业义务	执行业务时,必须由该注册结构工程师所在的勘察设计单位统一接受委托并统一收费
	因结构设计质量造成的经济损失,由勘察设计单位承担赔偿责任,勘察设计单位有权向签字的注册结构工程师追偿
	保证工程设计的质量,并在其负责的设计图纸上签字盖章
	保守在执业中知悉的单位和个人的秘密
	不得同时受聘于两个以上的勘察设计单位执行业务
	不得准许他人以本人名义执行业务

12.1.2　住房和城乡建设领域施工现场专业人员职业标准

住房和城乡建设领域施工现场专业人员是工程建设项目现场技术和管理关键岗位从业人员,是土建类专业大学生从事建筑工程领域最初取得的岗位证书,施工员是建筑工程技术专业职业岗位群的主要岗位。

为进一步提高施工现场专业人员技术水平和综合素质,保证工程质量安全,加强专业人员队伍建设,规范专业人员的职业能力评价,促进科学施工,确保工程质量和安全生产,住房和城乡建设部制定了《建筑与市政工程施工现场专业人员职业标准》(JGJ/T 250—2011)。2019 年 1 月 24 日,住房和城乡建设部发布《关于改进住房和城乡建设领域施工现场专业人员职业培训工作的指导意见》(简称《意见》),《意见》进一步明确提出:坚持统一标准、分类指导和属地管理,构建企业、行业组织、职业院校和社会力量共同参与的施工现场专业人员职业教育培训体系,不断完善施工现场专业人员职业教育培训机制,培育高素质技术技能人才和产业发展后备人才。规范培训合格证书发放和管理,实现各省(自治区、直辖市)施工现场专业人员培训数据在全国范围内互联互通。做好施工现场专业人员培训信息记录、汇总、上传。要全面推行培训合格证书电子化,结合施工现场实名制管理,提高证书管理和使用效率。

施工现场专业人员常见岗位名称及职责工作范围

岗位名称	岗位职责和工作范围
施工员	从事施工组织策划、施工技术与管理,以及施工进度、成本、质量和安全控制等工作
质量员	从事施工质量策划、过程控制、检查、监督、验收等工作
安全员	从事施工安全策划、检查、监督等工作
标准员	从事工程建设标准实施组织、监督、效果评价等工作
材料员	从事施工材料的计划、采购、检查、统计、核算等工作
机械员	从事施工机械的计划、安全使用监督检查、成本统计及核算等工作
劳务员	从事劳务管理计划、劳务人员资格审查与培训,劳动合同与工资管理、劳务纠纷处理等工作
资料员	从事施工信息资料的收集、整理、保管、归档、移交等工作

12.1.3　住房城乡建设行业职业工种

根据《新时期产业工人队伍建设改革方案》的通知和中央城市工作会议精神,为了全面提高住房城乡建设行业一线从业人员素质和技能水平,2017 年 12 月,住房和城乡建设部制定了《住房城乡建设行业职业工种目录》。该目录是在原有《建筑业职业工种名称》的基础上,将市政、安装、园林绿化、燃气、供水排水、环卫、房地产物业管理及装配式建筑等住房城乡建设行业各领域的职业工种进行统一编码,用于指导各地开展技能培训。根据该目录,建筑工程行业共有 184 个工种。

建设行业职业工种目录(部分)

序号	职业(工种)名称	代码
①	砌筑工(建筑瓦工、瓦工)	010
②	窑炉修筑工	011
③	钢筋工	020
④	架子工	030
⑤	附着升降脚手架安装拆卸工	031
⑥	高处作业吊篮操作工	032
⑦	高处作业吊篮安装拆卸工	033
⑧	混凝土工	040
⑨	混凝土搅拌工	041
⑩	混凝土浇筑工	042
⑪	混凝土模具工	043
⑫	模板工(混凝土模板工)	050
⑬	机械设备安装工	060

续表

序号	职业(工种)名称	代码
⑭	通风工	070
⑮	安装起重工(起重工、起重装卸机械操作工)	080
⑯	安装钳工	090
⑰	电气设备安装调试工	100
⑱	管道工(管工)	110
⑲	变电安装工	120
⑳	建筑电工	130

12.2 建设法规与工程建设标准

建筑行业要求质量第一,因此为保障建设工程质量安全、人民群众的生命财产与人身安全以及其他社会公共利益,建筑工程有严格的建设法规和规范,对建设工程从设计到施工各个环节进行约束管理。任何的建设活动都要遵循国家相应的法规和规范。

听,建筑
工地上的劳动声

12.2.1 建设法规

建设法规是我国法律体系中的一个重要分支,是国家立法机关或授权的行政机关制定的,旨在调整国家及其有关机构、企事业单位、社会团体和公民之间在建设活动中或者建设行政管理活动中发生的各种社会关系的法律、法规的统称。

建设法规详细地规定了哪些是必须的行为,哪些是禁止的行为,它是开展正常建设行为的一个重要准绳,对违法的行为作出了明确的定义,为人们从事土木工程建设活动,提供一个良好的法律保障。

根据《中华人民共和国立法法》有关立法权限的规定,我国的建设法规体系共分为 5 个层次,其中建设法律的效力是最高的。

我国建设法规体系

制定机关	层次	具体法例	效力等级
全国人大及其常委会	建设法律	《中华人民共和国建筑法》	效力低于宪法
国务院	建设行政法规	《建设工程质量管理条例》	效力低于法律
国务院建设行政主管部门或其与国务院其他相关部门	建设部门规章	《建设行政许可工作手册》	效力低于行政法规
省、自治区、直辖市人大及其常委会	地方性建设法规	《汶川地震灾后农房恢复重建技术导则(试行)》	效力低于部门规章
省、自治区、直辖市人民政府	地方性建设规章	《山东省关于提高建筑工程质量的若干规定》	效力低于同级地方性法规

12.2.2 工程建设标准

工程建设标准指针对基本建设中各类工程的勘察、规划、设计、施工、安装、验收等需要协调统一的事项所制定的标准。

工程建设标准是为在工程建设领域内获得最佳秩序,对建设工程需要协调统一的事项所制定的共同的、重复使用的技术依据和准则,对促进技术进步,保证工程的安全、质量、环境和公众利益,实现最佳社会效益、经济效益、环境效益和最佳效率等,具有直接作用和重要意义。

随着我国经济和技术的发展,人民群众对居住、办公等建筑的品质要求不断提升,新工艺、新材料等更新速度加快,工程建设标准也随之发展。只有在每个环节严格贯彻执行工程建设标准的有关规定,工程质量才能得到最终保证。没有工程建设标准,工程质量就失去了控制的目标;反之,工程质量的优劣又通过生产实践经验的总结以及新理论、新技术、新工艺、新设备的采用为工程建设标准的更新换代服务。检验旧标准并进行修订、补充,建立新标准,才能更好地提高工程质量、促进技术发展。

1)标准的分类

(1)按性质分类

我国的标准按性质可分为强制性标准和推荐性标准。

强制性标准是国家通过法律的形式,明确要求对一些标准所规定的技术内容和要求必须执行,不允许以任何理由或方式加以违反、变更;代号为"GB"。

推荐性标准是指国家鼓励自愿采用的、具有指导作用而又不宜强制执行的标准,标准所规定的技术内容和要求具有普遍的指导作用,允许使用单位结合自己实际情况灵活选用;代号为"GB/T"。

(2)按级分类

根据标准适用范围和审批权限的不同,标准可以分为国家标准、行业标准、地方标准和企业标准四级。

类型	适用范围
国家标准	针对需要在全国范围内统一的技术要求所制定的标准
行业标准	针对没有国家标准而又需要在全国某个行业范围内统一的技术要求所制定的标准
地方标准	针对没有国家标准和行业标准,又需要在省、自治区、直辖市范围内统一的技术要求所制定的标准
企业标准	针对企业范围内需要协调、统一的技术要求、管理要求和工作要求所制定的标准,是企业组织生产和经营活动的依据

住房和城乡建设部备案号：J152875-2020

DB

重庆市工程建设标准

DBJ50/T-361-2020

建筑工程施工技术管理标准

Standard for construction technical management
of building engineering

2020-08-24 发布　　　　　2020-12-01 实施

重庆市住房和城乡建设委员会　发布

《建筑工程施工技术管理标准》（DBJ50/T-361-2020）目次

12.3　职业能力

高职教育和基础教育的重要区别是要培养学生的职业能力，要以培养面向生产、建设、服务、管理等一线的高素质技能型人才为根本任务，对于实践性要求较高的土建类专业更是如此。同时，随着社会的发展，工程项目日趋复杂，政治经济法律伦理等要求的叠加，给土木专业的从业人员提出了更高的能力要求。高职学生进入社会后，若要适应现代职业需要，不仅需要具备专业能力，还需要适应社会发展，因此需要具备专业能力以外的其他能力。

12.3.1　职业能力及其构成

职业能力是人们从事某项职业的多种能力的综合，是胜任特定职业所需要的能力总和。因为职业要求是发展变化的，因此职业能力还要包含个体后天发展需匹配的能力。借鉴国外职业教育的先进理念和经验，高职学生的职业能力可以划分为专业能力、方法能力和社会能力。专业能力是指有目标、合理地运用专业知识和专业技能解决工作中问题的能力，方法能力是指个人对在职业生活中的发展机遇、要求和限制做出解释、思考和评判，并不断提高自己的能力。社会能力是指建构一定的社会关系，以负责任的、理解的、合作的态度与他人交往和工作的能力。这三种能力既有区别又有联系，彼此之间高度关联又相互促进。个人的方法能力较强时，能促进个人的专业能力不断提升，专业能力提升后，必然需要更高效、更适合个人的方法能力；同时，专业能力和方法能力都需要在社会群体中不断被检验，以促进三者更健康地发展。

通过此种职业能力的分类，结合我国实际研究，通过对土建类就业岗位分析和建筑行业企业的用人需求综合调研分析，以建筑工程技术专业学生为例，对高职土建类学生的职业能力划分如下。

（1）专业能力

①建筑工程图识读能力。

②常用建筑材料检测和应用的能力。

③施工测量能力。

④一般结构和构造问题处理能力。

⑤建筑施工技术应用能力。

⑥建筑施工组织与管理能力。

⑦工程量计算能力。

⑧建筑施工成本控制能力。

⑨安全管理能力。

⑩质量管理能力。

⑪资料管理能力。

⑫建筑相关软件应用能力。

（2）方法能力

①自主学习能力（如学习建筑行业法律法规、行业标准）。

②独立分析和解决实际问题能力。

③制订计划、评估总结能力。

④创新能力。

（3）社会能力

①语言表达能力。

②工作责任心。

③协调和沟通能力。

④团队合作能力。

⑤爱岗敬业、吃苦耐劳精神。

12.3.2　行业协会从业标准

2001年美国土木工程协会（ASCE）发布了题为"打造未来的土木工程师"的报告，强调土木工程行业必须迎接风险与挑战，承担起维护公众安全、健康和财产的重大职责。美国土木工程协会成立了BOK（Body of knowledge）委员会，从专业的角度，提出了"21世纪土木工程学科知识体系"，从职业技能的深度和广度提升了土木专业人员的从业基准。

土木专业人员从业基础

目标类别	具体内容
基础知识教育目标	①能用数学知识解决工程问题 ②能用物理、化学和其他一门自然科学知识解决工程问题 ③能了解人文学科在工程实践中的重要性 ④能了解社会科学与工程实践的结合

续表

目标类别	具体内容
专业技能培养目标	⑤能应用材料科学解决土木工程问题 ⑥能分析和解决固体力学和流体力学中的问题 ⑦能筹划和进行实验,并能分析和解释数据 ⑧能选择和应用合适的方法或工具解决不明确的工程问题 ⑨能设计一个系统、元部件或过程,并根据标准、用户需求和制约条件评价其合理性 ⑩能分析无论是传统的还是当代的工程的可持续性 ⑪能分析历史或当代问题对工程方案的影响,同时能分析工程方案对经济、环境、政治和社会的影响 ⑫能分析荷载和承载力中的未定性,并了解在特定模式下的破坏概率 ⑬能制订项目计划 ⑭能至少在四个土木工程专业领域中分析和解决问题 ⑮能在一个土木工程专业领域中设计复杂的系统或过程
职业态度引导目标	⑯能与专业人士和非专业人士进行口头的、文字的、网络的或图像的交流 ⑰能解决与土木工程相关的简单的公共政策问题 ⑱能应用商业和公共管理的概念和原理 ⑲能在全球化的范围内运行工程工作和服务 ⑳能组织和领导团队 ㉑能在多学科的团队中发挥作用 ㉒能具有支持职业发展的积极态度 ㉓能计划和实施终身学习 ㉔能基于职业和伦理道德解决工程问题

　　国际建筑师协会于 1996 年 7 月通过首部《UIA 建筑实践的职业主义推荐国际标准认同书》。UIA 各成员国建筑师公认的这部职业"宪章",明确了建筑师应具有 13 个方面的基本知识和技能,并指出建筑教育应保证所有毕业生有能力进行建筑设计,包括其技术系统及要求,考虑健康、安全和生态平衡,理解建筑学的文化、知识、历史、社会、经济和环境文脉,理解建筑师的社会作用和责任,并具有分析和创造的思维能力。

建筑师基本知识和技能

条目	内容
①	能够创造可满足美学和技术要求的建筑设计
②	具有足够关于建筑历史和理论以及相关的艺术、技术和人文科学方面的知识
③	与建筑设计品质有关的美学知识
④	有足够的城市设计与规划知识和有关规划过程的技能
⑤	理解人与建筑、建筑与环境,以及建筑之间和建筑空间与人的需求和尺度关系
⑥	具有足够的实现可持续发展环境的手段和知识
⑦	理解建筑师职业及其社会作用,特别是在编制任务书时能考虑社会因素的作用

续表

条目	内容
⑧	理解调查方法和为设计项目编制任务书的方法
⑨	理解结构设计、构造和与建筑物设计相关的工程问题
⑩	对建筑的物理问题和技术以及建筑功能有足够知识,为人们提供舒适的室内条件
⑪	有必要的设计能力,可以在造价因素和建筑规程的约束下满足用户要求
⑫	在将设计构思转换为实际建筑物,将规划纳入总体设计过程中所涉及的工业、组织、法规和程序方面有足够的知识
⑬	在项目资金、项目管理及成本控制方面有足够的知识

12.3.3　高等职业教育人才培养标准

2020 年 8 月 14 日,教育部办公厅发布《教育部办公厅关于做好职业教育专业目录修(制)订工作的通知》,并于同期正式启动职业教育专业目录修(制)订工作。此次专业目录修(制)订以党的十九届五中全会精神为指引,深入贯彻落实《国家职业教育改革实施方案》,面对新时代不断凸显的新经济、新技术、新业态、新职业,对专业目录进行改造和升级。其中,土木建筑大类专业目录修(制)订工作由教育部职业教育与成人教育司组织,四川建筑职业技术学院牵头,在全国83名"政—行—企—校"专家共同努力下完成。

调整后,高职专科、高职本科设建筑设计、城乡规划与管理、土建施工、建筑设备、建设工程管理、市政工程和房地产 7 个专业大类,专业总数为 70 个,其中,高职专科、高职本科分别为 34 个和 18 个(中职 18 个)。

土木建筑大类专业调整情况

专业类别	高职专科专业	调整情况	高职本科专业	调整情况
土建施工类	建筑工程技术、地下与隧道工程技术、土木工程检测技术、建筑钢结构工程技术	保留	智能建造工程、城市地下工程、建筑智能检测与修复	新增
	装配式建筑工程技术、智能建造技术	新增	建筑工程	更名
建筑设计类	建筑设计、建筑装饰工程技术、古建筑工程技术、建筑室内设计、风景园林设计、园林工程技术	保留	建筑装饰工程、古建筑工程、城市设计数字技术	新增
			园林景观工程	更名
	建筑动画技术	更名	建筑设计	保留
城乡规划与管理类	城乡规划、村镇建设与管理	保留	城乡规划	新增
	智慧城市管理技术	更名		

续表

专业类别	高职专科专业	调整情况	高职本科专业	调整情况
建筑设备类	建筑设备工程技术、供热通风与空调工程技术、建筑电气工程技术、建筑智能化工程技术、工业设备安装工程技术	保留	建筑环境与能源工程、建筑电气与智能化工程	新增
	建筑消防技术	更名		
建设工程管理类	建设工程管理、工程造价、建设工程监理	保留	工程造价	保留
	建筑经济信息化管理	更名	建设工程管理	更名
市政工程类	市政工程技术、城市燃气工程技术、给排水工程技术	保留	市政工程、城市设施智慧管理	新增
	城市环境工程技术	更名		
	市政管网智能检测与维护	新增		
房地产类	房地产经营与管理	保留	房地产投资与策划、现代物业管理	新增
	房地产智能检测与估价、现代物业管理	更名		

下面以建筑工程技术专业和工程造价专业为例,介绍高职土建类院校在专业素质、知识、能力方面的培养标准。

1)建筑工程技术专业

高等职业教育教学标准中,建筑工程技术专业要求培养理想信念坚定,德、智、体、美、劳全面发展,具有一定的科学文化水平,良好的人文素养、职业道德和创新意识,精益求精的工匠精神,较强的就业能力和可持续发展的能力;掌握建筑工程技术专业知识和技术技能,面向土木工程建筑业、房屋建筑业等行业的建筑工程技术人员职业群,能够从事建筑工程施工与管理相关工作的高素质技术技能人才。

一般设置6~8门专业核心课,包括建筑构造、建筑结构、地基与基础、建筑施工技术、建筑施工测量、建筑施工组织、建筑工程计量与计价等。毕业生应在素质、知识和能力等方面达到以下要求。

(1)素质

①坚定拥护中国共产党的领导和我国的社会主义制度,在习近平新时代中国特色社会主义思想指引下,践行社会主义核心价值观,具有深厚的爱国情感和中华民族自豪感;

②崇尚宪法、遵法守纪、崇德向善、诚实守信、尊重生命、热爱劳动,履行道德准则和行为规范,具有社会责任感和社会参与意识;

③具有质量意识、环保意识、安全意识、信息素养、工匠精神和创新思维、全球视野和市场洞察力;

④勇于奋斗、乐观向上，具有自我管理能力、职业生涯规划的意识，有较强的集体意识和团队合作精神；

⑤具有健康的体魄、心理和健全的人格，掌握基本运动知识和一两项运动技能，养成良好的健身与卫生习惯，良好的行为习惯；

⑥具有一定的审美和人文素养，能够形成一两项艺术特长或爱好。

（2）知识

①掌握必备的思想政治理论、科学文化基础知识和中华优秀传统文化知识；

②熟悉与本专业相关的法律法规以及环境保护、安全消防、文明生产等相关知识；

③掌握投影、建筑识图与绘图、建筑材料应用与检测、建筑构造、建筑结构的基本理论与知识；

④掌握建筑施工测量、建筑施工技术、建筑施工组织与管理、建筑工程质量检验、建筑施工安全与技术资料管理、建筑工程计量与计价、工程招投标与合同管理方面的知识；

⑤掌握建筑信息化技术和计算机操作方面的知识；

⑥了解土建专业主要工种的工艺与操作知识；

⑦了解建筑水电设备及智能建筑等相关专业的基本知识；

⑧熟悉建筑新技术、新材料、新工艺、新设备方面的基本知识。

（3）能力

①具有探究学习、终身学习、分析问题和解决问题的能力；

②具有良好的语言、文字表达能力和沟通能力；

③能熟练识读土建专业施工图，准确领会图纸的技术信息，能绘制土建工程竣工图和施工洽商图纸，能识读设备专业的主要施工图；

④能对常用建筑材料进行选择、进场验收、保管与应用，能进行建筑材料的常规检测；

⑤能应用测量仪器熟练地进行施工测量与建筑变形观测；

⑥能编制建筑工程常规分部分项工程施工方案并进行施工交底，能参与编制常见单位工程施工组织设计；

⑦能按照建筑工程进度、质量、安全、造价、环保和职业健康的要求科学组织施工和有效指导施工作业，并处理施工中的一般技术问题；

⑧能对建筑工程进行施工质量和施工安全检查与监控；

⑨能正确实施并处理施工中的建筑构造问题；

⑩能对施工中的结构问题做出基本判断和定性分析，能处理一般的结构构造问题；

⑪能根据建筑工程实际收集、整理、编制、保管和移交工程技术资料；

⑫能编制建筑工程量清单报价，能参与施工成本控制及竣工结算，能参与工程招投标；

⑬能应用 BIM 等信息化技术、计算机及相关软件完成岗位工作；

⑭能进行 1~2 个土建主要工种的基本操作。

2）工程造价专业

高等职业教育教学标准中，工程造价专业要求培养理想信念坚定，德、智、体、美、劳全面发展,具有一定的科学文化水平,良好的人文素养、职业道德和创新意识,精益求精的工匠精神,较强的就业能力和可持续发展的能力;掌握工程造价专业知识和技术技能,面向专业技术服务业的工程造价工程技术人员职业群,能够从事工程造价等工作的高素质技术技能人才。

一般设置6~8门专业核心课,包括工程经济、建筑材料、建筑识图与构造、建筑施工工艺、建筑结构与识图、建设项目招投标与合同管理、建模基础等。毕业生应在素质、知识和能力等方面达到以下要求。

(1)素质

要求同建筑工程技术专业,此处略。

(2)知识

①掌握必备的思想政治理论、科学文化基础知识和中华优秀传统文化知识;

②熟悉与本专业相关的法律法规以及环境保护、安全消防、文明生产等相关知识;

③熟悉常用建筑材料的名称、规格性能、检验方法、储备保管、使用等方面的知识;

④了解投影原理,熟悉制图标准和施工图绘制知识;

⑤熟悉建筑工程施工工艺知识;

⑥掌握 BIM 建模知识;

⑦熟悉项目管理原理,掌握建筑工程项目管理知识;

⑧熟悉工程施工组织设计知识;

⑨熟悉工程资料的收集、整理、归档、使用知识;

⑩掌握工程造价原理和工程造价计价知识;

⑪掌握工程造价控制基本知识;

⑫熟悉基于 BIM 确定工程造价的知识;

⑬熟悉编制计价定额的知识;

⑭掌握建筑工程概预算、工程量清单、工程量清单计价、工程结算编制方法的知识;

⑮了解统计学的一般原理,熟悉建筑统计知识;

⑯了解经济法基础知识,熟悉与建筑市场相关的建设合同与建设法规知识。

(3)能力

①具有探究学习、终身学习、分析问题和解决问题的能力;

②具有良好的语言、文字表达能力和沟通能力;

③具有施工图绘制和识读能力;

④具有建筑信息模型建模能力;

⑤能够完成建筑统计指标的计算和分析;

⑥能够编制建筑工程预算、工程量清单、工程量清单报价;

⑦能够与团队合作完成工程投标报价的各项工作;

⑧能够处理工程变更、价格调整等引起的工程造价变化工作;

⑨能够编制工程结算;

⑩能够参与企业基层组织经营管理和施工项目管理工作。

【劳动活动单】

职业背景大调查

活动内容:2 人一组,根据本专业情况做一次职业情况调查,形成一份调查报告,在班内开展调查报告分享活动会。

调查对象:本专业所属企业和行业从业人员。

调查方法:问卷法和访谈法相结合。

调查主题:专业发展前景、企业用人需求(在素质、知识、技能上的偏向)等。

12.4　劳动安全

当前,改革开放的不断深化,市场经济的不断完善,促进了我国建筑行业的蓬勃发展。建筑业作为国民经济的支柱产业,为我国经济的平稳较快发展作出了突出贡献。因其具有施工环境复杂、作业交叉、人员密集、流动性大等特点,安全事故也频频发生,安全生产形势比较严峻。一次次的安全事故的发生在一定程度上阻碍了建筑业的健康发展,人们把目光转向了建筑施工工人安全行为的管理上。建筑施工安全管理也经历了一个从不成熟到不断改革完善的过程。

12.4.1　建筑业劳动安全背景

建筑业是我国经济社会发展的重要产业,特别是房地产业的异军突起,更加显现了建筑业的支柱地位。安全是一切工作顺利进行的基本前提,安全事故的发生将给国家财产和个人生命带来灾难性的后果。我国政府非常重视每一个人的生命财产安全,先后出台了一系列的建筑安全施工标准和安全法规,但是效果不是很理想。建筑行业之所以安全事故率一直居高不下,是因为建筑施工过程十分复杂、施工工种频繁调换,建筑工人频繁更换工作地点等(Everett,1996 年)。单是建筑施工安全事故造成的工人身体损伤就足以引起研究者们对这个问题的足够重视,当然还因为施工安全事故会引起其他严重的经济成本和社会成本。

建筑行业跟其他制造产业有一定的区别,具有自身的独特性。所以人们在分析安全事故时,首先就应该对建筑业有一个理性的认识。必然性和偶然性的原理告诉我们,建筑业安全事故的经常发生一定程度上和它自身的特征联系紧密。人们在大量的生产工作实践中,归纳出建筑行业具有自身的独特性。

1)从人员组成看

随着我国工业化、城镇化的加快,大量农民进入城市,大部分成为建筑工人。全国第二产业人员构成成分调查发现,农民工占 57.6% ,建筑业就占整个农民工总数的 80% 。农民工成为建筑工人的主体。他们中 80% 都是初中或小学毕业,工人的文化素质相对较低,而且没有经过系统专业培训,安全知识储备不足,缺乏系统的专业技能工作经验,安全意识较差等。人为因素是建筑施工安全事故发生的根本性原因,农民工也成为工伤事故的最大受害群体。同时,一线的建筑施工人员在施工过程中如果遇到受伤事故发生,他们大多缺乏足够的法律知识来保护自己的合法权益,遇见安全伤亡事故,往往处于被动的局面,处于劣势地位。

2)从工作环境看

建筑施工经常进行野外作业或者露天作业,临时搭建施工环境也很普遍。一般情况建筑施工只有顺应天气环境的变化而改变工作时间和工作地点,因此劳动条件长时间得不到改善,特别是建筑施工需要大量手工直接参与作业,工人和机器等工作对象直接接触。建筑施工工序的特征要求木工、土方、主体等工种交叉作业,施工设施设备周转很频繁,而且施工场所工作面积小,设备材料和人员分布非常密集,交叉环节又多。施工人员需要经常更换工作环境中不同的工作环境中,事故的风险类型和防范重点有所不同,人们不能仅仅凭以前的经验盲目预防,必须具备很好地适应新环境的能力,去把握和预测新危险性因素。

3)从组织结构看

项目一般都与公司所在地分离,公司的安全措施很难在具体的项目施工现场得到施工管理人员和工人的认同和遵守。而多级分包体制也容易造成总公司管理层对各个承包商的安全管理的重视程度不够,只重视成本和进度;同时,管理层越多,每一个管理层的安全责任意识可能越淡薄。

4)从管理方式看

任何施工项目都有明确的目标、有严格的成本和时间的制约,因此建筑行业中的管理都是以目标为导向的,成本控制比较严格,时间和进度要求也比较严格。这容易导致管理人员更重视时间、进度和成本,安全管理往往容易被忽视,以安全风险换取进度和成本的情形时有发生。此外,由于建筑项目大多是一次性的,工人流动量大,因此部分企业不是很愿意在安全管理上过多投入物力和财力。

当前,人们对物质和精神的诉求越来越多样化,人们对建筑的外观和功能等提出了更多要求,这也使得建筑施工的工程更加复杂,安全风险加大。同时,建设工艺的重复性更大、施工中人员的流动性更强、作业的高强度性更为突出,使工程建设的难度越来越大,施工安全事故的破坏性无法估计,损失也无法具体衡量。施工过程的时间跨度大,工人长时间处于工作状态,容易产生疲劳工作、消极怠工、窝工等情形。从建设工程施工的具体特点不难看出,安全事故的发生一部分是由建筑业自身特点造成的。但是,不能以此简单地把安全责任认为是工程的复杂性、危险性或环境、气候等客观因素使然。只有理性认识建筑业的具体特征,我们才能更好地界定安全事故责任、分析安全事故原因、预测安全事故的发生,防患于未然。

2020年12月,住房和城乡建设部等12部门联合发布了《关于加快培育新时代建筑产业工人队伍的指导意见》,意见要求不断改善劳动安全卫生标准和条件,配备符合行业标准的安全帽、安全带等具有防护功能的工装和劳动保护用品,制定统一的着装规范。施工现场按规定设置避难场所,定期开展安全应急演练。鼓励有条件的企业按照国家规定进行岗前、岗中和离岗时的职业健康检查,并将职工劳动安全防护、劳动条件改善和职业危害防护等纳入平等协商内容。

建筑工人施工现场劳动保护基本配置指南

劳动保护	配置	要求
常规劳保用品	头部防护用品	安全帽
	面部防护用品	头戴式电焊面罩、防酸有机类面罩、防高温面罩
	眼睛防护用品	防尘眼镜,防飞溅眼镜,防紫外线眼镜
	呼吸道防护用品	防尘口罩,防毒口罩,防毒面具
	听力防护用品	防噪音耳塞,护耳罩
	手部防护用品	绝缘手套,耐酸碱手套,耐高温手套,防割手套等
	脚部防护用品	绝缘靴,耐酸碱鞋,安全皮鞋,防砸皮鞋
	身躯防护用品	反光背心,工作服,耐酸围裙,防尘围裙,雨衣
	高空安全防护用品	高空悬挂安全带、电工安全带、安全绳。在 2 米及以上的无可靠安全防护设施的高处、悬崖和陡坡作业时,必须系挂安全带
	从事机械作业的女工及长发者防护用品	应配备工作帽等个人防护用品
	冬期施工期间或作业环境温度较低防护用品	应为作业人员配备防寒类防护用品
	雨期施工期间防护用品	应为室外作业人员配备雨衣、雨鞋等个人防护用品。
工种防护用品	架子工、塔式起重机操作工、起重吊装工、信号指挥工、维修电工、电焊工、气割工、锅炉及压力容器安装工、管道安装工、油漆工、混凝土工、瓦工、砌筑工、抹灰工、磨石工、石工、木工、钢筋工	各工种应按照作业性质和等级,按照有关规定配备相应的专用工作服装、劳动保护鞋及工作手套等个人防护用品。涉电工种要配备相应绝缘服装、绝缘鞋及绝缘手套等。涉粉尘工种要配备防尘口罩、灵便紧口的工作服、防滑鞋和工作手套。在强光环境条件作业时,应配备防护眼镜。在湿环境作业时,应配备防滑鞋和防滑手套。从事酸碱等腐蚀性作业时,应配备防腐蚀性工作服、耐酸碱鞋,耐酸碱手套、防护口罩和防护眼镜。在从事涂刷、喷漆作业时,应配备防静电工作服、防静电鞋、防静电手套、防毒口罩和防护眼镜。瓦工、砌筑工、钢筋工等应配备保护足趾安全鞋

注:除安全帽、反光背心、工作服、安全皮鞋外,其余配置应根据工种和作业内容并参照有关标准规范要求进行配置。

12.4.2　建筑施工常见安全事故类型及原因

1)建筑安全生产事故分类

(1)按事故原因及性质分类

从建筑活动的特点及事故的原因和性质来看,建筑安全生产事故可以分为以下 4 类。

①生产事故。是指在建筑产品的生产、维修、拆除过程中,操作人员违反有关施工操作规程而直接导致的安全事故。目前我国对建筑安全生产的管理主要是针对生产事故。

②质量问题。主要指由于设计不符合规范或施工达不到要求等导致建筑结构实体或使用功能存在瑕疵,进而引起安全事故的发生。

③技术事故。是指工程技术原因导致的安全事故,技术事故的结果通常是毁灭性的,如1981年7月17日美国密苏里州发生的海厄特摄政通道垮塌事故。

④环境事故。是指建筑实体在施工或使用过程中,使用环境问题(如荷载超标、使用高污染建筑材料等)或周边环境问题(如山体滑坡等)导致的安全事故。

(2)按事故类别分类

按照事故类别,建筑业相关职业伤害事故可分为12类,即物体打击、车辆伤害、机械伤害、起重伤害、触电、灼烫、火灾、高处坠落、坍塌、爆炸、中毒和窒息、其他伤害。根据对全国伤亡事故的调查统计分析,建筑业伤亡事故率仅次于矿山行业。其中高处坠落、物体打击、机械伤害、触电、坍塌为最常发生的五种事故,近几年来已占到事故总数的80%～90%,应重点防范。

房屋市政工程生产安全事故情况(2015—2019年)

年份	事故/起	死亡人数/人	事故类型						
			高处坠落	坍塌	物体打击	起重伤害	机械伤害	触电	其他事故
2015年	442	554	53.17%	13.35%	14.93%	7.24%	11.31%		
2016年	634	735	52.52%	10.57%	15.30%	8.83%	12.78%		
2017年	692	807	47.83%	11.71%	11.85%	10.40%	4.77%	13.44%	
2018年	734	840	52.2%	7.3%	15.2%	7.5%	11.9%		
2019年	773	904	53.69%	8.93%	15.91%	5.43%	2.98%	2.59%	10.47%

2)伤亡事故分级

建筑施工企业的伤亡事故是指在建筑施工过程中,由于危险和有害因素的影响而造成的工伤、中毒、爆炸、触电等事故,或由于其他原因造成的各类伤害。2007年施行的《生产安全事故报告和调查处理条例》把伤亡事故分为特别重大事故、重大事故、较大事故、一般事故四个等级,具体如下。

①特别重大事故。指造成30人以上死亡,或者100人以上重伤(包括急性工业中毒,下同),或者1亿元以上直接经济损失的事故。

②重大事故。指造成10人以上30人以下死亡,或者50人以上100人以下重伤,或者5 000万元以上1亿元以下直接经济损失的事故。

③较大事故。指造成3人以上10人以下死亡,或者10人以上50人以下重伤,或者1 000万元以上5 000万元以下直接经济损失的事故。

④一般事故。指造成3人以下死亡,或者10人以下重伤,或者1 000万元以下直接经济损失的事故。

3）常见安全事故的危险和有害因素类型

按生产过程中危险和有害因素的性质，常见安全事故中危险和有害因素共分为四大类，分别是人的因素、物的因素、环境因素和管理因素。

常见安全事故的危险和有害因素类型及举例

因素类型	类别	举例
人的因素	心理、生理性危险和有害因素	体力负荷超限、病期、心理异常、辨识功能缺陷等
	行为性危险和有害因素	指挥失误、违章作业、监护失误等
物的因素	物理性危险和有害因素	设备工具缺陷、无防护、带电部位裸露、机械性噪声、电离辐射、运动物伤害、明火、高温物体、信号缺陷等
	化学性危险和有害因素	爆炸品、易燃液体、有毒品、粉尘与气溶胶等
环境因素	室内作业场所环境不良	地面滑、作业场所狭窄、室内安全通道有缺陷、采光照明不足等
	室外作业场所环境不良	气候恶劣、作业场地基础下沉、作业场地气压不适等
	地下（含水下）作业环境不良	隧道/矿井顶面缺陷、地下作业空气不良、地下火、地下水等
	其他作业环境不良	综合性作业环境不良等
管理因素	职业安全卫生组织机构不健全，如机构设置和人员配置不健全	
	职业安全卫生责任制未落实	
	职业安全卫生管理规章制度不完善	
	职业安全卫生投入不足	
	职业健康管理不完善	
	其他管理因素缺陷	

【劳动认知单】

创作安全宣传标语

根据海因里希法则，防止事故发生的最好措施是防微杜渐，从源头上减少风险。除了常见的安全标志外，安全宣传标语在预防事故中也是有作用的。

活动要求：请你和你的小组成员先查询安全宣传标语的设计要求（如颜色、形状、字数等要求），共同设计一些安全宣传标语，用海报纸制作出来，在班里分享。

专题十三　新时代的建筑

【专题学习目标】

①了解"十四五"建筑业发展规划。
②把握未来建筑业的发展趋势。

【专题引入】

"火神山"和"雷神山"是如何建成的？

2020 年 1 月 22 日,农历腊月二十八,下达 10 天内建成武汉火神山医院的任务;1 月 25 日,农历大年初一,又下达 12 天内建成雷神山医院的任务。2 月 2 日,可容纳 1 000 张床位的火神山医院正式交付;2 月 8 日可容纳 1 600 张床位的雷神山医院交付使用。让世人惊呼的"基建狂魔"的奇迹背后,最大的秘密武器是工业化装配式建筑建造技术,其中包括 BIM 技术、装配式技术、5G 技术等。

火神山、雷神山医院的建设主要是采用了当时建筑行业最前沿的装配式建筑建造技术和 BIM 技术,最高限度地采用拼装式工业化成品,大幅减少现场作业的工作量,节约了大量时间。同时,在外部拼接后进行整体吊装,将现场施工和整体吊装穿插进行,实现了效率最大化。

火神山和雷神山医院的装配式建筑绝大多数是可以重复利用的,除了部分连接件需要修复外,主体只需要做正常的保养,简单维修后均可再次使用。连接件即使有损坏,按照现有经验,损坏的各种构件超过 70% 的材料可回收,金属材料回收率超过 90%,是联合国认可的绿色建筑。

国民经济和社会发展第十四个"五年规划"明确,要加快数字化发展,建设数字中国。对于建筑业,就是要发展智能建造,实现生产方式变革,推广绿色建材、装配式建筑和钢结构住宅,建设低碳城市,带动行业数字化发展、高质量发展。

建筑业的转型,其根本就是要向智能建造转变。因此,对掌握数字化技术的人才需求也显得更为迫切。职业院校建筑类专业的学生需要不断提升建筑业务能力,特别是建造工业化知识,学习数字化技术以及建造业务与数字化技术融合应用的知识,使自己成为符合智能建造需要的复合型人才,符合社会和企业需要的合格人才。

13.1　"十四五"建筑业发展规划

建筑业指国民经济中从事建筑安装工程的勘察、设计、施工以及对原有建筑物进行维修活动的物质生产部门。按照《国民经济行业分类》(GB/T 4754—2017),建筑业由以下四个大类组成:房屋建筑业,土木工程建筑业,建筑安装业,建筑装饰、装修和其他建筑业。建筑业的主要职能是对各种建筑材料和构件、机器设备等进行建筑安装活动,为国民经济建造生产性与非生产性固定资产。建筑业作为我国国民经济的支柱和基础性产业,具有贡献率高、关联度强、就业比重高的显著特征,为我国经济与社会的长期繁荣稳定提供了有力支撑。

建筑业的行业分类

建筑业	房屋建筑业	住宅房屋建筑
		体育场馆建筑
		其他房屋建筑业
	土木工程建筑业	铁路、道路、隧道和桥梁工程建筑
		水利和水运工程建筑
		海洋工程建筑
		工矿工程建筑
		架线和管道工程建筑
		节能环保工程施工
		电力工程施工
		其他土木工程建筑
	建筑安装业	电气安装
		管道和设备安装
		其他建筑安装业
	建筑装饰、装修和其他建筑业	建筑装饰和装修业
		建筑物拆除和场地准备活动
		提供施工设配服务
		其他未列明建筑业

13.1.1 发展目标

1)2035 年远景目标

我国建筑业以建设世界建造强国为目标,着力构建市场机制有效、质量安全可控、标准支撑有力、市场主体有活力的现代化建筑业发展体系。到 2035 年,我国建筑业发展质量和效益大幅提升,建筑工业化全面实现,建筑品质显著提升,企业创新能力大幅提高,高素质人才队伍全面建成,产业整体优势明显增强,"中国建造"的核心竞争力为世界领先,迈入智能建造世界强国行列,全面服务社会主义现代化强国建设。

2)"十四五"时期发展目标

对标 2035 年远景目标,初步形成建筑业高质量发展体系框架,建筑市场运行机制更加完善,营商环境和产业结构不断优化,建筑市场秩序明显改善,工程质量安全保障体系基本健全,建筑工业化、数字化、智能化水平大幅提升,建造方式绿色转型成效显著,加速建筑业由大向强转变,为形成强大国内市场、构建新发展格局提供有力支撑。

①国民经济支柱产业地位更加稳固。高质量完成全社会固定资产投资建设任务,全国建筑业总产值年均增长率保持在合理区间,建筑业增加值占国内生产总值的比重保持在6%左右。新一代信息技术与建筑业实现深度融合,催生一批新产品、新业态、新模式,壮大经济发展新引擎。

②产业链的现代化水平明显提高。智能建造与新型建筑工业化协同发展的政策体系和产业体系基本建立,装配式建筑占新建建筑的比例达30%以上,打造一批建筑产业互联网平台,形成一批建筑机器人的标志性产品,培育一批智能建造和装配式建筑产业基地。

③绿色低碳生产方式初步形成。绿色建造政策、技术、实施体系初步建立,绿色建造方式加快推行,工程建设集约化水平不断提高,新建建筑施工现场建筑垃圾排放量控制在每万平方米300吨以下,建筑废弃物处理和再利用的市场机制初步形成,建设一批绿色建造示范工程。

④建筑市场体系更加完善。加快推进建筑法修订,法律法规体系更加完善。企业资质管理制度进一步完善,个人执业资格管理进一步强化,工程担保和信用管理制度不断健全,工程造价市场化机制初步形成。工程建设组织模式持续优化,工程总承包和全过程工程咨询广泛推行。符合建筑业特点的用工方式基本建立,建筑工人实现公司化、专业化管理,中级工以上建筑工人达1 000万名以上。

⑤工程质量安全水平稳步提升。建筑品质和使用功能不断提高,建筑施工安全生产形势持续稳定向好,重特大安全生产事故得到有效遏制。建设工程消防设计审查和验收平稳有序地开展。城市轨道交通工程智慧化建设初具成效。工程抗震防灾能力稳步提升。质量安全技术创新和应用水平不断提高。

13.1.2　主要任务

主要任务	分任务
加快智能建造与新型建筑工业化协同发展	①完善实施智能建造政策和产业体系 ②夯实标准化和数字化基础 ③推广数字化协同设计 ④大力发展装配式建筑 ⑤打造建筑产业互联网平台 ⑥加快建筑机器人研发和应用 ⑦推广绿色建造方式

续表

主要任务	分任务
健全建筑市场运行机制	①加强建筑市场信用体系建设 ②深化招标投标制度改革 ③完善企业资质管理制度 ④强化个人职业资格管理 ⑤推行工程担保制度 ⑥完善工程监理制度 ⑦深化工程造价改革
完善工程建设组织模式	①推广工程总承包模式 ②发展全过程工程咨询服务 ③推行建筑师负责制
培育建筑产业工人队伍	①改革建筑劳务用工制度 ②加强建筑工人实名制管理 ③保障建筑工人合法权益
完善工程质量安全保障体系	①提升工程建设标准水平 ②落实工程质量安全责任 ③全面提高工程质量安全监管水平 ④构建工程质量安全治理新局面 ⑤强化勘察设计质量管理 ⑥优化工程竣工验收制度 ⑦推进工程质量安全管理标准化和信息化
稳步提升工程抗震防灾能力	①健全工程抗震防灾制度和标准体系 ②严格建设工程抗震设防监管 ③推动工程抗震防灾产业和技术发展 ④提升抗震防灾管理水平和工程抗震能力
加快建筑业"走出去"的步伐	①推进工程建设标准国家化 ②提高企业对外承包能力 ③加强国际交流与合作

【劳动认知单】

预见建筑业

活动要求:4 人一组,完成下面的表格,可搜集相关信息后完成。

序号	问题	我认为
①	2022 年建筑业的 3 个变化	a. b. c.

续表

序号	问题	我认为
②	"十四五"期间建筑业发展的3个趋势	a. b. c.
③	"十四五"期间建筑业发展的3个挑战	a. b. c.
④	"十四五"期间建筑业发展的3个机遇	a. b. c.

13.2　未来的建筑业

【案例链接】　　　　　　未来，月球上会有人类建筑吗?

　　未来，如果我们要在月球上建造适合人类居住的房屋，这个建筑必须能抵御伽马射线和免受大幅温差以及陨石的侵袭。太阳能机器人可以用3D打印技术把月球尘土(风化层)打印成房屋的表面，设计者们还设计了一个承重"悬链线"穹顶且具有蜂窝形状的墙壁来抵抗微流星体和航天辐射，此外还有一个可充气的圆形屋顶。也许未来我们就能在月球的南极看到第一座建筑了。

正在建设中的3D打印的穹顶形月球基地的艺术构图(概念)

当下,我国建筑业在过去几十年的快速发展过程中出现的矛盾日益凸显:大量劳动力的需求与人口红利消失的矛盾,低质低效的生产方式与高质量生产效率的矛盾,较大的环境污染、能耗与绿色环保、可持续发展的矛盾。建筑业迫切面临着生产方式的转变,从传统生产的碎片化、粗放型、劳动密集型转型升级为未来的集成化、精细化、技术密集型。未来建筑业生产方式应以绿色化、信息化、工业化等为主,以提升建造效率和品质。

土木工程虽然是古老的学科,但其涉及领域随各学科的发展而不断发展壮大。因此,土木工程技术人员的知识面要更为广阔,对学科间相互渗透和相互促进的要求也更为迫切,而且要求知识不断更新,因此掌握信息科学和开展国际交流对于土木工程人员也极其重要;对专业的掌握应更为深入,设计建造和科学研究需更紧密联系。现代的土木工程不仅要求按计划完成建筑设计和建造,而且要求按最佳方案及最优方式来设计和建造。土木工程建设者的任务是光荣而艰巨的。

13.2.1 未来建筑的模样

1)绿色建筑

作为世界上碳排放量最大的国家,我国的碳减排对全球碳减排、碳中和有着直接的影响。因此今天在推动社会主义现代化建设的过程中,我们必须采取有效措施,转变工业发展模式,探索一条低碳、绿色的城镇化道路。

根据联合国环境规划署发布的数据,在全球能源消耗中,建筑行业的能源消耗占比为30%~40%。我国是世界上新建建筑最多的国家,传统建筑方式导致的建筑垃圾已经占城市固体垃圾总量的40%以上,施工建造等各环节对环境造成不同程度的破坏。工业和信息化部联合国家发展和改革委员会等有关部门编制了工业领域及钢铁、有色金属、石化化工、建材等重点行业碳达峰实施方案。方案指出,到2025年,单位工业增加值二氧化碳排放量降低18%。要实现这一目标,建筑行业势必承担更重的任务,必须深度脱碳。

绿色建筑这一概念在我国出现了10余年,经历了从无到有、从少到多的过程。目前,我国直辖市、省会城市及计划单列市的保障性安居工程已经强制执行绿色建筑标准。2020年,绿色建筑在城镇新建建筑中的占比超过了50%。

2006年,我国发布了第一部绿色建筑技术规范《绿色建筑评价标准》,之后又在2014年和2019年发布了两版《绿色建筑评价标准》。根据最新的《绿色建筑评价标准》(GB/T 50378—2019),绿色建筑是指在全寿命期内,节约资源、保护环境、减少污染,为人们提供健康、适用、高效的使用空间,最高限度地实现人与自然和谐共生的高质量建筑。绿色建筑评价指标体系由安全耐久、健康舒适、生活便利、资源节约、环境宜居共5类指标组成(见下表)。绿色建筑由高到低划分为三星级、二星级、一星级和基本级。最新版本的评价标准提高了建筑的安全性、耐久性以及节能方面的要求,新增室内空气质量、水质、健身条件、环境宜居、服务便捷等人性化要求,增加的绿色建筑等级是针对建筑整体性能提高的要求。

绿色建筑评价分值[出自《绿色建筑评价标准》(GB/T 50378—2019)]

	控制项基础分值	评价指标评分项满分值					提高与创新加分项满分值
		安全耐久	健康舒适	生活便利	资源节约	环境宜居	
预评价分值	400	100	100	70	200	100	100
评价分值	400	100	100	100	200	100	100

建筑在建造阶段的节能路径

类别	具体措施	举例
建筑材料减碳	使用可回收、可再生的材料或复合纤维材料	木材、利用植物纤维制造的高阻燃和高强度的建筑材料
结构工程减碳	优化结构设计,提高结构韧性,延长结构的使用寿命	
	简化结构,减少建筑材料的用量,从而降低碳排放量	
	使用构件再利用技术减少碳排放	对连接件、节点再利用
建造过程减碳	采用低碳工艺与绿色建造体系	
	减少建筑垃圾的产生,对建筑垃圾再利用	
	采用新型节能装备和工艺	
	执行绿色施工标准	
	推广装配式建筑	

"雪如意"展示
中华文化之美

【案例链接】

零能房屋——会发电的房子

零能房屋是指建筑物所需要的全部能源供应均来自太阳能,常规能源消耗为零。这种房屋向阳的墙面、屋顶可设置太阳电池板,产生的电能除满足用户的照明、使用家用电器等需要外,还可为建筑供暖、空调供电,保证房屋的热舒适度。

2022 年 2 月,湖南卫视的"向往的未来生活"节目邀请了参加中国国际太阳能十项全能竞赛的其中 3 支队伍:中国矿业大学、东南大学和重庆大学的参赛队,3 支队伍分别展示了他们设计的未来房屋。中国国际太阳能十项全能竞赛是由中国国家能源局、美国能源部联合主办,北京大学承办的国际赛事,全球各高校作为参赛单位,设计并建造一栋以清洁能源为唯一能源的高性能、全尺寸房屋参赛,旨在探索未来建筑创新。第三届赛事于 2021 年举行,来自全球 10 个国家、29 所高校的 15 支队伍参与其中,并在河北张家口将作品落地,服务于冬奥会。

　　中国矿业大学参赛团队的工程管理专业硕士研究生韩飞虎、建筑学专业本科生李俊共同介绍了他们的参赛作品 T&A House。T&A House 作为单层独栋"零能耗"建筑，在能源利用、环境综合治理等方面提出了大量原创性构想。其在建筑设计上融合了中国传统元素，中庭的天窗可以自动开启，呈现出四合院的效果。一处 4 平方米左右的水景不但实现了"四水归堂"，同时还能够处理雨水和生活废水，将它们排到房屋外面的蓄水池用来浇花。雨水由房顶上的漏斗来收集。T&A House 中技术含量最高的是团队自主研制的能源岛设备，它集成了光电、光热、地热等多种清洁能源，真正实现了绿色节能和零能耗。

　　"从书本到工地，让我切实体会到实践的重要性。践行绿色低碳理念，必须从生活出发，落到实处，才能早日实现'双碳'目标。"中国矿业大学参赛队员们感慨道。"双碳"背景下，低碳节能的建筑是建筑学科未来发展的方向，身为建筑行业的新生力量，青年学生们应该为实现"双碳"达标贡献出自己的青春力量。

东南大学参赛团队作品《Solar Ark 3.0》

（来源:《中国江苏网》;有删改）

【案例链接】　　　　　　　　旧砖瓦的再利用

　　宁波博物馆建筑是中国首位普利兹克建筑奖得主王澍教授的代表作。宁波博物馆以"新乡土主义"为设计理念，造型别致。王澍一直呼吁保护乡村，不要在大拆大建中破坏掉中国古老乡村的本来面貌。因此在宁波博物馆的设计中，王澍极好地利用了旧的建筑材料，例如屋瓦。

　　博物馆外墙的直壁采用的是浙东地区常见的"瓦爿墙"，呈古旧的青灰色，仔细看还能发现砖瓦上有当年烧制时留下的符号，让人仿佛回到了明清时期的江南古镇。王澍介绍说："这些砖瓦绝大部分是宁波旧城改造时留下的旧物，其中青砖数量最多，年代在明清至民国时期不等，甚至有部分是汉晋时期的古砖。"整个博物馆的 1.3 万平方米的瓦爿墙需要 100 多万块砖瓦，这些旧城改造时收购来的旧砖瓦能节约一半以上的材料费，对材料的充分利用,不仅让建筑师的设计作品成为具有历史意义的地标,同时也推进了利用现存材料满足当代需求的可持续发展理念。

宁波博物馆一隅

2)智能建造

建筑行业能够成为"中国速度"的重要代表领域,与其大力开展智能建造有着十分密切的关系。智能建造是新一代信息技术与工程建造融合形成的工程建造创新模式,利用的是以"三化"(数字化、网络化和智能化)和"三算"(算据、算力、算法)为特征的新一代信息技术,主要有 BIM 技术等。

从我国建筑业总产值及利润总额等统计数据不难发现,长期以来,我国建筑业主要依赖资源要素投入来拉动发展,建筑业工业化、信息化水平较低,生产方式粗放,科技创新能力不足,使得建筑业经济效益可持续增长出现瓶颈。为将我国建设成更高水平的建筑强国,需大力推行精益建造、数字建造、绿色建造、装配式建造这四种新型建造方式。特别是在新冠肺炎疫情肆虐的特殊背景下,建筑业传统建造方式受到较大冲击,粗放型发展模式已难以为继,迫切需要改进。2020 年,13 部委联合印发《关于推动智能建造与建筑工业化协同发展的指导意见》,指导意见提出要加大人才培育力度。各地要制定智能建造人才培育相关政策、措施,明确目标任务,建立智能建造人才培养和发展的长效机制,打造多种形式的高层次人才培养平台。

3)装配式建筑

倡导与自然和谐共生的绿色建筑成为建筑业未来的发展方向,而装配式建筑目前是解决建筑施工中扬尘、垃圾污染、资源浪费等问题的最有效方式之一。

建筑机器人

装配式建筑是指结构系统、外围护系统、设备与管线系统、内装修系统的主要部分采用预制部品部件集成的建筑。装配式建筑按照结构体系的不同,可分为装配式混凝土建筑、装

配式钢结构建筑、装配式木结构建筑。其中,装配式混凝土建筑是装配式建筑中应用量最大、设计建筑类型最多的结构体系。装配式建筑与以往钢筋混凝土结构的不同之处是组装建筑的各部品部件由工厂预制加工生产,再运至施工现场进行安装。装配式建筑能有效减少现场的湿作业环节,并规避了因施工工序要求而产生的施工间歇等问题,同时可大大减少施工现场的扬尘,保护现场及周边的环境,实现绿色施工。

以前,建造一座摩天大楼需要一年左右,但在湖南湘阴县,一座被外媒称为"中国速度"、网友称为"楼快快"的 30 层 T30 酒店历时 15 天完工,获得了美国芝加哥世界高层建筑学会颁发的"年度创新奖"。这座建筑的施工秘诀就是预制技术,墙体、门窗、电气、空调照明、给排水等工程都在工厂制造完成,最后只需将它们运至施工现场进行吊装,从而避免了建筑现场的浪费和延误。根据中国建筑科学研究院的模拟地震试验结论,这座可持续建筑与普通建筑相比,能实现 9 度抗震,只产生 1% 的建筑垃圾。

13.2.2　未来的建筑人

1）未来的建筑要求

今天,每一个建筑人仍然要回答"为什么要做建筑?""建筑是为谁而做的?""建筑是什么?"等问题。我们要清楚,建筑不仅是艺术,还是与现实生活

发展智能制造
助力城市更新

息息相关的劳动实践,建筑覆盖了每个人生命活动的全程,人的生老病死都涉及建筑。建筑既与人的身相连,也与人的心相通,每个人心中家的概念与房屋密切相连,人对自己住过的房屋,特别是小时候住过的老房,往往有着很深的感情,甚至房屋的形式和内容物,就连一扇木门,都成了让人念念不忘、记忆犹新的情感媒介。今天,建筑在达成自身的美学要求之外,也必然要担负起对现实世界和公众的责任,包括安全、舒适、环保、社会正义等。也许这种附带的要求让建筑所担负的责任和发展难度加大,但也正是有这样的担当,许多建筑从古至今屹立不倒。

当前社会发展进步飞快,现代建筑是传统文化的承载体,同时我们也要充分运用现代科技发展成果,使建筑的魅力在经济、安全、健康、适用和美观等方面得到全面体现。每一个建筑人都应该与时代发展相适应,努力学习和掌握当代社会发展相关的科学技术与人文知识,在实践中不断提升个人技能,掌握新思路、新理念,学会运用新技术、新材料,通过劳动创作,与未来的建筑同频率、共步调。

2）"1+X"证书制度

2019 年,教育部、国家发展和改革委员会、财政部、市场监管总局联合印发《关于在院校实施"学历证书+若干职业技能等级证书"制度试点方案》,部署启动"学历证书+若干职业技能等级证书"（简称"1+X"证书）制度试点工作,这是一项职业教育工作的重大创新。

职教典范——三星堆博物馆新馆项目建设的幕后英雄

"1+X"证书中的"1"是指学历证书,代表教育功能,是以培养德智体美劳全面发展的社会主义建设者和接班人为目标,反映学校教育的人才培养质量;"X"是指若干职业技能等级证书,代表职业功能,是以培养高素质的劳动者和技术技能人才为目标,是毕业生、社会成员职业技能水平的凭证,反映职业活动和个人职业生涯发展所需要的综合能力。

因此,"1+X"关注的不仅是如何培养人才更全面的技能,而且把企业岗位需要的专业技能和学生的专业课程对接起来,使学生的专业知识学习更具有指向性,这样培养出来的人才可以直接在企业岗位上工作,他们的岗位适应时间短,适应性较好,专业性较强。

"1+X"证书制度试点工作启动以来,教育部先后于 2019 年 4 月和 9 月,2020 年 1 月和 12 月公布了四批 447 个职业技能等级证书作为试点。首批职业技能等级证书试点共 6 个,第二批是 10 个,第三批是 76 个,第四批是 355 个。

在建筑行业中,"建筑信息模型(BIM)"证书是首批试点的技能等级证书,其立足于建筑产业未来发展和需求进行设计,标准高、内容实、考核严,从 2019 年至今已得到多家建筑行业 50 强企业和大量中小型企业的认可和支持。

高职院校建筑类专业部分相关"1+X"证书

序号	证书名称	批次
①	建筑信息模型(BIM)	第一批
②	建筑工程识图	第三批
③	装配式建筑构件制作与安装	
④	建设工程质量检测	第四批
⑤	建筑工程施工工艺实施与管理	
⑥	全断面隧道掘进机操作	
⑦	智能建造设计与集成应用	
⑧	工程造价数字化应用	
⑨	室内设计	
⑩	路桥工程无损检测	

建筑类专业是实践性要求比较高的专业,当前建筑行业对于人才的需求也越来越凸显技能的重要性。以往在建筑行业用人过程中,往往需要对新人进行一段时间的培养、培训,新人在学习历练一段时间、培训合格后才能上岗。这样不仅耗时耗力,对建筑行业整体的用人成本和效率提升也是不利的。实施"1+X"职业技能证书制度,能够让学生在校期间接受专业训练,获得相应的职业技能证书,毕业后能更快上岗,用人效率显著提升,这对于技能型人才的培养具有重要意义。"1+X"职业技能证书制度不仅能提高校岗对接度,更重要的是它的社会认可度高,它面向未来,通过"1+X"培训让学生掌握企业需要的新技术、新技能,在提高个人技能的同时更好地和市场需要接轨。

以"智能建造设计与集成应用"证书为例。智能建造是全面推进"中国建造"创新升级的国家战略,随着智能建造的加速发展,日益需要复合型人才来匹配建筑业的转型升级。该证书分为初级、中级、高级三个等级,以建筑工程专业的基本知识为基础,运用建筑信息模型(BIM)、互联网、物联网、大数据、云计算、移动通信、人工智能、区块链等新技术的集成与创新应用岗位,创新融合智能规划与设计、智能生产与施工、智能设施与防灾、智能运维与管理等专业群,实现了专业与行业接轨、实践与岗位对接,以培养技能型尖端人才为目标。

【劳动活动单】

我是建筑人,我骄傲

以小组合作的方式拍摄一段高职院校建筑类专业的宣传短视频,视频中应包含但不限于体现建筑行业的劳动场景、建筑行业的工作特色、建筑人的精神风貌等元素。

思考题：

1. 结合建筑业的职业标准和你的专业方向,做一份学习计划和职业发展规划。

2. 谈谈你认为我国古建筑劳动成就中令你印象深刻的部分。

3. 你认为建筑业从业人员的劳动责任包含哪些。

4. 你今后要从事的职业的劳动防护有哪些要求?

推荐资源：

书籍:梁思成,《中国建筑史》,生活·读书·新知三联书店,2011 年。

书籍:廖偌熙,《这就是建筑师》,新星出版社,2021 年。

书籍:李士桥,《现代思想中的建筑》,中国水利水电出版社,2009 年。

书籍:克里斯·亚伯 ;《建筑·技术与方法》;项琳斐,项瑾斐,译;中国建筑工业出版社,2008 年。

报告:中国建筑业协会,《2021 年建筑业发展统计分析》。

纪录片:《大国建造》,讲述中国新地标的建造传奇,展现当代中国面貌,用伟大工程反映伟大时代。

纪录片:《超级工程》,聚焦国内五大重点尖端科技工程,将建筑过程中鲜为人知、惊心动魄的场景纳入镜头,使中国的形象越来越贴近时代。

百家讲坛:《如果古建筑会说话》,中国人在悠久的历史中创造了灿烂的文化,而古建筑便是其中的重要组成部分。欣赏中国古建筑,就好比翻开一部沉甸甸的史书。

第五部分 劳动,时刻准备着

【章节导语】

我们一直在劳动,也一直在用自己修炼的劳动能力去面对更具挑战性的工作和未来。未来,是机器取代人还是人管理机器?这取决于我们能否和劳动一路相伴,更好地走下去。

马克思主义学说把生产力看作一切社会变革的物质基础和根本动力。在其推动下,一方面,现代科学技术的发展加快了职业的转换和更替;另一方面,职业的快速转换要求必须造就全面发展的个体,以适应大工业生产的今天,而这两方面的变化都需要劳动者不断提升劳动素养,认清职业发展现状,更好地投身于未来的劳动中。

专题十四 提升劳动素养

【专题学习目标】

①理解劳动素养的构成及其重要性。

②理解新时代劳动价值观的意蕴及其现实意义,树立正确的劳动价值观。

③了解劳动技能的概念和提升劳动技能的途径。

④理解创造性劳动的意义,了解进行创造性劳动的方法。

【专题导入】

火箭心脏"钻刻师"——何小虎

1986 年,何小虎出生于陕北延安一个普通的农村家庭。从高职学校毕业后,他从 300 人的考试中脱颖而出,以实操第一名的成绩,加入了神圣的航天事业,在航天科技集团六院 7103 厂工作。

机械加工工作往往很枯燥,把一个产品装到数控机床上,加工完以后,从数控机床上取下来测量,把它清洗完放到规定的位置,这样的动作一天要重复多达 300 遍。何小虎也曾怀疑过这份枯燥的工作有什么意义,但每当他想起第一天入职时劳动模范曹化桥说的话——"航天人就是要有一股'干'的精神",他就暗自下定决心,要不断提升自己,把 300 遍的动作精简到250遍或200遍完成。正是日复一日的训练，让何小虎夯实了基本功，为技能精进打下了坚实基础。

发动机被称为火箭的"心脏"，研发液体火箭发动机燃烧系统相关产品，就像是给心脏动手术，是一项既需要精深技术，又需要坐得住冷板凳的工作。何小虎将自己的业余时间都磨泡在研究技术上，为磨炼自我，他不断参加各种技能大赛，虚心向同行学习。他代表陕西省参加了全国数控大赛，获得第四名的好成绩，弥补了陕西省在数控大赛中的获奖空白。如今，满墙的奖状见证了这位技能名师的成长。

航天事业少不了矢志创新。何小虎从事的工作，直接影响着火箭发动机能否精准入轨。在某型号液体火箭发动机的研制过程中，有些关键部件的加工精度要求极高，一点点多余物都会导致整体工作的延误甚至失败。何小虎不畏难、不认输，最终开创了超精密加工和测量流程，使产品加工合格率达到100%。如今的何小虎已经解决了火箭发动机加工难题65项，独创了微小孔高效加工法、极限加工稳定性控制法和首件标定参数法，有效提升了新一代运载火箭发动机喷注燃烧系统的工作可靠性，在"长征五号""天问一号""北斗组网""探月工程"等任务中作出了突出贡献。

2021年，何小虎获得了第25届"中国青年五四奖章"，如今的他带领以"95后""00后"为主力军的团队去继续攻克一个又一个技术难关。

何小虎是今天千千万万劳动者中的一名，他身上对精湛技艺的劳动追求、甘于奉献的劳动精神、奋进创新的劳动态度，正是我们今天新时代劳动者的光荣样貌。

（来源：新华网，2021年5月2日；记者：关心；有删改）

在全球化和信息化背景下，劳动教育已正式进入核心素养时代，劳动素养在各国际组织和国家的核心素养框架中均占据重要的地位。联合国教科文组织认为，在当前的时代背景下大幅增加具有技术性和职业性技能的青年和成年人数，是全球可持续发展的教育目标之一。

劳动素养是指经过教育与生活活动形成的与劳动相关的个人素养。大学生的劳动素养是指在劳动价值观、劳动知识和劳动能力上的综合素质。劳动素养不是简单的知识与能力组成的结构，而是一个更为复杂的结构。劳动素养不仅包含完善的技能、技巧，还蕴含着劳动在一个人的精神生活中的作用和地位。在当前经济社会迅速发展的背景下，相较于学习某种特定的劳动技能，劳动教育的更重要的目标是培养劳动者的综合劳动素养。

14.1 劳动价值观

劳动价值观是指学生在劳动实践中逐渐形成的对劳动、劳动者和劳动成果的总体看法和态度。其主要体现在认识劳动、尊重劳动和崇尚劳动等方面，是劳动素养在认知、情感、价值观层面的体现，对学生的劳动实践具有积极的指导作用，它反映了人们是尊重劳动还是鄙视劳动，是热爱劳动还是逃避劳动。

经济学家亚当·斯密认为，劳动是一种牺牲了个人的自由和幸福的负担，安逸、休闲才是人的舒适状态；思想家傅立叶则认为，劳动可以像休闲娱乐一样存在。而马克思的观点介于两者之间,在他看来,劳动既是一种实在的自由,又是一件严肃和紧张的事情。

14.1.1　劳动知识

劳动知识是历史潮流中前人在劳动实践中认识客观世界、推动社会生产、发展自身经验的结果及其积累传承,它包括理论知识和实践知识。劳动知识是大学生开展劳动实践和提高劳动效率的基本前提。人类社会从野蛮到文明,从开拓荒野到现今各类产业高度发展,都是来源于人类长久以来积累并传承的对客观世界的认知。一方面,知识是前人智慧结晶的传承;另一方面,社会中各行各业的劳动都需要劳动者基于对基础知识和专业知识的认知来开展。如今,人类社会进入"互联网+"时代,人工智能越来越发达。我们与其担忧人类某些职业会被机器替代,不如着眼于另一个事实——人们需要掌握的劳动工具越来越复杂和智能,对各种形态的劳动工具的使用情况取决于劳动者对基础知识、专业知识的掌握程度以及跨行业跨界知识的了解程度。

劳动知识可以分为生活劳动知识和生产劳动知识。生活劳动知识主要指日常生活劳动的知识,如对劳动常识的认知、自然要素的认识、劳动工具的使用、劳动步骤的了解;生产劳动知识主要指创造物质财富所需的、与劳动者的职业相关的专业劳动知识。学校是教育生产劳动知识的关键场所,学生通过学校教育了解职业相关知识,对工农业生产、现代服务行业等有基本的认识,才能弄清楚自己可能从事的职业的能力要求、未来发展情况等。

【他说】

年轻的时候以为不读书不足以了解人生,直到后来才发现如果不了解人生,是读不懂书的。

——杨绛

【劳动活动单】

劳动知识分享会

活动内容:人类的知识因传承而辉煌。在班内召开劳动知识分享会,全班所有成员依次各分享一个劳动知识,内容可以是日常生活类、服务类或者专业生产类。可以增设奖项,通过投票产生获奖人,如最佳创意知识、最实用知识、最生僻知识等。

14.1.2　尊重劳动

尊重劳动,是社会主义国家的基本要求,体现了社会主义劳动平等的原则,是实现"中国梦"的必然要求。不尊重劳动,是最大的社会危害,是对劳动者主体的根本否认。

现代社会中,职业分工仍然是劳动的基本表现形式,劳动者往往掌握一定的专业知识或技能。随着现代生产力的不断发展,技术和新产业层出不穷,各行各业发展不平衡,这就要求劳动者在多个领域学习,不断更新自己的职业和工作类型。这既体现了人的全面发展理论,也符合劳动者追求专业提升或选择新的职业的意愿。此外,劳动者只有选择自己喜欢的职业,才能充分发挥个人能力,更大程度地激发出工作积极性和创造力。因此,尊重劳动者的选择，使劳动者的才能得到充分发挥；尊重劳动者的劳动本身和创造力，使其得到相应的奖励，这就是尊重劳动的基本含义。

【他说】

我觉得人生求乐的方法，最好莫过于尊重劳动。一切乐境，都可由劳动得来，一切苦境，都可由劳动解脱。

——李大钊

传统观念中，劳动被分为体力劳动和脑力劳动两种形式。从概念和功能上来说，体力劳动是指利用和改变物质材料的活动，脑力劳动是在头脑中使用符号生产精神产品的活动。任何劳动都是脑力和体力共同作用的，我们所说的脑力劳动和体力劳动，仅仅表示脑力和体力在所参与的劳动中所占比重不同或者职业性质不同。劳动如果只消耗体力而不耗费脑力，那就像马克思所论述的"勤劳的蜜蜂"一样，称不上劳动，只是一种动物的本能。所以，劳动就像马克思所说，是"人的脑、肌肉、神经、手等的生产耗费"，创造价值的劳动始终是劳动者脑力和体力的有机结合。

人们对体力劳动和脑力劳动的重视程度在过去曾交替占据过上风。如在一段时间里，人们对脑力劳动有一定偏见，特别在我国过去几十年经济快速发展的过程中，基于快速积累财富的需要，一度出现"造原子弹的不如卖茶叶蛋的""读书无用论"等观点，这是囿于当时认知的局限，人们因对脑力劳动究竟能够开发出多大的价值不确定而陷入对劳动创造价值的功利化的陷阱，在一定程度上矮化了脑力劳动的价值，进而对脑力劳动者也可能持轻视的态度。

社会分工和劳动能力的差异化决定了必须按照劳动能力来匹配劳动职能。因此，尊重劳动不仅要求承认劳动者的劳动权利，还要求理解劳动能力的天然差别，尊重一切职业。那么，脑力劳动和体力劳动孰轻孰重？谁更有价值，谁更体面？我们需要澄清以下两种观点。

1）劳动就是体力劳动

劳动不仅仅是体力劳动。体力劳动在人类生产力比较落后的时期起到了帮助人类认识自然、改造自然的重要作用，这个时期，体力劳动在劳动中所占比重更大，但并不意味着在这一时期劳动没有脑力劳动的成分。改进劳动工具如从石器到铁器、提高劳动能力、扩大劳动对象范围等都是脑力劳动的产物。

在机械高度自动化的今天，体力劳动和脑力劳动的边界越来越模糊。传统的体力劳动如搬运、耕种等，部分被机器取代，劳动者的体力参与大大减少，而对劳动者学习掌握操控机器的技能的要求增加了，脑力劳动的部分不断增多。

认为劳动就是体力劳动，把劳动形式单一化，甚至把脑力劳动与体力劳动割裂并对立起来的观点，显然不客观。抱着这种观点，自然无法理解今天的劳动对人的全面发展所起的独一无二的作用。

2）脑力劳动创造价值更大

长久以来，部分人简单地认为脑力劳动才是"体面劳动"，体力劳动是出卖力气的"非体面劳动"。因此，说到"劳动"这个词，首先浮现在人们脑海的就是体力劳动者的形象，同时伴随着社会身份低、工作环境差、收入低、创造财富的价值小等偏见。无论是中国古代思想家孟子所说的"劳心者治人，劳力者治于人"，还是古希腊思想家柏拉图关于人的"金银铜铁论"，都存在轻视体力劳动者的倾向。

承认脑力劳动的重要性并不意味着脑力劳动就是劳动的最终或最优形态。有人认为脑力劳动就是不出汗、不动手、不使用工具的劳动，本质上不是劳动，只是动动脑筋而已的思维活动。但事实上，手、脑、劳动工具和真实场景都是构成劳动的核心要素。

进入高职院校的部分学生也存在着这样的困惑或尴尬。部分学生没有认清高职院校培养人才的目标和途径，不愿加强动手能力。抱着对脑力劳动和体力劳动的错误认知，部分学生深陷职业的"身份情结"，这将直接影响其之后的就业以及职业发展。

劳动分工和社会分工是人类社会发展进步的结果，社会中出现对劳动和职业的歧视，主要原因在于历史上曾存在过的社会分层以及由此带来的世俗偏见。我们每个人都应该客观认识社会分工和职业分类，树立劳动平等、职业平等以及尊重劳动的观念。

【他说】

如果自身伟大，任何工作你都不会觉得渺小。——乔·麦克唐纳

14.1.3　尊重劳动者

马克思认为，只有作为活劳动的人的体力和脑力的支出才能创造出新价值，所以，"活劳动是创造价值的唯一源泉"，揭示了广大劳动群众在社会生产活动中的重要性。

北大毕业生卖猪肉

第一次世界大战胜利以后，蔡元培先生在胜利大会上的演说里特别提到"劳工神圣"，这里的劳工，不仅仅指工种，也不管用的是体力还是脑力，而是指用自己的劳动力做成有益他人的事业的人。"农是种植的工，商是转运的工，学校职员、著述家、发明家是教育的工，我们都是劳工"，大家要认清楚自己作为劳动者的价值。

社会主义制度是人类迄今为止建立起来的最先进的社会制度，社会主义建立在生产资料公有制的基础之上。在社会主义国家，劳动没有层次和阶级的划分，每一个用劳动创造价值的人都是值得尊重的。例如，作家在笔记本上写下一首满意的诗歌，一个朴实的农民在他耕种的土地上挥洒汗水，工程师在他的电脑中设计出一座城市的概貌，一个基层建筑工人把一块砖扎实地垒上墙壁……

只有劳动才可以把一个人的价值充分发挥出来，每一个劳动成果背后，既有我们"看得见"的劳动者，也有我们"看不见"的劳动者。在当代社会分工体系中，我们每个人既是为他人服务的劳动者，同时也是享受他人劳动成果的消费者。不管时代怎样变化，对劳动者的重视，对工人阶级和广大劳动群众主力

最美劳动者

军作用的尊崇,始终是社会主义国家的社会风尚。

【他说】

我毕生都钟爱脑力劳动和体力劳动,也许甚至说,我更钟爱体力劳动,当在体力劳动内加入任何优异的悟性,即手脑相结合在一起的时候,我就更感觉满意了。

——巴甫洛夫

14.1.4 尊重劳动成果

1)社会进步需要劳动成果

我们从小被教育要珍惜他人的劳动成果,因为我们的祖辈深知劳动成果的积累对于人类社会发展、进步的意义,人类文明的发展无不是前辈用汗水浇灌出来的。"吃水不忘挖井人",我们今天拥有的是几代人筚路蓝缕、拼搏奋斗攒下的成果,没有劳动,所有的创造都是徒有虚名。因此,尊重劳动成果,就要更好地理解我们今天的所有文明。

尊重劳动成果,既要尊重他人的劳动成果,也要懂得珍惜、欣赏自己取得的小成果。"不积跬步,无以至千里",正是每一个人贡献的劳动成果积累起来,从量变到质变,才促成了人类社会的进步。

2)劳动成果形式多种多样

有些劳动成果是显性的,有些劳动成果是隐形的。厨师制作的美食、科学家呕心沥血的发明、家人整理干净的房间都是劳动成果。一个美术、音乐或者文学作品的成型,是艺术家们不知道熬了多少个日夜创造出来的成果,凝聚着他们的功力和才华。任何一个劳动成果都是脑力劳动和体力劳动通力合作的结晶,人们应给予更多的尊重。

2020 年,新冠肺炎疫情在全球蔓延,农业生产活动也受到影响,全球粮食供应日益紧张。2021 年 4 月 29 日,十三届全国人大常委会第二十八次会议表决通过《中华人民共和国反食品浪费法》,防止食品浪费从此有法可依。随着人口规模的扩大和城镇化的推进,未来我国粮食消费依然将保持刚性增长趋势。而中国科学院公布的一项 2013—2015 年的调查结果显示,我国餐饮食物浪费量每年在 1 700 万~1 800 万吨,相当于 3 000 万~5 000 万人一年的口粮。根据《中华人民共和国反食品浪费法》,"光盘行动"的消费者可获奖励,点餐浪费可征收厨余垃圾处理费,商家诱导、误导超量点餐最高罚 1 万元,食品生产经营者严重浪费最高罚 5 万元,制作发布传播暴饮暴食视频节目最高罚 10 万元。我们应厉行节约,反对浪费。米粒虽小,尤见礼义廉耻。

创造性劳动是人类知识的源泉,而知识经济给人类经济社会带来了巨大的变化,推动着劳动生产率在世界范围内持续地大幅度提高,知识经济正在依靠创造性劳动实现社会财富的急剧增长。科学技术、文学艺术的发展主要依靠创造性劳动来推动。我们要注意保护他人的劳动成果,不要侵犯知识产权。

保护知识产权

在法律层面,我国出台了《中华人民共和国专利法》《中华人民共和国著作权法》《中华人民共和国商标法》等来保护人民的知识产权。

【劳动活动单】

一粒米的生长故事

我们吃的大米要经过犁地、育苗、插秧、施肥、打稻、日晒、筛选、舂米(脱壳)8 道程序。水稻从播种到收获需 110~130 天,晚稻需要经历从夏季播种到秋冬季收获的漫长过程。"大暑不割禾,一天少一箩。"大暑时节正是早稻成熟的时候,尽管天气酷热,农民们还是想办法把稻子收回去,争取颗粒归仓。

请你通过调查和实地观察相结合的办法,具体了解这 8 道程序,包括要完成的劳动内容、所花时间、哪一环节比较困难等,然后用文字和图画的形式填在下表中。

犁地	育苗
插秧	施肥
打稻	日晒
筛选	舂米

思考:

1. 调查后,你的感受和发现是什么?

2. 如果有机会,你希望加入其中哪一个环节? 你选择这个环节的原因是什么?

14.2 劳动技能

劳动技能是指运用一定知识和经验顺利完成某种劳动任务的活动方式。只有掌握了相应的劳动技能,价值观与知识层面的内容才能有机地渗透于劳动实践。

劳动技能在本质上是人的劳动能力的体现，它包括人的体力能力、智力能力和心理能力。体力能力表现为外显的肌肉、骨骼的操作动作的娴熟，是其他能力要素形成与发挥的基础；智力能力表现为内隐的认知操作活动，它是劳动技能的核心；心理能力即人的心理特征，对其他技能的形成与发挥起着推动或阻碍的作用。

14.2.1　基本劳动技能

1）生活性劳动技能

生活性劳动技能是人类生存的基本条件，是劳动者应掌握的最基本的能力，是人们从事其他劳动的前提。大学生只有自觉参加生活性劳动，才能感受到生活的美好和生命的意义。因此，大学生首先要关注基本生存技能的培养，从而深化劳动认知、丰富劳动情感。

2）生产性劳动技能

生产性劳动技能是指为创造社会总产品和国民收入而消耗于物质生产领域的社会有益劳动。社会主义社会的每个成员既是生产资料的占有者，又是生产过程的参加者，分别完成各种工作。

教育与生产劳动相结合是马克思劳动教育观的重要内容。马克思曾指出："教育要使儿童和少年了解生产各个过程的基本原理，同时使他们获得运用各种生产的最简单的工具的技能。"生产性劳动技能的提升主要以生产性劳动、服务性劳动为载体，它一般由职业的特点决定，其要求和社会化分工密不可分。

随着科学技术在生产生活中的广泛应用，产品和服务的多样化，社会生产与人工智能的紧密结合，传统的劳动技能已无法适应当前社会的需求，这就决定了劳动者不仅要掌握与职业相关的专业性劳动技能，还要尽可能多地掌握其他专业技能，以适应社会分工和科技发展带来的影响，从容应对职业发展变化和未来的不确定性。近年，随着电商行业突起，不少实体店的运营成本增加；高速收费站的人工收费窗口被 ETC 取代；无人驾驶汽车出现，可能对司机就业造成影响……因此，多专业的生产性劳动技能提升是应对职业发展变化、规避失业风险的现实有效途径。

大学生在学习专业技能的同时，应关注社会发展的需求，注重职业性、实践性与劳动性三者相结合，让自己成为具有正确劳动观念、较强劳动技能的人才。

14.2.2　关键劳动能力

结合知识经济时代的发展要求，考虑到当前劳动所具有的高创新性、知识更新周期短、手段愈发智能化等特性，劳动者除了需要掌握生存技能和某一项专业技能外，还需要具备跨专业、跨职业的综合性关键劳动能力。这个时代尤其需要劳动者掌握一些"元技能"，此种关键劳动能力具有更普遍的应用性和可迁移性，将为劳动者的终身发展打下坚实基础。

1）终身学习能力

第一次工业革命迄今已有200多年，其不仅是一次技术的改革，更是一场深刻的社会变革，人类在前人的经验和智慧的基础上展开学习，实现了阶梯式的发展，持续不断的技术更新推动着人类社会持续发展进步。技术在发展，知识在更迭，未来的企业将采取以劳动者的知识和能力为核心的平台式组织方式。每位劳动者都需要成为终身学习者，即通过持续地学习知识和应用技能来充实自我,实现更好的个人发展,不断提升职业技能和创新能力。先进文化和生产力中最活跃的人的因素一旦结合,劳动力素质就会得到极大提高,劳动对象的广度和深度也会得到极大拓展。

终身学习不仅在于时间上的持续学习,还在于学习习惯、方法上的不断进步。劳动者要把获取的信息应用于生活的实际行动中,不断对其进行检验。在这个过程中将产生独特的个人体验,劳动者可在个人体验的基础上进行深刻的独立思考,这样,最开始获取的信息才能成为劳动者自己的东西,继而不断重复并巩固这个过程,慢慢形成个人的良好学习习惯。

2)时间管理能力

时间作为一种抽象的客观存在,是一种特殊的资源。我们虽然不能创造时间,但可以创造性地使用时间,使时间价值最大化。改掉无效的工作、学习习惯,提高时间的使用效率,继而提高劳动效率。

当下,社会发展加速,事物发展变化几倍于过往,许多知识以"快餐文化""碎片化知识"的形态呈现,人与人之间的区别更多体现在对时间的把握和管理上。可以通过"时间管理矩阵"帮助我们理清时间的用度。

时间管理里很重要的一点是先做最重要的事情。我们基于时间对事情的分类无外乎以下4种。紧迫的事情不一定重要,因为重要的事情是更能实现个人价值的。个人如果过分关注紧迫而重要的事务,它波及的范围就会越来越大,最终占据大部分的时间和精力;如果把更多的时间用在不重要的事务中,个人慢慢地将无法把握生活的重点,这是对生活不负责任的做法。只有在重要且不紧迫的事务中我们才能体会到知行合一,才能真正事半功倍。这在时间管理中被称为"帕累托原则",即以20%的活动取得80%的效果。

	紧迫	不紧迫
重要	危机 迫切问题 在限定时间内必须完成的任务	预防性措施 建立关系 明确新的发展机会 制订计划和休闲娱乐
不重要	接待访客、电话 某些信件、报告 某些会议 迫切需要解决的事务 公共活动	琐碎、忙碌的工作 某些信件 某些电话 消磨时间的活动 令人愉快的活动

【劳动认知单】

4F 学习法

我们如何通过信息或知识进行思考,最终提升能力呢?不妨试试4F学习法。"4F"是指事实(Fact)、感受(Feeling)、发现(Finding)、未来(Future)。对任何一件事情,我们都可以从这4个角度来思考。

4F 学习法	提示	结合你对时间管理的学习，尝试用 4F 学习法做整理
事实（Fact）	看到什么，听到什么，发生了什么	
感受（Feeling）	有什么样的情绪和感受	
发现（Finding）	总结这个过程中你的启发和感悟	
未来（Future）	计划如何将今天学到的知识运用到未来的工作和学习中	

3）沟通交流能力

每个人都身处社会关系中，如马克思所说，人是一切社会关系的总和。沟通能力是一个人生存与发展的必备能力，也是一个人成功的必要条件。

听、说、读、写是四种最基本的沟通方式，也是每个人最基本的生活技能。听懂他人说的话，是真实的人际交流的起点，能有效提高沟通效率。它既能帮助我们听懂他人的需要，从而连接起人与人之间的情感，也能帮助我们感知到与他人的交集，满足社交需要。因此，沟通的首要目标是倾听并理解他人，这样才能在认清他人的基础上，诚实地去表达自我。要时刻牢记沟通并不是去指责、批评对方或被对方批评、指责。在有效沟通中，我们能更好地感受到被理解和支持，也更愿意关心和帮助他人。

4）团队合作能力

人类依靠合作，相比其他物种更好地生存了下来，合作从某种意义上来说是人类生存的一种劳动本能。设想一下，原始人在面对体格远大于自己的猛兽时，以一个更大的团队来集体作战远比单打独斗更容易获胜。狩猎中的合作和食物分享让人类群体越发壮大，个体的不断优化保证了优秀基因遗传下来。人类在合作中受益，这种相互促进的劳动过程促使人类进化，也推动着人类社会不断前进。

今天，对于我们来说，合作最重要的前提是尊重彼此的差异，尊重个体差异就是要理解每个人眼中所见到的世界是不同的。正如莎士比亚所说，"一千个人眼中就有一千个哈姆雷特"。世界上没有两片完全相同的树叶，如果能在与他人合作的过程中看到对方的优点，重视不同的意见，乐于汲取以往并未触碰过的知识见解，那么合作的基础就会更广泛，更能在此过程中达成彼此提升的目标。

14.3　创新性劳动

劳动者在实践中不断积累对世界的认识并形成客观规律,再把客观规律运用于实践,如此往复,创新性劳动能力开始生成并发展。创新性劳动是指通过知识与技能的学习,在各类劳动实践活动中所形成的劳动创新思维以及在以往劳动基础之上继承创造的能力。创新性劳动一开始表现在劳动工具的使用上,后来则表现在技术、服务、管理等要素上,并不断延伸到社会生活的各个领域中,推动社会和历史的进步。如对传统劳动工具的改造、对劳动步骤的改进,对劳动效率的优化思考等,都是创新思维、创造能力的体现。当今世界,科技发展日新月异,特别是互联网和人工智能的出现,不断冲击传统劳动范式,使既有的劳动形态、劳动关系发生转变。但无论如何变化,创新性劳动始终是推动社会发展的第一动力。

14.3.1　创新性劳动的特征

1)不可预测性

创新性劳动的产生和发展是客观趋势,是不以人的意志为转移的,创新性劳动诞生于长期、大量的积累和沉淀,它必须在现有知识的基础上完成突变,具有不可预测性,不能简单用多少重复性劳动可以创造出多少创新性劳动这样的公式来表达。

2)新颖性

新颖性是指创新性劳动的不可重复性,第二次的劳动已经不是创造性劳动了。创新性劳动产品(包括知识与技术)在过去从来没有被公开使用过或者以其他方式为公众所知。

3)先进性

人类社会出现了以信息革命为代表的第三次工业革命和以经济全球化为代表的世界经济运行,使人类社会出现了许多新情况和新问题。其中人工智能的出现必然带来创新性劳动的大发展。创新性劳动在人类劳动中所占比重迅速增加,成为社会经济增长最重要的来源。同时,创新性劳动创造的机械自动化逐步以更高的生产力替代部分人类的重复劳动,把部分劳动者从繁重和重复的体力劳动中解放出来,缩短了必要劳动时间,给劳动者以更多的闲暇,从而为人以主观能动性改造客观世界提供了更多可能。

14.3.2　创新性劳动能力的培养

创新性劳动能力的培养重点在于创造力的培养。亚里士多德曾将创造定义为"产生前所未有的事物",这一定义不仅包括了物质世界,也涵盖了精神领域。根据一些创造力研究专家对创造力的种种定义,我们认为创造力是指人通过一定的智力活动,在现有知识和经验的基础上,通过重组、加工等方式在头脑中形成新产品的形象后,再通过一定的行动使之成为新产品的能力。创造力不等同于智力,它固然需要理解力、观察力和记忆力,但更多地需要想象力和思考力,特别是想象力,丰富的想象是创造的基础。创造力也不等同于知识,创造力以知识为基础,没有超越知识的创造力,丰富的知识是创造的重要条件,但知识本身不能直接产生创造。美国心理学家斯腾伯格认为,创造力包括创造性智力、分析性智力和实践性智力,同时他认为有创造力的人还有一些共同的人格特质,如对含糊的容忍、适度的冒险精神、愿意克服障碍的驱动力。因此,我们可以看出创造力由四个要素构成:一是对知识的吸收整合能力；二是以创造性思维为核心的智力因素；三是与个性品质、相关的非智力因素，如创造意识、创造精神等；四是实践动手的能力。

人的能力有先天遗传和后天培养两种获取途径，每个人的创造力起初有大小之分，但这种能力可以通过后天教育、练习和激励逐渐培养、提高。当今时代，知识更新换代加快，新技术、新模式、新业态层出不穷，这就对大学生的创新创造能力提出了新的要求。培养创新性劳动能力要做到以下几方面。

1）构建完整的知识体系

要具有能产生新思想的创新能力就必须具有一定的知识储备。知识是具有创新性劳动能力的基础，创新性劳动必须建立在一定的知识、技术之上。知识是人类思维的原材料，是人类进步的阶梯。基础知识、专业基础知识和专业技能知识是构成大学生知识结构基本框架的不可或缺、相互支撑的三类知识。完成创新性劳动不仅需要掌握一定的专业技能知识，其他方面的基础知识和专业基础知识同样发挥着重要作用，合理、完整的知识体系是完成创新性劳动的坚实基础。

随着科学技术的快速发展，以互联网、大数据、云计算、人工智能、区块链、物联网等为代表的新知识、新技术、新工艺、新方法不断涌现，使劳动者的工作环境和工作方式发生了巨大变化。生产、管理、研发、销售等不同工作岗位对劳动者素质和技能水平的要求不断提高，越来越多的重复性熟练工作岗位将被智能机器取代，劳动者的人机交互能力、灵活处理各种实际问题的能力以及创新创造能力越来越重要。因此，大学生要紧跟科技发展、劳动形态的新变化，不断扩充和完善自身知识体系和结构，不断提升创新性劳动能力。

2）培养创造性思维

创造力和创造性思维的关系紧密，创造性思维是创新能力的核心因素。创造性思维就是人类以感知、记忆、思考、联想、理解等为基础，以探索性、求新性和综合性为特征，对头脑中的知识、信息进行新的思维加工组合。它往往表现为发明新技术、形成新观念、提出新方案和决策、创建新理论等。

创新能力的关键是创造性思维，创造性思维是人们进行创新活动的基础和前提，一切需要创新的活动都离不开创造性思维。几乎所有智力正常的人都有创造性思维，只是部分人的创造性思维处于未觉醒状态，要唤醒它，就需要进行创新思维训练。

（1）创造性思维的特点

①流畅性。流畅性是创造性思维对外界刺激做出反应的能力，要求思维活动畅通无阻、灵敏迅速，能在短时间内表达较多概念。

②变通性。思维的变通性又称灵活性，是指思路开阔，善于根据时间、地点、条件等的变化迅速灵活地从一个思路跳到另一个思路，从多角度解决问题。思维的变通性是以流畅性为前提的，比如在一分钟内说出牙签的用途，这不仅要求思维流畅，还需要转换思维，跳出牙签的常规用途来思考。从创新的角度而言，变通是关键。

据说，埃及人想知道金字塔的高度，但由于金字塔又高又陡，测量困难，为此他们向古希腊著名哲学家泰勒斯求教，泰勒斯愉快地答应了。他让助手垂直立下一根标杆，不断地测量标杆影子的长度。开始时,影子很长很长,随着太阳渐渐升高,影子的长度越来越短,终于与标杆的长度相等了。泰勒斯急忙让助手测出金字塔影子的高度,然后告诉在场的人,这就是金字塔的高度。这就是变通性的典型例子。

③独特性。思维的独特性是指"看到与别人一样的东西,却能想出不同的事物"。思维的独特性是以独立思考、大胆怀疑,不盲从、不迷信权威为前提的,能超越固定的、习惯的认知方式,以前所未有的新角度、新视点去认识事物,提出不为一般人所有的、超乎寻常的新观念。思维的独特性是流畅性和变通性的归宿,是创造性思维的最高层次。

【案例链接】   圆珠笔漏油问题的解决

世界上第一支圆珠笔是 1938 年由匈牙利人拉奥丁・拜罗发明的。圆珠笔专利采用的是活塞式笔芯。当时的圆珠笔很粗,像个活塞。圆珠笔使用到一定程度时,油墨经常外漏,此时的圆珠笔就会被消费者丢弃。我们可以从以下两种方式来思考解决问题的方法。

第一种方式是从圆珠笔漏油这个点来寻找答案,也就是通过常规的思维方式来解决漏油的问题。由于滚珠不耐磨,在圆珠笔使用一定时间之后,滚珠会变小,油墨就从笔头的缝隙漏出。针对这种情况,可以改进对滚珠的耐磨设计,有人建议用耐磨性较好的宝石、不锈钢做滚珠材料,这种方式的运用结果不令人满意。因为这种方式涉及的工艺复杂和产品成本高,而且漏油问题依然存在。

第二种方式是从控制油量的角度来寻找解决问题的方法。这种方法是日本发明家东田腾三郎想到的。东田腾三郎变换了思路,他发现圆珠笔一般写到两万个字左右就开始漏油,于是他从控制圆珠笔的油量这个方向来解决漏油问题——当圆珠笔写到 1.5 万个字左右时,油墨刚好用完,此时换上新的笔芯,就可以达到防止漏油的目的了。

(2)创造性思维的培养

影响创造性思维的因素很多,但创造性思维的内在要素就是知识、逻辑思维能力和非逻辑思维能力。逻辑思维和非逻辑思维是性质、特点、作用完全不同的两种思维方法,在常规思考或创新思考的过程中,两者往往交替使用,但在思考的不同阶段,它们所起的作用有主与次的区别。一般来说,逻辑思维讲究准确性、严密性和条理性,是我们解决日常工作、学习和生活中绝大多数问题时必须运用的。当我们面对纷繁复杂、千头万绪的事物束手无策时,逻辑思维的优势就凸显出来,它可以帮助我们理清思路,找到解决问题的方法,是一种常规思维方法。而非逻辑思维则讲究流畅性、灵活性和独特性,是一种长期为大家所忽略的思维方法。当我们面对富有挑战性的难题,运用步步推进的逻辑思维难以解决时,使用灵感思维、直觉思维,以及联想、想象等具有跳跃性的非逻辑思维往往能找到新途径,想出新点子。因此,培养非逻辑思维能力也就成了培养创造性思维的难点和关键。

①培养非逻辑思维。根据创造性思维的特点,思考问题时,不能仅仅从一个维度出发,可以试着从正向、逆向、侧向、聚合等角度,通过归纳推理、演绎推理、类比推理等方法全面综合考虑。

②克服思维障碍。每个人都有一套习以为常、固定的思维习惯和方式,但有些常规化的

思维方式反而会阻碍创造性的发挥。新的问题需要新的创意来解决，因此在创造性思维的培养中，需要突破常规思维的限制，大胆设想。常见思维障碍如功能固着效应（指人们把某种功能赋予某种物体的倾向，认定原有行为后就不会再考虑其他方面的作用）、心理定势（指先前的活动形成的一种对活动的特殊心理准备状态或倾向性。在环境不变的条件下，定势使人能够应用已掌握的方法迅速解决问题；而在情境发生变化时，则会妨碍人采用新方法。）要打破思维障碍，就要有所突破，可长期进行思维训练，打破思维上的僵化，如思考一根火柴可以有哪些用途，可以在尽可能短的时间内力争说出更多的可能性。

3）培养创新性解决问题的动手能力

劳动的复杂程度不直接等同于劳动的创造性，有些劳动的创造性是随着工作时间的延长而增加的，没有大量的学习积累和实践体验，仅靠灵光一现是不可能实现创新的。从生手到熟手，从助教到教授，从实习医师到主治医师，这中间需要大量的学习和经验积累，而这种经验感官的提升带来的劳动创造性的提高，是工作过程中的一种副产品。劳动实践是深化课堂教学的重要环节，是大学生获取、掌握知识的重要途径。大学生要通过实验、实习、实训等实践教学提高动手能力，在做中学、做中思、做中行，才能真正切身体会"纸上得来终觉浅，绝知此事要躬行"，才能不断提高运用专业知识和技能解决实际问题的能力和创造性解决问题的能力，真正实现理论与实践相统一，为日后走向职场奠定基础。

【劳动活动单】

创造性思维咖啡店

活动要求：全体学生分为3组，每组推荐1名咖啡店店长。咖啡店店长的工作职责是管理咖啡店，每个咖啡店里都有3个未解难题。在规定时间内，3组学生应依次逛完3个咖啡店，每到一个店，需要集体讨论如何解决该咖啡店提出的问题，由固守在店里的店长负责记录答案。3组学生在解答完每家咖啡店提出的问题后，返回自己的店（即最初出发的咖啡店），浏览其他成员对问题的解决方案，3名店长依次介绍自己咖啡店所提问题的所有解决方案，并分享小组感受。

问题如下（可打乱分为3组问题）：

a. 写出一根包装绳和一个玻璃瓶的10种再利用方法。

b. 假如世界上没有房子、没有钢铁，会怎么样？

c. 设计一块不戴在手腕上的表。如果表的佩戴位置改变，会有哪些可能性呢？是否会因此具备哪些新的功能？

d. 笔应该是什么样的？设计一种具有新功能的或者新样式的笔。

e. 分蛋糕：一天一家蛋糕店接到了一位习钻顾客的订单。顾客的要求如下：定做9块蛋糕，分4个盒子装，每个盒子至少要装3块蛋糕。如果你是蛋糕店员工，你会怎么做？

f. 怎样减轻城市用电问题？怎样改善城市交通状况？

g. 苍蝇是细菌的传播者，通常是令人厌烦的，但苍蝇身上有哪些地方值得我们研究呢？

h. 你的冰箱不知道什么原因开始发热，你怀疑在关上冰箱门时，冰箱里面的灯不会灭，你会如何验证你的猜测?

i.女士有多种颜色的口红,有危机感的生产商如何做,才能确保女性会买他的工厂生产的所有颜色的口红呢?

专题十五　劳动与职业生涯规划

【专题学习目标】

①理解劳动分工与职业分类的关系,认识职业分类标准和新职业。

②了解职业生涯规划的概念,掌握职业生涯规划的方法。

【专题引入】

大工业的本性决定了劳动的变换、职能的更动和工人的全面流动性……承认劳动的变化,从而承认工人尽可能多方面的发展是社会生产的普遍规律,并且使各种关系适应于这个规律的正常实现。

——《马克思恩格斯全集》

15.1　认识职业

【想一想】思考以下几个问题：

a.你喜欢做什么职业?

b.你想过怎样的生活?

c.你能做什么样的工作?

d.你喜欢的工作环境是怎么样的?

15.1.1　职业的内涵

自人类社会伊始,劳动就有了分工,随着人类社会不断发展,劳动的社会分工不断细化,一些稳定和成熟的劳动形态形成了职业,社会分工的发展决定了职业的发展。职业是指人们为满足自身物质生活和精神需求,根据社会分工所从事的具有专门业务和特定职责的、利用知识和技能持续进行的社会工作。职业是劳动形态最直观形象的表征。伴随着人类历史的变迁,职业也不断地发生着变化。科学技术是第一发展力,科学技术的发展加速了职业的新旧更替。借由生产力的解放、生产工具的改进和生产的社会化,社会分工越来越精细,专业化程度越来越高,体力劳动和脑力劳动的领域都扩大了,因此职业的弹性范围更大了,自由职业、电竞职业选手等过去没有的职业,也出现在我们的视野里。今后,根据社会产业结构调整和社会分工不断深化,更多符合社会需要的新职业必然会不断呈现,未来职业岗位会更多地朝着智能化、跨专业、复合型的方向发展。

【他说】

士农工商四民者,国之石民也。

——《管子》

15.1.2　职业的特征

（1）经济性

经济性是指劳动者在职业活动中可获得现金或实物等报酬。职业具有经济性,是个人和社会存在和发展的基础,职业活动既能满足职业者的需要,又能满足社会的需要。

（2）社会性

职业的本质是人类在劳动过程中的分工现象,体现的是劳动者之间的关系,因此是一种劳动者与其他社会成员相互关联、相互服务的社会活动。

（3）技术性

每一种职业往往都表现出相应的技术要求,职业岗位有相应的职责要求与任职资格要求。

（4）时代性

每一种职业都诞生于特定的历史时期内,反映了那个时期的科学技术的变化,因此职业必然带有时代烙印。

（5）规范性

任何职业都有职业规范和标准,同时还要符合职业道德规范。

15.1.3　职业分类

我国职业分类由来已久,《考工记》中记载有"百工",其所记工艺分6类30个工种,"凡攻木之工七,攻金之工六,攻皮之工五,设色之工五,刮摩之工五,搏埴之工二"。1999年,我国第一版《中华人民共和国职业分类大典》颁布,颁布之初共有1 838个职业,之后历经2015年、2022年7月两次修订。2022年新版大典里的职业包括大类8个、中类79个、小类449个、细类(职业)1 636个,与2015年版大典相比,增加了法律事务及辅助人员等4个中类,数字技术工程技术人员等15个小类。2022年6月,人力资源和社会保障部向社会公示了"城市轨道交通检修工""建筑节能减排咨询师""民宿管家""农业数字化技术员""家庭教育指导师""研学旅行指导师""机器人工程技术人员"等18个新职业。我国新职业发布数量之多、密度之大是从来没有过的。这些新职业一是反映出当前数字经济发展的需要,二是顺应了"碳达峰、碳中和"的趋势,三是为满足人民美好生活的需要。

回望我国职业发展变迁,每次职业更替无不与社会发展密切相关。新职业从无到有、从少到多,不断推动时代变迁和社会进步,并呈现出向新兴产业和服务业集中的趋势。新职业的涌现推动着新经济、新业态发展,也是新就业形态发展的表现。

2022 年新增的 18 个新职业

序号	职业名称	定义
①	机器人工程技术人员	从事机器人结构、控制、感知技术和集成机器人系统及产品研究、设计的工程技术人员
②	增材制造工程技术人员	从事增材制造技术、装备、产品研发、设计并指导应用的工程技术人员
③	数据安全工程技术人员	从事数据安全需求分析挖掘、技术方案设计、项目实施、运营管理等工作的工程技术人员
④	退役军人事务员	在退役军人服务中心(站)从事退役军人政策咨询、信访接待、权益保障、安置服务、就业创业扶持等事务办理的人员
⑤	数字化解决方案设计师	从事产业数字化需求分析与挖掘、数字化解决方案制订、项目实施与运营技术支撑等工作的人员
⑥	数据库运行管理员	对系统所使用的数据库进行维护及管理等的人员
⑦	信息系统适配验证师	从事信息系统基础环境、终端、安全体系、业务系统的适配、测试、调优、数据迁移、维护等工作的人员
⑧	数字孪生应用技术员	使用仿真技术工具和数字孪生平台,构建、运行维护数字孪生体,监控、预测并优化实体系统运行状态的人员
⑨	商务数据分析师	从事商务行为相关数据采集、清洗、挖掘、分析,发现问题、研判规律,形成数据分析报告并指导他人应用的人员
⑩	碳汇计量评估师	运用碳计量方法学,从事森林、草原等生态系统碳汇计量、审核、评估的人员
⑪	建筑节能减排咨询师	应用节能减排技术,从事建筑及其环境、附属设备测评、调适、改造、运维等工作的咨询服务人员
⑫	综合能源服务员	从事客户用能情况诊断、综合能源方案策划,并组织实施和运维管理的人员
⑬	家庭教育指导师	从事家庭教育知识传授、家庭教育指导咨询、家庭教育活动组织等的人员
⑭	研学旅行指导师	策划、制订、实施研学旅行方案,组织、指导开展研学体验活动的人员
⑮	民宿管家	提供客户住宿、餐饮以及当地自然环境、文化与生活方式体验等定制化服务的人员
⑯	农业数字化技术员	从事农业生产、农村生活数字化技术应用、推广和服务活动的人员

续表

序号	职业名称	定义
⑰	煤提质工	以煤为原料,操作干燥窑、热解窑、提质煤冷却器、急冷塔等设备,提高煤品质的生产人员
⑱	城市轨道交通检修工	使用制动测试台、车轮轮缘尺、红外热像仪、扭矩扳手、液压起道器等检测设备和维护工器具,检修及维护保养城市轨道交通设备和设施的人员

【他说】

凡人之职业本无高下贵贱之别,高下贵贱,在人之品格,而于职业无关也。

——蔡元培

劳动者的平凡之美

【劳动认知单】

职业大猜想

活动要求:4 人一组,每组一份套表。对表格内容,小组成员先讨论后再填入。

1. 讨论给出的 3 个职业名称,再填入相应内容。

职业名称	未来20年是否会消失	若未消失,这个职业会演变成什么样	演变后,这个职业需要增加的知识或技能
农民			
教师			
护士			

2. 写下 3 个你认为在未来20 年会消失的职业并讨论,再填入相应内容。

职业名称	所需的知识和能力	这些职业的共性	我的启发及相应的准备

3. 写下 3 个你认为在未来 20 年会兴起的职业并讨论,再填入相应内容。

职业名称	所需的知识和能力	这些职业的共性	我的启发及相应的准备

15.2 职业生涯规划

每个人的职业劳动时间占据了一生的大部分时间。一方面,劳动者通过工作获得劳动报酬,在维持正常生活的基础上不断自我突破,实现人生价值;另一方面,劳动者在工作中实现社会参与,工作是个人与群体交流合作的重要途径。在社会主义社会,衡量一个人的人生价值,无法脱离其工作,工作就是劳动付出。习近平强调,"劳动是推动人类社会进步的根本力量"。一个人付出的劳动越多,贡献越大,就越好地实现了自我价值。

因此,理想的职业生涯有助于个人实现美好的人生。大学生在校园里学习知识和技能,既是为了提升个人综合素质,又是为未来职业选择和发展做准备。学习职业生涯规划,确定个人职业目标并进行适当的生涯规划,对于个人实现职业理想和人生理想都非常重要。

【他说】

职业对人的存在极其重要,人人都要有正当职业,人人都要不断地劳作。

——梁启超

15.2.1 了解职业生涯

美国职业生涯规划专家舒伯认为生涯是"生活中各种事件的演进方向和历程,包括人一生中的各种职业和生活角色,以及由此表现出的个人独特的自我发展类型",职业生涯是指职业、职业变动及工作理想实现的整个过程。因此,生涯发展是人一生的发展过程,由于职业占据大部分时间,所以职业生涯是生涯的重要组成部分。

舒伯的生涯发展理论将生涯分为五个主要阶段,分别是成长阶段(0~14岁)、探索阶段(15~24岁)、建立阶段(25~44岁)、维持阶段(45~64岁)、衰退阶段(65岁之后)。大学生正处于生涯发展的探索阶段,是一个重要的基础阶段,需要通过学校学习、休闲活动和短期工作,进行自我探索、角色确认和职业探索。因此,大学时期是从学习过渡到职业的重要探索期,大学生应把握这个黄金期,全面认识、了解自我,找到适合自己的定位,做好职业生涯规划。

15.2.2 职业生涯规划

职业生涯规划是个体在了解和探索外部环境和社会发展需要的基础上，在考虑个人的兴趣、能力、性格、气质、价值观以及阻力、助力的同时，尽可能地规划未来职业生涯发展历程，做出适合自己的规划的过程。职业生涯规划是一个动态的过程，在这个过程中个人要不断认识自我，澄清自己的能力、偏好以及对工作类型的倾向，同时要投身于社会实践，清楚外在社会的需要和职业的发展变化趋势，不断匹配二者。可参考以下流程，学习和掌握一些职业决策方面的理论和方法，有助于大学生提升职业生涯规划能力。

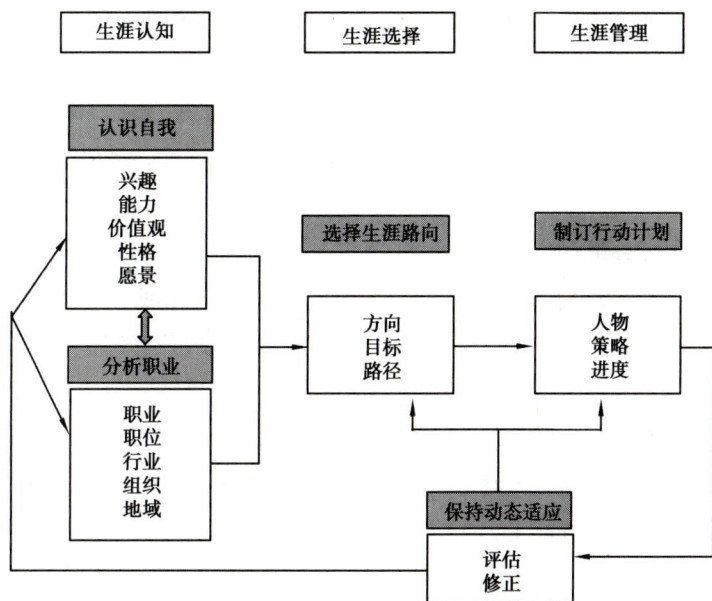

职业生涯规划流程示意图

1）霍兰德职业兴趣理论

霍兰德职业兴趣理论是美国著名职业指导专家约翰·霍兰德提出的。霍兰德认为，在同等条件下，人和坏境的适配性或一致性将增加个人的工作满意度、职业稳定性和职业成就感。人的人格类型、兴趣与职业密切相关，兴趣是人活动的巨大动力。凡是个人具有职业兴趣的职业，都可以提高个人的积极性，促使个人积极、愉快地从事该职业，且职业兴趣与人格类型之间存在很高的相关性。经过多年发展，职业兴趣测验已在教育、培训、企业管理等领域得到越来越多的应用。霍兰德职业兴趣理论是最具影响力的职业发展理论和职业分类体系。

霍兰德认为人格可分为现实型、研究型、艺术型、社会型、企业型和常规型六种类型。六种类型的人格分别适合不同的职业。

【劳动认知单】

探索兴趣岛

假如你获得了一次免费旅行的机会,下面6个岛屿中你会选择去哪一个度假呢(要求必须在选择的岛屿上至少待6个月)？请你根据兴趣按照先后顺序,挑选自己最想前往的3个岛屿。

A岛:美丽浪漫的岛屿

岛上布满了美术馆、音乐厅,弥漫着浓厚的艺术文化气息。同时,当地的原住民还保留了传统的舞蹈、音乐与绘画兴趣,许多文艺界的朋友都喜欢来这里找寻灵感。

I岛:深思冥想的岛屿

岛上人迹较少,建筑物多为僻处一隅,平畴绿野,适合夜观星象。岛上有多处科技博物馆、科学图书馆等。岛上居民喜好沉思、追求真知,喜欢和来自各地的哲学家、科学家、心理学家等交换心得。

R岛:自然原始的岛屿

岛上保留了热带的原始植物,自然生态保持得很好,也有相当规模的动物园(包括水族馆)、植物园。岛上居民以手工见长,自己种植鲜花、水果、蔬菜、修缮房屋、打造器物、制作工具。

C岛:现代有序的岛屿

岛上建筑十分现代化,是进步的都市形态,以完善的户政管理、地政管理、金融管理体系见长。岛上居民大多冷静保守,处事有条不紊,善于组织规划。

E岛:显赫富庶的岛屿

岛上的居民热情豪爽,善于企业经营和贸易。岛上经济高度发展,处处是高级饭店、俱乐部、高尔夫球场。往来岛上者多是企业家、经理人、政治家、律师等。

S岛:温暖友善的岛屿

岛上社区自成密切互动的服务网络,居民个性温和、友善、乐于助人,多互助合作;重视教育,弦歌不辍,充满人文气息。

你最想去的3个岛屿:_____、_____、_____。

2)彼得森的认知信息加工理论

20世纪90年代,美国佛罗里达州州立大学的彼得森、桑普森和里尔登等人提出了一种新的思考职业生涯发展过程的模型——认知信息加工理论,这个模型对生涯规划的步骤进行了明确阐述。

认知信息加工理论认为,生涯发展是关于一个人如何做出生涯决策以及在生涯决策过程中如何使用信息的。生涯决策需要动机,依赖于我们想什么、如何想。因此,个人通过改进认知信息加工技能,可以提高生涯管理的能力。

金字塔模型构成认知信息加工理论的基本框架。该模型共分为三层。最底层为知识领域,包括自我知识和职业知识两部分。中间层为决策技能领域,即生涯决策CASVE循环层,

参考答案

指整合知识做出适合自己的决定的能力。最高层为执行加工领域，是对自己在做什么进行反思，检验并调整自己的决策，这是一种重要的技能——元认知技能。

其中，生涯决策的 CASVE 循环由沟通（Communication）、分析（Analysis）、综合（Synthesis）、评估（Valuing）和执行（Execution）五个程序构成，缩写为 CASVE。因此，生涯决策的步骤如下：

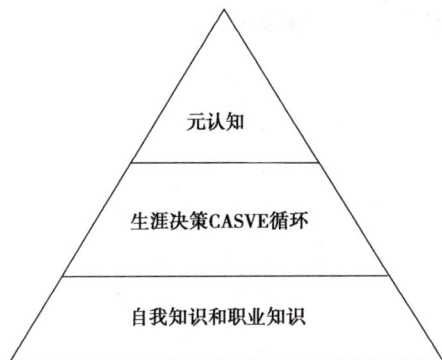

认知信息加工理论的金字塔模型

①沟通。个体通过沟通搜集到的各种信息来确认自己的真正需要，意识到有做出职业选择的需要，这是生涯决策的第一步。如接收到就业情况不理想的信息。

②分析。对所有信息进行分析，对现状进行评估。分析的目的在于避免决策时冲动、盲目行动。

③综合。把所有信息放到一起进行综合考虑，确定最符合自己实际情况的行动方案。

④评估。从可行性和满意度两个方面评估目前所有行动的方案，并做出最终选择。

⑤执行。这是 CASVE 循环的最后一步，根据行动方案主动实施并根据现实反馈，重新评估和调整方案。

决策是一个循环过程，在行动之后，还需要对结果进行评估，特别是当情况发生变化或者方案并不适合自己时，就需要重新启动整个规划过程。

3）基于自我认识进行职业探索

【想一想】选择一份职业时，你更倾向以下哪一项？

a. 报酬丰厚；

b. 舒适的工作环境；

c. 有成长的空间；

d. 同事领导相处融洽；

e. 工作不要太累；

f. 其他。

每一份职业都有其要求的专业技能和职业特性，做到"人""职"匹配的前提不仅是要对职业有充分认识，更重要的是对自己有清晰的认识。我们可以利用以下 3 个系统来探索自我和职业的关系。

（1）职业导向系统

职业导向系统包括职业价值观和职业伦理。价值观引导人们去选择他认为更有价值的职业，接受职业的价值，建立职业角色，努力获得最终的成功。职业价值观和职业伦理受到外部和内部多种因素的影响。外部因素有社会发展变化带来的利益观念、竞争意识等，学校的教育培养内容和环境、家庭的成长背景及家庭成员的职业选择等；内部因素有个人的健康状况、性别、兴趣、性格、能力等的影响。

（2）职业动力系统

职业动力系统包括需要、动机、兴趣和理想。其中兴趣是核心，这些要素推动人们在职业中克服困难，实现职业目标。职业兴趣表现为从事相关工作的愿望和动力。拥有职业兴趣将增加个人的工作满意度、职业稳定性和职业成就感。但职业兴趣并不是职业生涯规划的唯一依据，不能简单地把感兴趣的东西视作自己的职业兴趣。兴趣需要结合具体工作的内容和职责，才成为真正的职业兴趣。同时要明确，并不是自己感兴趣的工作就一定轻松愉快，对工作感兴趣只是开了一个好头，后续需要长期的认真对待、努力付出。

（3）职业功能系统

职业功能系统包括气质、性格和能力。这些成分保证人们能胜任特定的职业，其中性格是基础，能力是保证。性格直接影响个人和岗位的适配性。相符的职业性格有助于个人在工作中更好地展现自我，但这并不绝对，性格是一种习惯化的行为结果，一个沉默寡言的人似乎不适合成为演说家，但其若努力训练，仍有着无限可能。

【拓展阅读】　　　　　　　　　　多元智能理论

美国心理学家加德纳提出多元智能理论，他认为过去对智力的定义过于狭窄，不能全面反映一个人的能力。他提出人类的智能至少可以分成 8 种：语言智能、数理逻辑智能、空间智能、身体-运动智能、音乐智能、自然探索智能、人际智能和内省智能。

（1）语言智能。能有效地运用听说读写的能力；能够顺利而高效地利用语言描述事件、表达思想并与人交流。

（2）数理逻辑智能。善于靠推理来进行思考；喜欢提出问题并执行实验以寻求答案；乐于寻找事物的规律及逻辑顺序。

（3）空间智能。对色彩、线条、形状、形式、空间及它们之间关系的敏感性很高；感受、辨别、记忆、改变物体的空间关系并借此表达思想和情感的能力比较强。

（4）身体-运动智能。善于运用整个身体来表达想法和感觉；善于运用双手灵巧地生产或改造事物。

（5）音乐智能。个人对音乐节奏、音调、音色和旋律很敏感；具有通过作曲、演奏和歌唱等表现音乐的能力。

（6）自然探索智能。认识植物、动物和其他自然环境的能力比较强；在生物科学上的表现较为突出。

（7）人际智能。能够有效地理解别人及与其的关系；与人交往的能力比较强，包括组织能力、协商能力、分析能力等。

（8）内省智能。认识自己的能力比较强，能正确把握自己的长处和短处，了解自己的情绪、意向、动机、欲望，对自己的生活有规划。

【辨一辩】如果在工作中，你遇到自己不愿意做却不得不做的事，你会
怎么办？

参考答案

【劳动活动单】

未来职业画像

画像是一种把事物的鲜明特征呈现出来的方式。请你在了解自我和澄清职业内容的基础上，大胆推理和想象，完成自己的职业画像，明晰自己未来的职业状况。

活动方式：4人一组，每人仔细思考后完成表格内容，完成后向其他三人展示和介绍，其他三人可以提问或补充，本人再整理到表格中，不断完善表格。

未来我的职业（现有的或未来的）	
与目前专业的匹配度 （用百分比表示，再写下差异之处）	
我的职业兴趣	
我的职业期待	
家庭成员及其职业	
这份职业的工作职责	
这份职业的工作内容	
这份职业的工作环境	
这份职业的发展前景	
目前的挑战 （达到职业需求所需要的知识、技能和经验）	

总之，大学生职业生涯规划是一个持续的动态过程，有效的职业生涯规划需要不断修正自己的职业生涯目标，因此要以发展性的原则来看待职业生涯规划，在不断探索、不断进取中实现自己的人生价值和社会价值。

思考题：

1. 你希望从事的职业需要具备哪些劳动技能？你计划如何获得呢？

2. 不同职业之间是否有高低之分？我们应如何对待？

3. 创新性劳动在当前社会发展中的意义是什么？

4. 梳理你自己的劳动知识和劳动技能，看看自己的优势和欠缺之处是什么。

推荐资源：

1. 书籍：涂尔干；《社会分工论》；渠东，译；生活·读书·新知三联书店，2000 年。

2. 书籍：施瓦布；《第四次工业革命》；李菁，译；中信出版社，2016 年。

3. 书籍：鲍利斯；《你的降落伞是什么颜色?》；李春雨，王鹏程，陈雁，译；中国友谊出版公司，2018 年。

4. 纪录片：《创新中国》，讲述了我国最新科技成就和创新精神，用鲜活的故事记录我国伟大的创新实践。

主要参考文献

[1] 檀传宝.劳动教育论要:现实畸变与起点回归[M].北京:北京师范大学出版社,2020.
[2] 徐国庆.劳动教育[M].北京:高等教育出版社,2020.
[3] 刘向兵.劳动通论[M].北京:高等教育出版社,2020.
[4] 何卫华,林峰.大学生劳动教育理论与实践教程[M].厦门:厦门大学出版社,2019.
[5] B.A.霍姆林斯基.给教师的建议[M].周蕖,王义高,刘启娴,等译.武汉:长江文艺出版社,2014.
[6] 班建武,曾妮.大学生劳动教育[M].北京:人民邮电出版社,2021.
[7] 陈国维.大学生劳动教育[M].北京:高等教育出版社,2020.
[8] 陈秋明.大学生志愿服务理论与实践[M].北京:商务印书馆,2018.
[9] 杨冬梅,赵健杰.劳模学概论[M].北京:人民出版社,2020.
[10] 梁思成,著.林洙,编.中国建筑艺术[M].北京:北京出版社,2016.
[11] 中国科学院自然科学史研究所.中国古代重要科技发明创造[M].北京:中国科学技术出版社,2019.
[12] 库什纳.未来建筑的100种可能[M].靳婷婷,译.北京:中信出版社,2016.
[13] 全国一级建造师执业资格考试用书编写委员会.建筑工程管理与实务[M].北京:中国建筑工业出版社,2022.
[14] 徐海娇,艾子.新中国成立70年我国劳动教育价值取向的历史进程与反思展望[J].广西社会科学,2019(11):171-176.
[15] 李磊.劳动教育内容的四重维度[J].三峡大学学报(人文社会科学版),2022,44(3):13-19,26.
[16] 张晨晨.新时代高职院校开展劳动教育的价值、困惑与出路[J].高等职业教育探索,2021,20(2):16-22.
[17] 李绥波.高校勤工助学的育人功能研究[D].西安:西安科技大学,2013.
[18] 祝永良.大学生勤工助学育人功能的实现研究[D].南昌:南昌航空大学,2017.
[19] 王燕芳.浅析在校大学生校外勤工助学的权益保障[D].重庆:西南政法大学,2008.
[20] 丁帅.大学生志愿服务中价值观培育研究[D].北京:中国矿业大学,2018.
[21] 吕玉.依托志愿服务构筑实践育人新高地[N].中国教育报,2020-04-20(8).
[22] 郑峰.我国最早建筑学典籍的价值与启示[J].中国图书评论,2019(11):114-118.
[23] 佘向军.试析《营造法式(序、劄子、看详)》对建筑遗产保护的启示[J].沈阳建筑大学学报(社会科学版),2018,20(5):438-443.
[24] 贺超海,李晓岑.试论中国传统工艺的当代价值[J].广西民族大学学报(自然科学版),2017,23(1):42-46.
[25] 孙家学,耿艳丽,邵珠平.新时代高校劳动教育通论[M].北京:高等教育出版社,2021.
[26] 曹亚雄.马克思的劳动观的历史嬗变[M].北京:中国社会科学出版社,2008.